중세

유럽에서는

중세
유럽에서는

2018년 3월 07일　초판 1쇄 발행
2023년 3월 05일　초판 2쇄 발행

저　자 : 문윤덕
발행인 : 류수경
발행처 : 도서출판 영민

등　록 : 2001. 7. 16　제1-2888호
주　소 : 서울시 성북구 보문동 7가 70-1
전　화 : 02-904-7204
팩　스 : 02-921-7202

ISBN 978-89-6341-286-3　94140　정가 15,000원

중세
유럽에서는

| 문 윤 덕 저 |

YOUNG MIN PUBLISH
도서출판 영민

▌들어가는 말▐

유럽에서 중세는 일반적으로 375년부터 시작되었던 게르만족의 대이동 또는 서로마제국의 멸망(476)부터 동로마제국의 멸망과 백년 전쟁이 끝난 1453년까지를 말한다. 중세는 고대와 근대의 중간이라는 단순한 의미를 지니며 심지어 르네상스시기부터 이 기간을 '암흑기'라는 혹평을 받았다. 그러나 이 시기의 사회 문화가 오늘날 유럽의 근간을 이루고 있다는 사실을 간과해서는 안 될 것이다.

중세의 역사는 기독교로 개종한 게르만족이 그리스 로마의 문화를 계승하면서 시작되었다. 중세의 정치 사회적 구조는 봉건제도였다. 봉건사회는 정치적으로는 주종제도를 통한 영주들의 지방분권적 성격을 띠었고, 사회적으로는 장원제도에 의한 농촌 경제구조였다. 또한 종교적으로는 봉건사회와 밀접한 관계를 유지하였던 로마 가톨릭이 세속화되었던 시기였다. 따라서 중세에는 그리스 로마 문화, 게르만 문화 그리고 기독교 문화가 서로 융합되어 유럽에서 새 시대의 장을 이룬 시기였다고 할 수 있다.

동유럽에서의 십자군 전쟁, 서유럽에서의 백년 전쟁과 장미 전쟁으로 인한 영주와 기사계급의 몰락, 무역의 발달로 인한 시민계급의 확장과 농노계급의 몰락은 봉건제도를 무너지게 하였다. 게다가 유럽 전체를 죽음의 세계로 몰아넣었던 흑사병은 중세의 몰락에 결정적인 타격을 주었고, 비잔틴 제국의 몰락으로 나타난 르네상스, 종교개혁 그리고 신항로 개척은 근대로 이어지는 교두보 역할을 하였다.

문 윤 덕

▌차 례▌

제1장

유럽문화의 형성

01 | 게르만족과 서로마 11

02 | 기독교 문화 27

03 | 가톨릭교회의 분리 49

04 | 교황과 황제 55

제2장

교회와 수도원

01 | 기독교 교리 67

02 | 수도원 76

03 | 종교재판 91

제3장

봉건제도

01 | 주종제도 109

02 | 장원제도 120

03 | 문화와 생활 125

제4장
십자군 전쟁

01 | 사회적 배경 143

02 | 교회 기사단 148

03 | 십자군 원정 155

제5장
궁정과 교회

01 | 궁정기사 181

02 | 기사문학 184

03 | 건축과 미술 203

제6장
중세 말기의 유럽

01 | 백년 전쟁 227

02 | 흑사병 238

03 | 장미 전쟁 248

04 | 동로마제국의 멸망 256

05 | 르네상스 265

06 | 종교개혁 320

07 | 신항로 개척 327

제1장

유럽문화의 형성

01
게르만족과 서로마

게르만족의 대이동

게르만족은 스칸디나비아 반도 남부와 유틀란트 반도 그리고 북독일 지역에 거주하였으나 동남쪽으로는 흑해 연안, 서남쪽으로는 라인 강江, 남쪽으로는 도나우 강江 유역까지 점차 퍼져 나갔다. 이들은 지역에 따라 북게르만(= 덴마크, 노르웨이, 스웨덴, 아이슬란드), 서게르만(= 앵글, 색슨, 수에비, 프랑크), 동게르만(= 동고트, 서고트, 반달, 부르군트)으로 구분되었다.

유럽의 중세는 동게르만족과 서게르만족의 대이동에서 비롯되었다고도 한다. 여기에서 대이동이라고 하는 것은 부족 전체가 대규모 무리를 이끌고 로마제국 영토에 들어와 무력으로 그들의 국가를 건설한 것을 말한다. 게르만족의 대이동은 인구증가에 의한 토지의 부족, 장자상속제 등과 같은 게르만족 자체의 내부사정과 로마제국의 내외적 사정이 직접적인 원인이 되었다.

기원전 2세기말 게르만족이 프랑스 지역과 북이탈리아에 침입하면서 처음으로 로마인과 대규모의 충돌이 시작되었다. 그 뒤에도 게르만족들은 로마의 갈리아 원정군과 가끔 충돌하였으나 그때마다 로마군에 의해서 격퇴되었다. 이때까지만 해도 로마제국의 내정은 견실하였다. 375년 동남부로 내려왔던 동게르만의 고트족이 아시아에서 침입해온 훈Hun족의 압박을 받아 서남부로 이동함으로써 게르만족의 대이동이 유럽 전역으로 확대되었다. 이 무렵 로마제국은 내부의 혼란으로 제국의 군사력이 약화되어 몰락의 길을 걷고 있었기 때문에 게르만족의 대이동이라는 역사적 사건이 가능하게 되었다.

4-6세기까지 게르만족들은 프랑스 북부의 프랑크 왕국, 프랑스 남부의 부르군트 왕국, 이탈리아 북부의 롬바르드 왕국, 이탈리아의 동고트 왕국, 이베리아 반도의 서고트 왕국과 수에비 왕국, 북아프리카의 반달 왕국, 브리타니아의 앵글로 색슨 왕국을 세웠다.

서로마제국의 멸망(476)

기원전 264년부터 146년에 걸쳐 로마공화정과 카르타고 사이에 벌어졌던 포에니Poeni 전쟁을 통하여 지중해를 중심으로 유럽, 아프리카, 아시아에 걸쳐 거대한 제국을 형성하여 영원할 것처럼 보였던 로마제국도 다른 국가들처럼 역사 속으로 사라졌다. 포에니는 '페니키아인'이라는 뜻으로 라틴어 'Poenicus'에서 유래하였고, 카르타고가 페니키아에 기원을 두었기 때문에 로마인들이 그렇게 부른 것이다.

로마의 멸망은 내적 요인과 외적 요인으로 구분하여 살펴볼 수 있다. 내적 요인으로는 황제권의 급격한 약화와 귀족사회의 사치와 향락을 꼽을 수 있다. 로마의 변방을 지키던 군사령관이나 속주의 총독들이 군대를 이끌고 로마로 들어와 황제를 마음대로 폐위시키고 스스로 황제 자리에 오르는 군인 황제시대도 겪었다. 이후 로마제국은 서서히 쇠퇴하기 시작했으며, 귀족들은 속주에서 들여온 값비싼 장신구들을 착용하고 거의 매일 향연을 여는 등 건전한 생활은 더 이상 찾아볼 수 없었다.

외적 요인으로는 야만족으로 여겨졌던 게르만족이 경작지와 생필품을 확보하기 위해 종종 로마 변경에서 로마 영내로 침범하였고, 동방에서는 사산조 페르시아가 일어나 그 세력을 로마 영역까지 뻗치고 있었다. 그러나 로마는 이러한 외부의 침입을 물리칠 수 있는 군사력을 확보하지 못한 상태였다. 왜냐하면 로마제국의 군대에서 로마인들은 소수에 불과하였고 대부분의 병사들은 속주에 예속된 군인이거나 아니면 로마 영내로 들어온 게르만 용병들이었기 때문이다.

대이동에 처음으로 불을 지핀 민족은 동게르만족의 일파였던 고트족이었다. 2세기 중엽 서고트족이 도나우 강가에 자리 잡았고, 동고트족은 동쪽 흑해연안에 정주하고 있었다. 이 무렵 중앙아시아의

유목 기마민족이었던 훈족이 유럽으로 이동하기 시작하였다. 훈족의 이동에 놀란 서고트족의 일부가 서쪽으로 이동하였고, 다른 일부는 로마제국에 보호를 요청하였다. 서고트족을 지휘하였던 알라리크Alaric는 로마의 지원군으로 테오도시우스 황제와 동맹관계를 유지하였다.

395년 테오도시우스 황제 사후에 로마제국은 동-서로 나뉘었다. 동로마제국은 장남 아르카디우스가, 서로마제국은 차남 호노리우스가 차지하였다. 로마제국이 분열되었지만 제국의 모든 부와 군사력은 동로마에 집중되었고, 서로마는 국가를 운영할 힘마저 없었기 때문에 빈껍데기에 불과하였다.

동로마황제 아르카디우스가 서고트족에 대한 지원을 중지하자, 서고트족은 알라리크를 왕으로 추대하여 서유럽을 침략하기 시작하였다. 게르만족의 침입이 지속되자 서로마황제 호노리우스는 수도를 밀라노에서 라벤나로 옮겼다. 서로마제국은 게르만 일파인 반달족 출신의 장군 스틸리코Stilicho의 보좌를 받아 고트족을 지휘하던 알라리크의 침략을 막고 있었다. 스틸리코는 서고트족들을 서로마의 우군으로 삼는 조건으로 이들에게 정착할 땅을 주기로 알라리크와 약정을 맺었다. 그러나 스틸리코는 알라리크와 내통했다는 모략을 받아 반역죄로 처형되었다. 그의 죽음으로 로마의 정예군으로 있던 용병들이 대부분 게르만 진영으로 도주하였다. 서로마제국이 혼란에 빠지자 알라리크는 다시 서로마제국을 침입하였다. 하지만 그는 황제가 있던 라벤나는 공격하지 않고 오히려 로마로 진격해 도시를 겹겹이 포위하고 로마로 들어가는 모든 물자를 차단하여 로마는 식량난을 겪었다. 알라리크는 로마 영토의 일부와 서로마 총사령관 지위 그리고 매년 일정한 공물을 요구하였지만 그의 제안은 거부되었고 오히려 반격을 받았다. 410년 영원한 도시 로마는 서고트족에 의하여 함락되면서 영광과 전통은 사라지고 쇠퇴와 패망의 길로 접어들기 시작하였다. 이로써 서고트족의 알라리크는 이탈리아 반도를 세 번이나 침공하여 로마제국을 점령하였던 최초의 이민족 왕이 되었다. 하지만 그가 아프리카 원정길에서 사망함으로써 그의 치정은 오래가지 않았다.

서유럽에서 게르만족들의 세력이 증가하자, 서로마제국의 황제 로물루스Romulus는 게르만 용병들을 단순한 이민족 군대로 취급하지 않고 로마제국의 정규군으로 편입시켰다. 하지만 476년 9월 4일 게르만족의 용병대장 오도아케르Odoacer가 서로마제국의 로물루스 황제를 쫓아내고 서로마를 멸망시켰다. 로물루스는 나폴리로 유배되었지만 그의 최후는 알려지지 않았다. 오도아케르는 허수아비 황제를 세우지 않고 서로마제국을 직접 통치하였다. 그가 서로마제국의 황제가 되었지만 동로마제국과의 관계는 그리 좋지 않았다.

오도아케르는 제국의 기장을 동로마의 제논Zenon 황제에게 보냈다. 하지만 제논은 대표 사절단을 이중으로 파견하였다. 하나는 오도아케르를 서로마제국의 군주로서 인정한다는 사절단이었고, 다른 하나는 서로마와 동로마의 접경지역 달마티아의 장군 네포스에게 황제의 복위를 전달하는 사절단이었다. 네포스는 원래 서로마황제에 임명되었지만, 황제가 된 후 라벤나로 가지 않고 달마티아에 머물고 있었다. 그리하여 그는 서로마의 멸망을 방조하였다는 이유로 폐위되었고 로물루스가 그 뒤를 이었던 것이다. 그러나 네포스가 죽자, 제논은 달마티아에 대한 지배권을 주장하였다. 오도아케르가 달마티아를 침공하자, 제논은 동고트족의 출신 테오도리쿠스Theodoricus에게 군권을 위임하여 오도아케르를 정벌하게 하였다. 493년 라벤나가 함락되면서 오도아케르는 테오도리쿠스에게 살해되었다.

프랑크 왕국

프랑크Frank족은 라인 강변의 거주지를 버리지 않고 프랑스 북부에 진출하였다. 이들은 다른 게르만족과 마찬가지로 로마가톨릭을 받아들였고, 이를 바탕으로 견실하게 발전하여 서유럽에서 안정된 세력을 얻었다. 이러한 프랑크족의 역사도 기독교 역사에서 전하는 것처럼 그렇게 정의롭고 낭만적인 것은 아니었다. 그것은 야만과 배반으로 얼룩진 역사였다. 그럼에도 불구하고 프랑크 왕국이 역사적으로 중요한 위치를 차지하는 것은 그들이 로마가톨릭교회와 결탁하여 서로마를 부흥시킴으로써 서유럽 사회에 새로운 질서를 부여하였고, 게르만 문화와 로마 문화를 기독교 신앙으로 묶음으로써 새로운 유럽문화가 탄생하는 계기가 되었기 때문이다. 프랑크 왕국은 메로빙 왕조(486~751)와 카롤링 왕조(751~888)로 구분된다.

메로빙 왕조는 클로비스Clovis 1세부터 시작되었다. 클로비스는 나라를 안정시키기 위해서 프랑스 지역에 살고 있는 로마화된 원주민과의 화합이 무엇보다 시급하다고 여겼다. 클로비스는 종교를 통해 그들과 화합하고자 하였다. 그가 로마가톨릭에 호감을 갖게 된 것은 부르군트 왕국의 공주였던 아내 클로틸드 때문이었다. 부르군트 왕국은 로마가톨릭을 믿던 게르만족들이었지만 클로비스에 의해 일찌감치 프랑크 왕국으로 통합되었다. 아내의 끈질긴 개종 권유를 뿌리치던 클로비스는 알레마니족과의 전투에서 승리를 거두자 로마가톨릭으로 개종하였다. 클로비스는 승전을 기념하기 위하여 3천여 명의 부하들과 함께 496년 성탄절에 랭스의 주교 레미기우스Remigius에게 세례를 받아 로마가톨릭 신도가 되었다.

이 개종으로 클로비스는 여러 마리의 토끼를 한꺼번에 잡는 계기를 잡았다. 당시 로마가톨릭은 콘스탄티노플 공의회에서 공인한 아타나시우스파派와 이단으로 내몰린 아리우스파派가 대립하고 있었다. 로마와 로마의 속주지역 사람들은 대부분 아타나시우스주의를 따랐지만, 로마에서 쫓겨난 아리우스주의는 게르만족 사이에 널리 퍼졌다. 따라서 게르만족의 대이동으로 서유럽 지역에 들어온 게르

만족들은 로마화된 원주민들과 종교적 갈등을 빚었다. 아리우스주의를 신봉하던 게르만족을 이긴 공로로 로마교황청의 지지를 받아 대외적으로 클로비스와 프랑크 왕국의 위상을 드높여 주었다. 이때까지 문화의 중심지로 건재하던 동로마제국도 다른 게르만 왕국과는 달리 프랑크 왕국을 로마가톨릭의 보호자로 칭송하면서 클로비스에게 로마공화정의 최고집정관이던 콘술이라는 칭호까지 주었다. 또한 로마가톨릭을 믿는 갈리아 원주민들로부터 전적으로 지지를 받아 그의 정복전쟁은 이단이었던 아리우스파派의 압박으로부터 로마가톨릭 신도들을 해방시키는 성전으로 포장되었다. 따라서 점령지의 원주민들은 클로비스를 해방자로 받아들여 그의 통치를 환영하였다.

북아프리카에 최초로 게르만 왕국을 세웠던 반달족은 아리우스주의자들이었다. 이들의 영향은 극히 미미했었다. 스페인에는 비시고트족들이 자리를 잡고 있었다. 이들은 스페인에 정착한 이후 40년 이상 아리우스주의를 신봉하고, 이에 따라 고트어로 된 예배의식과 왕권에 의지한 교회조직을 정비하였다. 이탈리아를 지배하였던 동고트족도 아리우스주의자들이었다. 동고트족 출신의 테오도리쿠스 왕은 타종교에 대하여 비교적 관대한 정책을 폈으나 동로마제국의 정책변화로 정통교회에 핍박을 가하였다. 당시 게르만족들에 의해 세워진 국가들의 생존은 피정복민의 문화에 적응하고 수용하는데 있었다. 이들은 소수이고 대부분의 교인들은 로마인이자 정통 기독교인들이었기 때문이었다. 하지만 프랑크 왕국은 자신들의 영토를 가지고 오랫동안 살아갈 수 있었다. 이들은 로마가톨릭의 종교적인 후원 아래 왕국을 세울 수 있었고, 비시고트족들은 프랑크족들에게 고울 지역에서 축출되었다. 이로써 프랑크 왕국은 이단시되던 아리우스주의를 신봉하던 여타의 게르만 왕국들과 차별화되었고, 유럽 가톨릭 세계의 구심점으로 떠올랐다. 이는 게르만족의 문화와 그리스 로마 문명이 로마가톨릭이라는 종교 안에서 융합된 것을 의미하였다.

프랑크 왕국의 성립과 클로비스의 개종은 이후 오늘날에 이르기까지 유럽의 정체성을 확정짓는 계기가 되었다. 클로비스는 프랑크 왕국의 수도를 파리로 정했다. 파리는 동과 서 그리고 북에서 프랑크 왕국에 반기를 드는 여타의 게르만족들을 견제하기 좋은 위치였다. 클로비스는 파리에서 45세를 일기로 세상을 떠났고, 그가 지은 생드니 대성당에 묻혔다. 그의 사후 프랑크 왕국은 분할상속이라는 관습에 따라 4명의 아들들에게 나누어졌다. 분할상속은 왕의 권위를 나누는 것이기 때문에 메로빙 왕조를 약화시키는 계기가 되었고, 왕조의 권위는 사실상 지방의 귀족들에게 넘어가는 처지였다. 이들 귀족들 중에서 카롤링 가문이 왕국을 지배하고 있었다. 왕가의 궁재였던 카알 마르텔Martel과 그의 아들 피핀Pippin에 이르러 메로빙 왕조는 거의 유명무실하였다. 특히 732년 카알 마르텔이 이베리아 반도로 진격한 이슬람 군대를 격파시키면서 카롤링 가문이 급성장하였다. 이후 피핀과 샤를마뉴Charlemagne 대제로 인하여 서유럽의 정치적 권력이 카롤링 왕가에 집중되었다. 그는 프랑크 왕국의 황제로서 이베리아 반도의 아스투리아스 왕국, 이탈리아 남부와 브리튼 섬을 제외한 서유럽의 모든 기독교 지역을 사실상 통치하였다.

당시 서로마교회는 동로마제국의 황제로부터 거의 보호를 받지 못하고 있었을 뿐만 아니라 오히려 우상숭배 문제로 갈등을 빚고 있었다. 이 가문이 성장할 수 있었던 결정적인 계기는 교회정책이었다. 서로마교회는 새로운 보호자를 찾고 있었고, 피핀은 유명무실해진 왕으로부터 왕권을 빼앗기 위한 명분이 필요했다. 카롤링 왕가와 각별한 관계를 유지하고 있던 교황은 메로빙 왕가의 유명무실한 황제 대신에 피핀을 프랑크 왕국의 새로운 황제로 추대하는 쿠데타를 승인하였다. 그 답례로 피핀은 이탈리아로 원정하여 교황과 교회를 위해 롬바르드족을 물리치고 라벤나 지역을 교황에게 헌납하였다. 이는 역사에 등장하는 최초의 교황령이 되었다. 피핀의 아들 샤를마뉴도 교황 레오 3세와 돈독한 관계를 유지하였다. 특히 그는 미개하였던 게르만 지역을 정복하여 빠른 속도로 기독교 국가로 만들었다. 따라서 프랑크족 중심의 정치개편 작업은 게르만족이 기독교 세력과 융합하는 과정이었다. 800년 성탄절에 로마의 베드로 성당에서 처음으로 황제 대관식이 거행되었다. 교황이 샤를마뉴를 서로마제국의 새로운 황제로 임명하는 대관식을 치름으로써 그에게 로마제국의 계승자로 정통성을 부여한 것이다. 이로써 황제의 대관식이 교회의 인가에 근거를 둔다는 선례가 되었다.

샤를마뉴는 신성로마제국*의 황제로서 로마가톨릭의 교황을 보호하는 군주의 역할을 함으로써 정치 사회적 책임자가 되었고, 교황은 정신적 수반으로서 로마가톨릭의 수장권을 인정받았다. 프랑크 왕국과 로마가톨릭의 정치 종교적 타협은 고대 로마의 유산과 게르만 사회의 구조적 접목을 의미한다. 이로써 게르만족들은 로마가톨릭 속에서 점차적으로 로마화되었고, 카롤링 왕가와 로마가톨릭교회는 새로운 로마제국을 형성하는 밑거름이 되었다. 게르만족의 침입으로 로마의 정치, 경제, 문화적 요소들이 파괴된 것이 아니라 오히려 이들을 통하여 보호받고 명맥을 유지할 수 있게 된 것이다. 결론적으로 카롤링 왕조의 정치 군사적 통합과 이에 따른 유럽의 가톨릭은 로마제국의 영토와 서유럽의 변방지역의 통합을 가속화시켰다. 따라서 서유럽은 문화사적으로 단지 지중해의 일부가 아니라 새롭고 독자적인 기독교 왕국으로 탄생한 것이다. 따라서 로마와 게르만 문화 그리고 기독교가 융합되어 중세의 문화를 이루었다.

샤를마뉴 사후에 프랑크 왕국은 베르됭 조약(842)으로 그의 세 아

* 샤를마뉴 대제부터 1806년까지 독일 황제들이 통치한 제국이지만, 오토 1세 때까지는 '황제이며 존엄한 자(imperator augustus)'라는 표현으로 특정 영토와 연결되지 않았다. 1034년부터 콘라트 2세가 통치하는 영토를 가리켜 로마제국이라는 이름이 쓰였고, 1157년부터는 신성제국으로 그리고 신성로마제국이라는 이름은 1254년 이후부터 쓰이기 시작했다.

들들이 동프랑크와 중프랑크 그리고 서프랑크로 나누어 각각 지배하였다. 그 후 메르센 조약(870)에 따라 오늘날의 독일, 이탈리아, 프랑스 세 나라의 국경이 확정되었다. 프랑크 왕국이 분열하는 과정에서 지방분권적 요인이 강력히 대두되었다. 다시 말해, 기존의 봉건적 은대지제도가 변모하면서 중앙집권적 통치를 위한 가신들이 지방으로 파견되지 못하는 어려운 상황이 발생하였다. 프랑크 왕국의 몰락은 무엇보다도 내부의 분열이 결정적인 요인이 되었고, 외부적으로는 이슬람교의 확장과 북게르만족의 대이동에 따른 결과였다. 아마도 이슬람교가 나타나지 않았더라면 프랑크 왕국은 존재하지 않았을 것이며 샤를마뉴 대제 또한 생각할 수 없었을지도 모른다.

북게르만족

북게르만족들은 오늘날의 스웨덴, 노르웨이, 덴마크 지역에 거주하였다. 이들은 다른 게르만족들과는 달리 넓은 영역에 퍼져 살고 있었지만, 이들이 같은 민족으로서의 면모를 지녔기 때문에 이들은 '북쪽 사람들'이라는 뜻으로 노르만족Norman 또는 바이킹Viking족이라고 불렸다.

샤를마뉴 대제 사후에 프랑크 왕국이 분열되어 그 세력이 약해지자 북게르만족들이 9-11세기에 걸쳐 유럽 각지로 퍼지면서 제2차 게르만족의 대이동이 시작되었다. 혹독한 추위와 험한 자연에 시달리

던 그들은 더 좋은 환경을 찾아 나선 것이다. 여기에 북게르만족의 장자상속제도가 이들의 대이동을 촉진시키는 계기가 되었다. 부모의 재산은 장자에게 모두 상속되었기 때문에 나머지 아들들은 자신의 가정을 꾸리기 위하여 집을 나가 스스로 모든 것을 준비해야만 했다. 그들은 조선기술과 항해기술에 능하고 모험심이 강하여 빠른 배로 물이 있는 곳이면 바람같이 나타나 그 지역을 점령하였다. 바이킹들의 배는 가벼워서 들고 다닐 수 있을 정도였기 때문에 육지에서는 배를 손에 들었고 물이 나오면 배를 타는 식으로 내륙마저 유린할 수 있었다. 따라서 바이킹들은 해안지역뿐만 아니라 유럽의 내륙까지 깊숙이 침공할 수 있었다.

덴마크 바이킹들은 오늘날 프랑스 서부와 브리튼 섬 그리고 일부는 지중해로 진출하여 시칠리아에 왕국을 세우기도 하였다. 이들은 브리튼에서 데인Dane족이라고 불렸다. 노르웨이 바이킹들은 아이슬란드와 그린란드, 일부는 북아메리카까지 이동하여 자신들의 영역을 확장하였다. 스웨덴 바이킹들은 주로 핀란드로 진출하여 러시아 지역을 점령하였다. 당시 러시아에 거주하던 핀족과 슬라브족은 스웨덴 바이킹을 보호자로 여기고 공물을 바쳤다. 스웨덴 바이킹들이 키에프 지역에 들어가 슬라브족과 혼합하여 정착하였다. 이들은 루씨Russi라 불렸고, 러시아Russia란 말도 여기에서 유래되었다. 루씨들은 데인족이나 노르웨이 바이킹과는 달리 약탈보다는 무역에 더 관심을 가졌다.

게르만족의 특성

게르만족은 이른바 민족의 대이동 전후에 원시 게르만족과 로마 제국 지역에 왕국을 세운 여러 부족들을 말한다. 이들은 키가 크고 붉은 머리에 파란 눈을 지녔다. 이들의 먼 조상인 원시 게르만에 대해 알려진 것은 그리 많지 않다. 이는 그들의 루네 문자가 생활화되지 못하여서 그 흔한 고고학적 유물이나 유적도 남긴 것이 별로 없기 때문이다. 루네가 비밀이란 의미를 지닌 것으로 보아 점성술에 쓰이는 부호로 추측되기도 한다. 이는 특히 칼, 무기와 같은 장식품이나 비석에서 그 모습을 찾아 볼 수 있다.

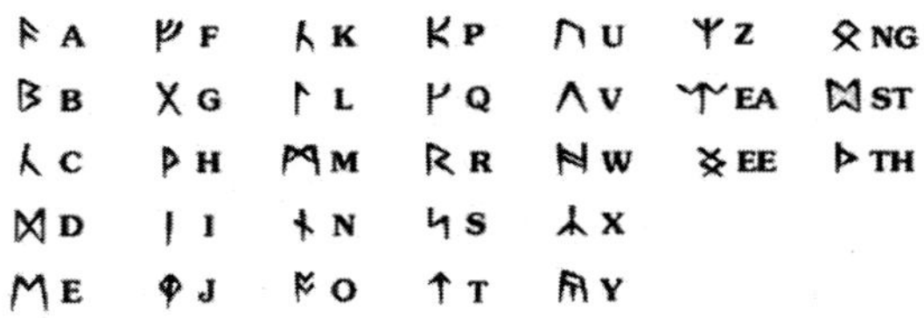

로마인들은 게르만족들을 무자비하며 난폭한 사람들로 표현하면서 대표적인 야만족으로 분류하였다. 야만이라는 'Barbarism'과 야만인이라는 'Barbarian'이라는 용어는 독일의 연방주 바이에른Bayern의 영어 표기 'Bavaria'와 연관이 있다.

초기의 게르만족들은 왕이나 수령을 중심으로 혈연에 의한 씨족사회를 구성하였고, 다시 몇 개의 씨족들이 결합되어 부족집단을 이루었다. 부족집단들은 문화적으로 서로 달랐으며 새로운 농경지와 목초지를 두고 상호간에 반목과 투쟁을 계속하였다. 이러한 대립은 군사력과 전투력을 길렀을 뿐만 아니라 종사제도라는 게르만적 주종관계를 확립하게 된 계기가 되었다.

로마의 갈리아 총독 카이사르Caesar의 〈갈리아 전기〉와 로마의 역사가 타키투스Tacitus의 〈게르마니아〉에 의하면, 게르만족들은 혈연과 지연을 초월한 정치적 결합체로서 50여개의 키비타스로 구성되어 있었다고 한다. 이 체제는 세습 왕에게 지배되는 것과 선거로 뽑힌 군장에 의해 지배되는 두 종류가 있었다. 왕은 무한적 전제권력을 갖고 있지 않았으며 장수들의 지위는 권세보다도 사람의 모범됨에 의해서 정해졌다. 그들은 전투에서 용맹을 떨쳐 그 지위를 얻기도 하였다. 사소한 일은 수령들이, 국가의 중대사는 자유민으로 구성되는 민회를 통하여 의결되었다. 결정권이 자유민에게 있는 문제도 미리 수령들에 의해서 논의되기도 하였다. 예기치 않은 긴급한 일이 발생하지 않는 한 초승달 혹은 보름달이 뜨면 집회를 가졌다. 사람들이 모여 충분한 수가 되었을 때, 그들은 무장한 채로 자리에 앉아 회의를 하였다. 왕이나 수장들의 의견이 마음에 들지 않으면 고함을 질러 거부하였고 그 결정이 마음에 들면 창을 두드리며 자신들의 의사를 분명히 표현했다.

게르만족들은 목축을 주업으로 삼아 짐승의 고기, 젖, 치즈 등을 먹고 짐승의 가죽을 의복이나 도구의 재료로 사용하였다. 부족한 식량을 해결하기 위해 점차 농경을 시작하면서 밀로 빵을 만들었고 보리로 맥주도 제조하였다. 토양의 질이 떨어져서 맥류와 콩의 수확량이 떨어지면 새로운 경작지와 목초지를 찾아 남쪽으로 서서히 이동하였다. 기원 전후에는 라인 강江과 도나우 강江을 경계로 로마인들과 잦은 접촉이 있었고 이들을 통하여 포도와 과일 재배기술을 습득하였다. 그전까지는 사과재배가 전부였다.

게르만 신앙은 자연 그 자체를 신으로 생각하는 다신교로서 특히 태양신을 숭배하였고 또한 숲을 매우 신성시 하였다. 따라서 신을 울타리로 에워싼다든지 사람과 가까운 모습으로 표현하는 행위는 신을 모독하는 것으로 간주하여 금기시되었다.

02
기독교 문화

로마가톨릭

서로마제국이 멸망하면서 지도상에는 존재하지 않았던 새로운 형태의 국가가 모습을 드러내기 시작하였다. 이는 정신적으로 무장된 기독교 사회였다. 중세의 기독교는 암울한 시기에 영원한 안식과 평화를 약속하는 종교로서 중세 사람들의 마음을 위로하기에 충분하였다. 이러한 기독교 공동체는 유럽 문명사에서 최초로 종교를 앞세워 통일된 사회였다.

로마제국 말기에 국가를 지탱할 확고한 종교적 사상이 없었고, 자연숭배사상이 만연하였기 때문에 시민들의 의무를 결속하기 위한 강력한 정신적 문명체계가 부재하였다. 특히 교육뿐만 아니라 민중들의 공동체 의식을 고취시킬 수 있는 강력한 전달매체가 없었다. 다시 말해, 로마의 지배층이 권력과 재산은 물론 지식을 독점하였고 전체 민중의 지적수준은 미미하였기 때문에 사회를 넓히기 위한 지식층의 폭이 협소하였다. 서로마제국의 몰락으로 기독교는 종교와 교육의 힘을 갖는 공동체로서 시민들의 의지를 결합시킬 수 있는 강력한 수단이 된 것이다.

콘스탄티누스 대제

디오클레티아누스는 기독교를 가장 강력하게 박해한 황제로 알려졌다. 그는 기독교 탄압을 위한 칙령(303)을 발표하고 교회와 관련된 모든 것들을 파괴하였다. 심지어 기독교인들의 모임을 불허하고 성서까지 불태웠다. 그는 로마제국의 방위를 동-서로 양분하여 두 명의 정제Augustus와 그 밑에 부제Caesar를 한 명씩 두어 정치를 안정시키려하였지만 오히려 반목과 대립이 빈번하였다. 20년 동안 제위에 있던 디오클레티아누스 황제가 스스로 은퇴하자 막시미아누스도 어쩔 수 없이 퇴임하였다.

막시미아누스의 뒤를 이은 콘스탄티누스가 막센티우스와 대립하면서 내전으로 이어졌다. 312년 콘스탄티누스와 막센티우스는 로마 북동쪽 약 12Km쯤 떨어진 곳에서 맞섰다. 바로 이곳에서 전투 직전에 콘스탄티누스가 붉은 태양이 이글거리는 하늘에서 전설로 전해지는 승리의 십자가를 보았다고 한다. 콘스탄티누스는 막센티우스 군대를 남쪽으로 몰아붙여 테베레 강江의 밀비안 다리까지 추격하였다. 막센티우스는 군대가 퇴각할 때 사용할 부교를 다리 옆에 더 만들어서 적군을 유도하려 하였다. 그러나 열세에 몰린 막센티우스 군

대가 우왕좌왕하면서 두 다리 모두 붕괴되었고, 막센티우스 자신도 물에 빠져 익사하였다.

밀비안 전투의 승리를 통해 콘스탄티누스는 서방을 지배하게 되었고, 리키니우스가 막시미누스를 제압하여 동방을 통치하였다. 로마제국의 통합을 원했던 콘스탄티누스와 리키니우스는 전통적으로 가장 확고한 가족의 결합이라는 방식으로 서로의 동맹을 확인하였다. 콘스탄티누스의 누이 콘스탄티아와 리키니우스가 밀라노에서 혼인을 한 것이다. 결혼식이 끝난 뒤 두 사람은 동방과 서방을 서로 지배하고 유사시에는 서로 군대를 지원한다는 동맹을 맺었다. 또한 로마제국 내에서 모든 종교를 허용하는 정책과 기독교인들의 재산권을 보장한다는 칙령을 발표하였다.

밀라노 칙령(313)

이 칙령은 공식적으로 교회뿐만 아니라 종교의 자유를 인정한 최초의 선언으로서 핍박받으며 음성적으로 활동하던 기독교에 공식적인 자유를 부여한 것이다. 콘스탄티누스가 칙령을 발표한 결정적인 이유는 전에 있었던 밀비안 전투에서의 승리 때문이었다. 콘스탄티누스는 기독교를 공인하는 선에서 멈추지 않고 기독교인들의 재산권도 보장하였다. 박해받을 당시 압수당했던 재산에 관해서도 환수 받을 수 있도록 하였다. 또한 그의 아내에게 속하였던 로마의 황궁을 교회에 기증하기도 했다.

기독교에 대한 그의 관심은 재정적인 문제를 넘어 교리문제까지 확대되었다. 시간이 흐르면서 콘스탄티누스는 점점 더 뚜렷이 기독교에 유리한 방향으로 정책을 결정하고 추진하기 시작하였다. 기독교 성직자들에게도 면세를 확대해 주었고 주일을 공휴일로 제정하여 교회의 절기를 지키라는 지시를 내리기도 했다. 그러나 황제의 칙령 하나로 당시의 모든 관습들을 중단시킬 수 없었다. 더욱이 원로원이 이교를 후원하고 있었기 때문에 콘스탄티누스의 정책은 로마에서 적지 않은 충돌을 야기하였다. 당시 학문의 주요 중심지였던 아테네의 학당과 알렉산드리아의 박물관은 그리스 고전을 탐구하는데 몰두하였다. 콘스탄티누스는 이들을 제압하기 위하여 오히려 기독교를 더 옹호하는 경향을 보였는지도 모른다.

당시까지도 로마제국은 다신교 국가였기 때문에 황제가 제국의

수장으로서 대사제의 칭호를 받아 모든 행사를 주관하였을 뿐만 아니라 기독교인들을 정부 고위직에 임명하였다. 이로써 콘스탄티누스 자신은 비록 기독교로 개종하지는 않았으나 황제 스스로 기독교인들의 보호자이자 기독교의 적극적인 후원자 역할을 하였다. 이러한 면모는 당시 주조된 화폐에서 그리스도를 상징하는 표식뿐만 아니라 로마 신들의 모습들이 함께 자리메김하고 있었다는 사실에서도 알 수 있다.

이러한 상황에서 콘스탄티누스의 종교정책은 지속적이고 일관성 있는 양상을 띠었고, 이제 기독교인들은 여러 지역으로 퍼져 그 세력을 확장할 수 있었다. 324년 황제는 칙령을 내려 모든 병사들로 하여금 주의 첫 날에 예배하도록 명령하였다. 그 다음해 제1차 세계 종교회의로 알려진 감독들의 집회가 황제에 의해 니케아에서 소집되었다. 그는 이 회의에 참석하는 감독들과 관리들에게 숙소와 역관들을 제공하는 등 기독교를 옹호하는 모습도 보였다.

콘스탄티노플

동방의 리키니우스와 최후의 결전을 치르고 제국의 절대 권력자가 된 콘스탄티누스는 역사상에 영원히 남을 새로운 로마를 건설하였다. 그는 이를 콘스탄티누스의 도시를 의미하는 콘스탄티노플이라 불렀다. 그 수도가 비잔티움에 있었으므로 동로마제국은 비잔틴제국이라고도 불렸다. 콘스탄티누스는 그가 하나님으로부터 받은 지시에 따라 콘스탄티노플을 선택했다고 주장하였다. 그러나 콘스탄티누스는 리키니우스와의 전쟁을 통하여 비잔티움이 지닌 전략적 위치를 의식하였던 것이다. 이 도시는 유럽과 아시아를 잇는 다리가 될 뿐 아니라 지중해와 흑해를 잇는 보스포루스 해협을 통치할 수 있었다. 수십 년 전 페르시아와 체결한 평화조약이 거의 끝날 때가 되었으므로 황제는 보다 동부전선 가까운 곳에 그의 사령부를 설치할 필요가 있다고 느꼈던 것이다. 그러나 당시에 라인 강江 유역의 게르만족들이 항상 위협적이었기 때문에 서방으로부터 지나치게 떨어져서도 안 되었던 것이다. 이러한 모든 정황으로 보아 비잔티움이야말로 새로운 수도로서 이상적 위치를 갖추고 있었다.

콘스탄티노플의 설립은 몇 가지의 의의를 지니고 있다. 새로운 로마를 건설한다는 발상 자체가 대부분 이교도들로 이루어져있던 옛 로마 귀족들의 세력을 약화시키려는 시도였다. 또한 새로운 수도를 치장하기 위해 이교도 신전에 있던 각종 조각들과 장식품들을 몰수하여 옮겼기 때문에 이는 이교를 보다 약화시키는 계기도 되었다. 파손된 이교 사원을 수리하거나 재건축을 금지했고 기독교인들이 이교 행사에 참여하는 것을 노골적으로 막았다. 동시에 콘스탄티노플에 세워진 새롭고 화려한 교회 건물은 종전의 것과 좋은 대조를 이루었다.

콘스탄티누스에 의해 고무되었던 기독교 확산은 그의 아들들에게도 계속되어 기독교인이 기하급수적으로 증가했다. 이제 기독교는 로마에서 가장 우대받으며 군림하는 종교가 되었다. 이렇듯 콘스탄티누스는 기독교에 많은 발전을 가져왔으며 중세에서 기독교를 빼놓고 말할 수 없는 위치까지 올려놓았다. 콘스탄티노플은 그 후 천여 년 동안 로마제국의 정치 문화적 유산을 보존하는 중심지가 되었다. 그러나 새로운 수도 콘스탄티누스의 결정은 엄청난 결과를 초래하였다. 천도한지 얼마 되지 않아 로마를 포함한 제국의 서방영토가 게르만족들에게 모두 점령되었기 때문이다.

콘스탄티누스와 교회

콘스탄티누스는 새로운 수도를 장식하기 위해 교회를 짓고 기독교인들을 옹호하였다. 그러나 그가 이교숭배를 억제하면 할수록 더 완강한 저항에 부딪힌다는 사실도 잘 알고 있었다. 로마 군인들 중에는 미트라 신앙뿐만 아니라 여타의 많은 신들을 숭배하는 이들이 많았다. 따라서 기독교는 로마의 귀족계층과 도시에서 멀리 떨어진 지방에까지 깊이 침투하지 못하고 있었다.

콘스탄티누스가 기독교인이었는지 아니면 이교도 황제로서 정치가로서의 면모를 지녔는지에 대한 논란은 그치지 않는다. 그 하나는 황제의 기독교 선택이야말로 교회와 제국의 역사가 흘러가고 있던 목표라는 평가와, 다른 하나는 콘스탄티누스야말로 개종을 통해 그의 정치적 이익을 추구했던 것에 지나지 않는다는 평가로 나뉜다. 그런데 이러한 두 가지 상반된 해석은 모두 지나치게 극단적인 것들이다. 남아있는 당시의 기록들을 살펴보면, 기독교에 대한 콘스탄티누스의 입장은 다른 기독교인들과 매우 달랐음을 알 수 있다.

일반적으로 당시 사람들은 오랜 기간에 거쳐 교회의 가르침을 학습하고 터득하여 이것이 생활 속에서 나타날 때에만 세례를 받았다. 이러한 신앙을 바탕으로 생활의 모든 영역에서 수행할 때에 비로소 감독들의 안내와 교육을 받고 목회자가 되었다. 콘스탄티누스의 경우는 이와 매우 달랐다. 밀비안 전투 이후 그리고 전 생애를 통하여 그는 기독교 사제들이나 감독들의 통솔을 받은 적이 없었다. 콘스탄티누스는 자기의 신앙생활을 독자적으로 규정하였으며, 스스로를

감독들 중의 감독이라 생각하며 교회에 간섭하기를 서슴지 않았다. 또한 그는 기독교인들이라면 참여할 수 없는 이교도 제전에 참석하였지만 감독들 중 아무도 이를 정죄한 이가 없었다. 그 이유는 황제가 두렵기 때문만은 아니었고 그가 기독교인이 아니었기 때문이었다. 콘스탄티누스는 실제로 임종시에야 비로소 세례를 받았다. 따라서 그는 기독교에 우호적으로 정책이나 칙령들을 실행하였지만, 신앙적 결단을 내린 교인으로 교회에 의해 받아들여질 수는 없었다. 이와 같이 콘스탄티누스의 종교적 또는 도덕적 과실들도 같은 의미에서 파악될 수 있다. 다시 말해, 기독교인 자체가 아니라 교인이 되고 싶어 하는 과정에 있는 인물의 행위로 해석되었던 것이다. 이러한 사람은 비록 교회의 충고나 후원까지 받을 수 있으나 엄밀한 의미에서 감독아래 있는 것은 아니기 때문에 이처럼 모호한 상황이 그의 임종까지 계속되었다고 볼 수 있다.

콘스탄티누스는 그리스도의 능력을 진실로 믿었던 인물로 볼 수도 있다. 그는 자신의 정치 생애 대부분을 통하여 정복되지 않는 태양과 기독교의 하나님이 서로 공존할 수 있는 존재라고 생각하였던 듯하다. 따라서 그는 자신에게 승리와 권력을 하사해준 하나님을 포기하거나 배반한다는 생각 없이 각종 이교제전에 참여하곤 하였다. 그는 때로는 전통적으로 황제들에게 주어졌던 대사제의 칭호도 받아들여 아폴론의 신탁을 구하기도 하였다.

반대로 콘스탄티누스는 기독교인들을 이용한 위정자였을지도 모른다. 그가 군기와 방패에 치로Chi-Rho의 표지를 붙이고 밀비안 전투에 임하고 있었을 때 적지 않은 이교도들의 세력이 필요했을 것이다. 더욱이 이들은 신앙생활뿐만 아니라 목숨도 위협받고 있는 상황에서 자신들의 요구를 수용하겠다는 콘스탄티누스를 위하여 몸과 마음을 바쳐야만 했을지도 모른다.

교회에 끼친 영향

첫째, 소박함에서 화려함으로. 콘스탄티누스 이전까지 기독교 예배는 상당히 소박하였다. 처음에 신도들은 개개인들의 집에 모여 예배드리다가 기독교의 탄압으로 공동묘지나 지하 동굴에 모이기 시작하였다. 기독교가 종교의 자유를 얻은 3세기부터는 따로 예배를 위한 건물들이 나타나면서 교회 예배는 황실의 의식에 영향을 받기 시작하였다. 황제에 대한 경의의 표시였던 촛불이 교회 내에서 나타났고, 평상복을 입고 의식을 주관하던 목회자들은 보다 화려한 예복을 착용하기 시작하였다. 또한 성가대가 생기기 시작한 이유들 가운데 하나가 바로 이러한 황제의 행진에 무게를 더해 주기 위함이었다. 주로 황제에게 경의를 표하던 여러 행위들이 기독교 예배의 일부가 되면서 일반 대중들은 예배의 주체가 아닌 수동적 역할로 밀려나기 시작하였다.

둘째, 순교자 유품에 대한 관심. 이미 2세기부터 순교자들이 죽은 날을 기념하기 위하여 그들이 매장된 곳에서 성찬식을 행하는 것이 유행하였다. 따라서 성인들의 순교지에 많은 교회들이 건축되었다. 결국 어떤 이들은 이처럼 순교자의 유품들이 있는 거룩한 장소들에서 드리는 예배가 특별한 의미가 있다고 생각하기 시작하였다. 어떤 이들은 순교자들의 유골이나 유품을 당시 건축되던 많은 교회제단 아래 안치시키기 위해 매장된 이들의 시체를 다시 파내기까지 하였다. 또한 어떤 이들은 그때까지 알려지지 않았던 혹은 오랫동안 잊혔던 순교자들에 의한 계시를 주장하기 시작하였다. 결국 성인들과 신약시대의 유물들이 기적의 능력을 지니고 있다고 믿기 시작한 것이다. 콘스탄티누스의 어머니 헬레나도 그리스도의 십자가가 발견되었다는 예루살렘으로 성지순례를 떠나기도 했다.

셋째, 새로운 교회건축 양식의 생성. 황제의 명령에 따라서 새로운 수도의 모범을 본 딴 양식의 건축물들이 제국의 여러 도시에서 나타났다. 이는 거대한 교회를 지어 자신의 이름을 남기고자 하였던 콘스탄티누스뿐만 아니라 그의 후계자들을 통해서도 지속되었다. 비록 이들에 의해 건축되었던 교회들은 대부분 파괴되었으나 그 기본적인 구조를 짐작할 수 있는 흔적이나 근거들이 남아 있다. 이들이 지은 교회들은 아직까지 남아 있는 교회들에 의해 모사模寫되었다. 대부분의 새로운 건축물들은 소위 바실리카라 불리는 직사각형의 형태를 따랐다. 바실리카란 원래 중심부의 거대한 방이 둘 또는 그 이상의 선들을 이루고 있는 기둥들에 의해 나누어진 공공건물이나 개인 건물들을 가리키는 용어였다.

니케아 공의회(325)

이단에 대한 논쟁은 콘스탄티누스가 등장하기 오래 전부터 지속되고 있었다. 이 논쟁은 리키니우스가 동부를, 그리고 콘스탄티누스가 서부를 다스리고 있을 때 이집트의 알렉산드리아에서 다시 등장하였다. 당시 알렉산드리아 감독이었던 알렉산더는 이 도시에서 가장 뛰어나고 인기 있는 장로들 가운데 한 명이었던 아리우스Arius와 충돌하였다.

알렉산더와 아리우스는 여러 가지 문제로 논란을 벌였으나 가장 중요한 논쟁의 초점은 과연 성령(= 하나님의 말씀)이 하나님과 함께 영원 하느냐 하는 것이었다. 성령의 선재에 관하여는 두 사람 모두 동의하였다. 그러나 아리우스의 모토가 되었던 '그가 존재하지 않을 때가 있었다There was when He was not'라는 구절이 논쟁의 핵심이었다. 아리우스는 성령이 성부와 함께 영원히 존재하지 않는다고 주장하였고, 반면에 알렉산더는 성령이 성부와 함께 영원히 존재한다고 주장하였다. 언뜻 보기에 이는 별로 큰 차이가 아닌 것 같지만 궁극적으로 성령의 신성이 여기에 달려 있었다. 엄밀히 말해, 아리우스는 성령의 존재를 부인한 것이 아니라 성령은 하나님이 아니라 모든 피조물 가운데 가장 으뜸 되는 존재라고 주장하였다. 아리우스의 이론은 이 세상 그 어느 피조물도 창조되기 전에 하나님의 말씀이 하나님에 의해 먼저 창조되었다는 것이다. 그러나 알렉산더는 성령은 신성을 지니고 있으므로 창조될 수 없고 성부와 함께 영원한 존재라고 주장하였다.

아리우스는 알렉산더가 기독교의 유일신을 부인한다고 주장하였다. 왜냐하면 알렉산더의 주장에 의하면 신성을 지닌 존재가 둘이 있게 되므로 결국 두 신이 존재한다는 것이다. 이에 대하여 알렉산더는 오히려 아리우스의 이론이 말씀의 신성을 부인함으로써 그리스도의 신성이 부인된다고 하였다. 알렉산더는 결국 감독의 권위와 책임에 근거하여 아리우스를 정죄하고, 그를 알렉산드리아 교회의 모든 직분에서 축출함으로써 논쟁은 공개적으로 큰 파장을 일으켰다. 아리우스는 교회 분열운동에 가담하였다가 파문당했고,

321년 알렉산드리아 공의회에서 알렉산드로스 주교에 의해 또다시 파문당하였다.

아리우스는 이러한 처분에 승복하지 않고 알렉산드리아 시민들과 안디오크에서 그와 함께 수학하였던 동방의 주요 감독들에게 호소하였다. 아리우스의 호소를 받은 감독들은 그의 입장을 옹호하여 알렉산더의 이론이 오류라는 서신들을 띄우기 시작하였다. 이로써 알렉산드리아에서의 신학논쟁이 전체 동방 교회를 분열시킬 위협으로 다가왔다. 콘스탄티누스는 우선 자신의 고문이었던 호시우스를 파견하여 두 계파를 화해시키려고 하였다. 양자 간의 갈등은 결코 중재로 해결될 수 없다고 호시우스가 보고하자, 콘스탄티누스는 제국 전역으로부터 기독교 교회의 감독들을 소집하여 공의회를 열었다. 이 의회는 당시 선결되어야 했던 몇 가지 정책들과 함께 알렉산드리아에서 시작된 논쟁을 해결해야만 했다.

니케아 공의회에 모인 교회 대표들 318명 대부분이 그리스어를 사용하는 동방에서 왔으나 서방의 대표들도 있었다. 당시 기독교인들이 이 공의회를 대하는 마음은 각별하였다. 이에 참석한 일부 교회 지도자들은 당시까지도 투옥당하고 고문당하여 추방되었던 인물들이었으며, 어떤 이들은 자신들 신앙에 대한 간증으로 육체적 상처를 지니고 있었다. 그런데 이러한 시련이 채 가시기도 전에 바로 그 감독들이 황제의 융숭한 대접 속에 니케아에 초대되었고, 이제 기독교 역사상 최초로 이들은 교회의 보편성을 증명하는 사건에 직접 참여하게 된 것이다.

우선 확신에 찬 아리우스주의자들이 주류를 이루었고, 이와 대립된 소수의 집단은 알렉산더에 의해 이끌어지고 있었다. 이들은 아리우스주의야말로 기독교 신앙의 핵심을 위협하는 것이므로 이들을 분명하게 정죄하는 것이 필요하다고 주장하였다. 알렉산더의 추종자들은 당시 집사에 지나지 않았기 때문에 공의회에 참석할 수 없었으나, 그 후 니케아의 정통수호자로서 그 이름을 떨치게 되는 아타나시우스Athanasius가 자리하고 있었다. 그는 그리스의 정통파 교부이자 성인으로 아리우스의 이단설을 강하게 주장함으로써 명성을 얻었고 알렉산더 주교 사후에 알렉산드리아의 주교가 되었다.

니케아 공의회에 참석한 감독들은 박해 이후에 시급히 처리해야 했던 많은 안건들을 논의하였다. 이들은 변절자들을 교회 안으로 다

시 받아들이는 절차, 장로와 감독의 선출 및 안수, 여러 교구들의 우선순위에 관한 기준을 마련하였다. 물론 이 공의회가 직면한 가장 어려운 문제는 아리우스에 대한 논쟁이었고 이 안건에 관하여는 서로의 입장이 달랐다. 라틴어 사용권인 서방 교회를 대표하는 감독들의 대부분은 이 논쟁에 관해 그다지 큰 관심을 기울이지 않았다. 이들은 당시의 논쟁이 단지 동방 교회 출신들 사이에 발생한 국부적 논쟁으로만 여겼다. 따라서 공의회 초기에 이들 감독들은 우선 다른 문제들을 해결하기 위해 단지 모든 이들이 동의할 수 있는 타협책을 찾기에 부심하였다.

감독들의 소망과는 달리 니케아 공의회가 문제의 논쟁을 종식시키지는 못하였다. 처음에는 어느 편의 교리도 정죄하지 않고 타협과 화해를 통하여 문제를 해결하고자 하였지만, 회의가 진행되면서 이제 가능한 한 가장 명확한 표현으로 아리우스주의를 정죄해야 한다는 분위기로 전환되면서 이들을 이단으로 규정하고 직분을 박탈하는 것으로 결정되었다. 콘스탄티누스는 면직된 감독들을 자신의 도시에서 축출하였다. 그러나 교회 문제에 세속적 처벌을 첨가한 행위는 그 후 심각한 결과를 초래하게 된다. 왜냐하면 교리의 정통여부 문제에 관하여 세속권력이 개입한 전례를 남겼기 때문이다.

팔레스타인의 주교이자 해석가, 변증가, 역사가였던 유세비우스Eusebius가 이 단판결에 대하여 반박하였다. 그는 뛰어난 정략가였으며 일설에 의하면 황제의 먼 친척이었다고 한다. 그는 우선 콘스탄티누스를 회유하기 위하여 황제의 여름별장이 있는 니코메디아로 가서 콘스탄티누스에게 아리우스의 이단판정에 대한 재심을 호소하였다. 결국 황제는 아리우스주의자들에 대한 자기의 조치가 지나쳤다며 판결을 번복하였다. 아리우스도 추방에서 풀려났으며, 콘스탄티누스는 콘스탄티노플 감독에게 그를 성찬에 참여시키도록 명령하였다. 하지만 감독이 황제와 그의 신앙 양심 중 어느 쪽을 따를 것인가 고민하던 시기에 아리우스가 사망하였다. 이어서 알렉산더도 사망하자, 그의 뒤를 계승한 아타나시우스가 이제 니케아 정통 신앙의 수호자가 되었다.

니케아 공의회 6년 뒤, 유세비우스의 주도로 작성된 총 18권의 성서가 편집을 통하여 50권의 콘스탄티노플 성서로 제작되었지만 모두 손실되었다. 현재 바티칸의 사본과 영국 국립도서관의 시나이 사본이 가장 오래된 성서인데, 이중 어떤 것이 콘스탄티노플 성서와 가까운 지 알 수 없다. 콘스탄티노플 성서와 금서목록이 여러 지역의 50개 교회로 전해진 후, 사제들은 금서목록에 포함된 그리스도의 인간적인 면을 기록한 그노시스주의Gnosticism 성서들을 파기하였다. 400년경 이단으로 취급되었던 이 교파는 강제로 개종당하거나 파면

당했으며 그들의 복음서를 보는 것도 허용되지 않았다. 초기 기독교의 한 분파였던 그노시스주의는 2세기 무렵 고대 그리스 말기에 나타난 신에 대한 인식으로 초감각적인 신과의 융합을 체험하는 신비적 직관이나 종교적 인식을 이르는 용어였다. 이는 구약의 신을 비인격적이고 관념적인 존재로 바꾸었을 뿐만 아니라 율법을 배척하고 자유분방한 생활을 하며 그리스도의 역사성을 부정하였다. 여기에서 그리스도는 신의 아들이기보다는 인간으로서의 모습이 더 강조되고 있으며 막달라 마리아가 그리스도의 제자로 그려졌다. 1945년 세상에 알려진 사해문서(= 50권 정도의 복음서와 편지)와 1978년 유다복음서(= 왜경의 하나로 유다와 그리스도의 대화)가 발견되면서 그노시스주의에 대한 관심이 되살아나기도 하였다.

테오도시우스Theodosius 대제

고트족을 비롯한 이민족들의 침입은 더욱 거세졌다. 훈족의 이동으로 발칸반도로 밀려오는 고트족을 막는 것이 불가능하다고 판단한 테오도시우스는 그들을 받아들이고 도나우 강江 남쪽에 그들에게 영지를 하사하였다. 서고트족은 도나우 강江 하류의 트라키아 북부를, 동고트족은 도나우 강江 중류를 정착지로 받아 로마와 군사동맹을 맺었다. 이러한 고트족의 승인은 이후 로마제국의 역사에서 중요한 역할을 하게 된다. 단기적으로는 로마군단에 게르만 병사들이 많이 들어와 로마군이 게르만화되었고, 장기적으로는 건실한 자영농민들이 점차 농노로 바뀌었다. 역사적으로는 평화적인 게르만화로 불리지만 이러한 방식은 게르만족이 로마인들의 영역으로 진입함으로써 로마제국의 붕괴가 가속화 되는 계기가 되었다.

379년경 동로마제국은 아타나시우스파派와 아리우스파派를 비롯한 다른 종파 사이에 적대적 관계가 고조되면서 복잡한 상황에 놓였다. 심한 병을 앓고 난 뒤 세례를 받은 테오도시우스가 교회 당국자들에게 아무런 자문도 구하지 않고 모든 시민들이 니케아 공의회 결정을 따라야 한다는 칙령을 발표했다. 이때부터 성부, 성자, 성령의 삼위일체설을 믿는 사람들만 보편적 기독교인, 즉 로마가톨릭 교인으로 인정되었다. 가톨릭이라는 호칭이 이때 처음으로 문서에 등장하였다. 아리우스주의자들은 모든 도시에서 집회를 금지 당했고 로마가톨릭으로 개종하라는 명령이 내려졌다. 테오도시우스는 동물을 제물로 바치는 일체의 비기독교적 의식을 금지하였고 종전까지 행해지던 올림픽 경기도 중지시켰다. 테오도시우스는 공적이든 사적이든 모든 형태의 이교숭배를 불법으로 규정하여 정통 기독교를 제외한 종교 활동을 금지하였고, 391년 기독교를 로마제국의 공식적인 국교로 삼았다. 이러한 기독교 부흥정책과 국교화로 인하여 그는 기독교 역사가들로부터 대제라는 칭호를 받았다. 그 결과 이교도의 의식들은 기독교 의식으로 자연스럽게 통합되었다.

이러한 대업적에도 불구하고 그는 엄청난 과오를 범하였다. 그리스의 테살로니카에서 로마군 수비대장 한 명이 주민들과 사소한 다툼 끝에 집단폭행으로 살해당한 사건(390)이 일어났다. 밀라노에 머물던 테오도시우스는 이 소식을 전해 듣고 격분하여 철저히 보복할 것을 명령했다. 당시 밀라노 주교였던 암브로시우스Ambrosius는 황제의 명령에 반대하며 선처를 호소하였다. 그는 서방 교회의 4대 교부 중 한 사람으로서 아리우스주의에 맞서 정통 기독교의 전례와 성직에 대한 개혁을 이끈 주교였다. 그러나 테오도시우스는 이를 무시하고 그대로 명령을 밀어붙임으로써 약 7,000명의 테살로니카 주민들이 학살당했다. 암브로시우스는 이러한 보복행위를 비난하며 황제에 대한 성체집전을 거부하였다. 황제는 자신의 명령이 잘못되었음을 시인하고 베옷을 입고 밀라노 대성당으로 가서 용서를 구했다. 하지만 황제는 부활절부터 교회출입이 허가되지 않았고 성탄절이 되어서야 비로소 암브로시우스의 용서를 받고 성찬식에 참여할 수 있었다. 이는 최고 권력자인 황제가 성직자에게 굴복한 사건으로 기독교 내에서 교권과 세속권의 첫 대립이었다. 이는 장차 일어나게 될 교황과 황제의 권력관계를 암시하는 사건이 되었고, 훗날 카놋사의 굴욕(1077)과 아비뇽 유수(1309)로 이어진다.

테오도시우스는 종교적으로 대립되었던 동-서로마를 지배하였던 마지막 황제였다. 그는 장남 아르카디우스를 동로마제국의 황제로, 차남 호노리우스를 서로마제국의 황제로 임명하였다. 그 후 로마제국은 정치적으로 동로마와 서로마로 완전히 분리되었다.

유스티니아누스Iustinianus 대제

과거의 로마제국 영토를 다시 회복하려는 커다란 사명감을 가졌고 동로마제국 황제 중에서 가장 위대한 군사적 업적을 이루었다. 황제 즉위 초기에 그는 사산조 페르시아와 전쟁을 벌여 영구적인 평화조약을 맺었다. 이를 계기로 동쪽 변방의 안전을 확보한 그는 서로마의 영토를 점령하고 있던 게르만족과의 전쟁을 준비하였다. 유스티니아누스는 아프리카를 점령하였던 반달족과의 전쟁을 시작으로 시칠리아, 사르데냐, 코르시카 등 지중해의 여러 섬들을 다시 로마제국의 지배로 만들었다. 또한 이탈리아를 점령하고 있던 동고트 왕국에서 왕위를 놓고 내분이 일어나자, 유스티니아누스는 이를 기회로 삼아 이탈리아를 재탈환하여 라벤나를 서로마제국의 수도로 삼았다.

유스티니아누스는 영토 확장 이외에도 로마법 제정과 제도개혁뿐만 아니라 아야소피아 성당을 재건하는 등 많은 업적을 쌓았다. 재위 말년에 이르러 유스티니아누스는 공무에서 한 걸음 물러나 신학연구에 몰두하였다. 그는 그리스도의 인성은 신성에 흡수되었다고 주장하였다. 다시 말해, 그리스도의 신체는 결코 썩지 않으며 십자가에서 단지 고통 받는 것처럼 보일 뿐이라는 것이었다. 그가 마지막으로 발표한 법령은 성탄절과 교회절기의 공식날짜를 확인하는 법령이었다.

03
가톨릭교회의 분리

로마가톨릭이 유럽과 소아시아에 널리 확산되어 예루살렘, 안티오크, 알렉산드리아, 로마, 콘스탄티노플에 5대 교구가 생성되었다. 로마 교구는 밀라노 칙령을 통하여 자연스럽게 주도적 역할을 하였다. 그런데 콘스탄티누스 황제가 로마제국의 수도를 옮기면서 콘스탄티노플 교구는 지위가 격상되어 로마 교구와 자웅을 겨루게 되었다. 테오도시우스 황제의 두 아들에 의하여 제국이 서로마와 동로마로 분리되면서 거리가 더 멀어졌다. 서로마제국이 멸망하면서 동로마제국의 세력이 더욱 커졌고 이를 계기로 콘스탄티노플 교회의 영향력이 크게 신장되었다. 동로마제국의 황제들은 스스로를 하나님에 의해 기독교 세계를 통치하도록 임명받은 신성한 통치자라는 왕권신수설을 주장하였다. 반면에 서로마교황들은 스스로를 베드로의 계승자이며 따라서 유럽 교회 전체를 통치하도록 그리스도로부터 위임받았다고 주장하였다. 이러한 양측의 주장으로 말미암아 서로마제국과 동로마제국 사이에 분쟁의 소지가 싹트기 시작하였다.

성상숭배 금지령(726)

서로마교회는 동로마제국의 지배를 받았으나 6세기 말부터는 게르만족 포교에 힘써 그 세력을 확장하였다. 포교의 수단으로 성상이 허용되었기 때문에 교회도 포교라는 측면에서 이를 묵인해 왔다. 성상의 기원은 초대 기독교 시절로 거슬러 올라간다. 가톨릭교회는 그리스도와 성인들을 묘사한 형상이나 그림, 모자이크, 조각품 등을 폭넓게 사용해왔다. 교인들은 카타콤과 같은 예배장소에 교인들을 교육하는 목적으로 교리나 성서의 내용을 벽화로 표현하기 시작하였다. 기독교가 공인을 받은 이후에도 교회에 벽화를 그렸고, 4세기 경부터 수도원을 중심으로 성상을 공경하는 관습이 생겨나더니 점차 교회뿐만 아니라 가정에도 성상을 두었다. 이러한 성상은 문맹이었던 게르만족에게 종교적 교육에 있어서 분명한 효과가 있었으며 또한 신앙에 대한 구체적인 영감을 불러일으키는 장점도 있었다. 그러나 성인들 자체가 아니라 그들의 형상을 숭배하는 성향이 강하게 표출되었으며 이는 특히 이교에서 개종한지 얼마 안 되는 지역에서 심각하게 나타났다. 오래 전부터 많은 기독교인들이 이러한 성향을 비판하였는데, 특히 동로마제국 근교 아시아 지역에서 성상숭배에 대한 반대 움직임이 강력했다.

이슬람교도 모슬렘Moslem 또는 무슬림Muslim이라고도 하며, 특히 중세 때 아랍과 튀르크 그리고 그 밖의 나라 이슬람교도들을 사라센Saracen이라고 하였다. 동로마 황제 레오 3세는 사라센의 침입을 물리침으로써 커다란 군사적 업적을 남겼다. 확고한 종교관을 갖고 있었던 황제는 이를 통해 자신의 종교정책을 강력히 추진할 수 있다는 확신을 얻었고 이를 실행하는 것이 황제의 의무라는 확신을 갖았다. 그는 성상숭배가 너무 지나치다고 여겨 726년 궁전 문에 걸린 성상을 철거하라고 명령하였다. 그는 '내 앞에 다른 신을 두지 말고 절하지도 말라'는 십계명 1조를 근거로 일체의 성상숭배 금지령을 내린 것이다. 그러나 제국 각지의 교회들이 결속하여 이에 항의하면서 성상숭배에 대한 논쟁으로 이어졌다. 그는 종교적인 의도 이외에도 정치적으로 서로마교회와 수도원들의 세력을 억압하려는 목적에서 모든 교회 내의 성상을 파괴하라는 명령을 내렸다.

이것이 성상숭배 금지령의 발단이 되었지만 성상숭배 금지는 동로마황제가 이슬람의 영향을 받았기 때문이라는 설과, 반反헬레니즘 감정으로 신비주의 사상을 가졌던 소아시아 지역 농민의 공로로 사라센에게 전쟁을 이긴 황제가 그들의 요구에 응하였다는 설도 있다. 특히 게르만족들을 교화해야 할 서로마교회들이 이에 불응하여 동-서 교회의 대립이 날카로워졌다. 이를 비판한 서로마의 교회에 대해서는 교황의 관할권이 박탈되었다. 이제까지 성상으로 여겼던 것들을 갑자기 우상으로 취급을 하는 것에 대한 저항이 강했으며 그리스, 시칠리아, 남이탈리아 등에서는 반란도 일어났다.

레오 3세를 계승한 콘스탄티누스 5세는 주교회의(754)에서 성상숭배 금지령에 신학적 근거를 두고 성상을 옹호하는 수도사들에 대한 박해를 시작했다. 성상숭배의 시비를 둘러싸고 8-9세기 동로마에서 전개된 이러한 종교적 움직임은 동-서 교회가 투쟁하는 양상으로 이어졌다. 성상파괴가 철저하게 이루어진 곳은 콘스탄티노플과 소아시아를 중심으로 한 동로마제국의 동부였으며 그 외의 지역에서는 그리 심하지 않았다. 남이탈리아는 성상숭배를 지지하는 사람들의 피난처가 되었고, 이슬람 칼리프 왕조 지배하에 있던 이집트와 시리아에서는 성상숭배 금지령이 실행되지 않았다. 그 후 콘스탄티누스 6세를 섭정하던 그의 어머니 이레네가 니케아 공의회에서 성상숭배를 공식적으로 인정한다고 선언함으로써 성상숭배 금지령은 일단락되었다.

제국의 정치적 혼란 속에서 군대의 의향을 무시할 수 없었던 레오 5세가 다시 성상숭배 금지령을 실시하면서 그 논쟁이 재연되었다. 그러나 수도원들의 저항이 강력하였기 때문에 이는 그리 오래 계속되지 못하였다. 성상파괴를 주도하였던 테오필루스 황제가 사망하고, 그의 어린 아들이 황제에 오르자 섭정하였던 그의 어머니 테오도라 황후가 주교회의에서 성상숭배 금지령을 철회한다고 선언함으로써 843년 이에 대한 최종적인 결말이 내려졌다.

서로마교회는 동로마황제를 대신할 보호자로서 프랑크 왕국에 의존하였고, 세력을 확장하고 있던 프랑크 왕국은 서로마교회를 적극 지지함으로써 유럽에서 자신들의 정체성을 찾기 시작하였다. 이렇게 하여 게르만족의 프랑크 왕국은 로마제국의 뒤를 이어 역사의 중심에 서게 되었다.

로마가톨릭과 동방 정교회

10-11세기의 유럽은 서로마교황을 중심으로 모든 것이 이루어졌지만, 1054년에 벌어진 교황의 군사적 행동과 종교적 신념이 동-서 교회의 대분열이라는 불행을 자초하고 말았다. 당시 북게르만족의 대이동으로 시칠리아에 정착한 노르만족은 수차례 기습원정을 감행하여 많은 교회와 수도원들을 약탈하고 파괴함으로써 교황령의 존립에 심각한 위협이 되었다. 서로마교황 레오 9세는 신성로마제국의 황제 하인리히 3세와 손을 잡고 노르만족 정벌(1053)에 나섰다가 하인리히가 전장에서 손을 빼는 바람에 패전하여 포로로 잡혔다. 이탈리아 남부와 시칠리아에 이르는 광활한 지역은 동로마제국이 관할하여 왔기 때문에 이 지역의 노르만족에 대한 교황의 정벌시도가 동로마제국과의 갈등을 야기한 것이었다. 게다가 레오 9세가 교황권 강화를 위하여 다양한 정책을 선포하자, 콘스탄티노플 대주교는 그의 언행을 도발적 행위로 간주하였다. 대주교는 서로마교회의 성찬식에 대한 교리를 비판하면서 콘스탄티노플에 있는 서방 교회들을 폐쇄하였다. 그러자 서로마교회의 추기경 훔베르트Humbert는 1054년 7월 16일 아야소피아 대성당에서 열린 공식적인 주교회의에서 콘스탄티노플 대주교뿐만 아니라 동로마황제와 동방 교회 전체를 이단으로 파문하였다. 결국 기독교는 서로마교황을 중심으로 하는 로마가톨릭과 동로마황제를 중심으로 하는 동로마제국의 교회로 분리되었고, 두 교회 사이의 갈등은 오늘날까지 지속되고 있다. 콘스탄티노플 대주교를 중심으로 설립된 기독교 종파 가운데 하나

였던 동방 교회는 자신들이 초대 교회로부터 이어져온 '정통 기독교'라는 뜻으로 동방 정교회 또는 그리스 정교회라 칭하였다.

성상숭배 금지령은 동로마황제가 주도한 사회운동이라는 점이 특징이었고, 정치적으로는 황제권과 교황권의 문제로 비화되었다. 성상숭배 금지령으로 시작된 로마가톨릭과 동방 정교회의 갈등은 정치-종교적 대립으로 인하여 영원한 단절로 이어졌다. 로마가톨릭은 라틴족과 게르만족들에게 전파되었다. 콘스탄티노플을 중심으로 동방에서 성행한 동방 정교회는 러시아를 비롯한 동유럽의 슬라브족들에게 전파되었다. 동방 정교회는 설교나 성경 연구를 중시하는 로마가톨릭에 비하여 신비롭고 화려한 성찬식에 관심을 기울였으며 교회의 사회적 기능보다 고난의 감수가 미덕으로 강조되었다.

오늘날 동방 정교회에서는 성화Icon와 반입체적 성상까지만 허용되고 있다. 반면에 가톨릭에서는 성화뿐만 아니라 입체 성상까지 허용함으로써 교의에서 성화 또는 성상숭배가 확립되어 오늘날에 이른다. 동-서 교회의 분열로 인하여 당시의 5대 교구는 로마 교구와 콘스탄티노플 교구만 남게 되었다. 로마 교구의 주교는 베드로의 후계자로 인정되어 로마가톨릭이 그 우위를 확보함으로써 가톨릭 전체를 지배하게 되었다.

04
교황과 황제

교황과 황제의 대립

프랑크 왕국이 서유럽에서 중심세력으로 자리를 굳혀갈 무렵, 왕국과 제휴한 로마가톨릭교회는 기독교를 바탕으로 정신적 권위를 확립해 나갔다. 중세 초기에는 황제와 교황 간에 서로 도움을 주는 협조관계가 그럭저럭 이어져왔다. 서로의 지배영역을 인정하면서 세속생활과 신앙생활이 각기 다스려져왔던 것이다. 교회의 성직자들은 세속군주인 황제에게 소속되었고, 유일한 지식인이었던 성직자들은 황제의 행정 업무뿐만 아니라 군사업무까지 담당하였다. 각지의 교회들은 국왕이나 영주로부터 많은 토지를 받아 대토지의 소유자가 되어 영주들과 마찬가지로 토지와 주민들을 지배하며 세속화하였다. 그중에서도 프랑크 왕국의 피핀으로부터 중부 이탈리아의 넓은 땅을 기증받은 서로마교황의 세력은 막강하였다. 교황은 서유럽의 모든 교회와 수도원을 통괄하는 수장의 지위를 차지하였고, 그 아래 대주교, 주교, 수도원장 등 성직자의 계층구조가 성립되었다. 그러나 프랑크 왕국의 분열과 북게르만족의 대이동으로 인한 혼란 속에서 성직자들은 강력한 황제와 국왕에게 의지하려 하였고 이들에 대한 임명권은 황제의 권한이었다.

프랑크 왕국의 분열로 황제의 세력이 약해지면서 지방 귀족들과 교회의 고위 성직자들은 황제에 대항하는 새로운 정치집단으로 힘을 모으며 성장하고 있었다. 교황의 권력이 강대해지자 지상 최고의 권력자인 황제와 우월권을 놓고 대립되면서 약 2세기동안 격한 투쟁이 전개되었다. 그 직접적인 계기는 성직자 임명권, 즉 서임권과 교회의 영지에 대한 세금징수와 재판권에 관한 문제였다. 당시 황제와 영주들은 성직자들에 대한 임명권을 가지고 있었기 때문에 인격이 형편없는 자들도 자신의 측근들을 성직자로 임명하는 경우도 많았다.

카놋사의 굴욕

기독교의 확장으로 수도원과 교회가 증가하자 이에 대한 성직자 임명을 누가 행사할 것인가 하는 문제가 야기되었다. 황제는 당연히 자신의 권한이라고 주장하였지만, 지방분권적 정치체제에서 자신의 영지에 대한 특권을 누리며 살아가던 세속 영주들은 중앙집권이 강화되어 자신들의 권한이 축소되는 것을 원하지 않았다. 따라서 영주들은 신설 수도원의 후원자로 교황을 내세워 교회가 이에 대한 권리를 취하게 하였다. 지방의 영주들이 국왕의 왕국통치에 있어 중요한 수단이었던 황제의 성직임명권을 거부한 것이다. 주교, 수도원장 등 고위직 성직자들은 교회의 성직자이면서 동시에 지방의 영주였기 때문에 이러한 다툼은 필연적 사태였다.

교회의 성직자들이 세속화되자 프랑스의 클뤼니 수도원을 중심으로 개혁운동이 일고 있었다. 독일에서는 하인리히 3세가 개혁운동에 동조하여 국내 성직자뿐만 아니라 로마교황청의 개혁까지 손을 대려하였다. 이는 신성로마제국 황제가 서임권을 통해 교회와 수도원에 대한 통제권을 가지고 있다는 이른바 황제의 신정정치 이념에 기초한 것이었다. 따라서 하인리히가 로마교황청의 개혁에 착수한 것도 황제로서 당연한 행동이라고 여겼다. 더욱이 하인리히가 스스로 로마에 가서 주교였던 레오를 교황의 자리에 앉혔기 때문이었다. 그가 바로 클뤼니 수도원 출신 교황 레오 9세였다. 하지만 샤를마뉴 대제가 로마제국의 계승자로 정통성을 이어받으면서 이 이념은 부정되고 있었다. 다시 말해, 샤를마뉴가 교황 레오 3세로부터 황제의 관을 받았기 때문에 교황은 황제와 동급 내지는 상위자라는 의식에서 지배하고 있었다. 레오 9세는 투철한 개혁주의자로 황제를 포함한 모든 세속권력으로부터 교회의 자유를 주장하며 신정정치 이념과 그 관행을 분쇄하고자 하였다. 하지만 하인리히가 지나치게 강력한 황제였기 때문에 서로마교황은 개혁의 저의를 숨길 수밖에 없었다. 하인리히 3세가 죽고, 어린 하인리히 4세가 황제에 오르자 교황은 돌연 그 저의를 드러냈다.

교황 그레고리우스 7세는 황제로부터 교회의 자유를 얻기 위해 많은 고민을 하였다. 클뤼니 수도원의 개혁운동으로 교회가 점차 독립성을 찾자 교황은 교회와 사회의 개혁을 구상하였다. 그는 낡은 관습들을 개혁하고자 성직자들의 결혼을 금지하여 독신생활을 주장하였고, 당시까지 빈번하였던 교회성직자 직분을 사고 파는 성직매매도 금지하였다. 더 나아가 그는 황제라 하더라도 정의와 법률을 제대로 따를 때 비로소 진정한 군주가 된다고 주장하였다. 성직자는 황제가 아니라 교회법에 따라 교황에 의해 선출되어야 한다며 황제가 가지고 있던 성직자 임명권을 교회로 가져오려 하였다. 교황은 교회개혁안을 담은 교회법령을 발표하면서 주교의 임명과 면직뿐만 아니라 황제를 폐위할 수 있는 파문권도 포함되었다. 이는 황제에 대한 항거이며 이를 계기로 교황과 황제간의 성직임명권을 둘러싸고 이른바 서임권 투쟁이 시작되었다.

황제의 권한이었던 성직임명권을 부인한다는 교황의 발표에 대하여 하인리히 4세는 왕권도 역시 신이 직접 내린 것이므로 교황만이 모든 권한을 가지고 있는 것은 아니라고 반박하였다. 교황은 황제에게 명령에 순종하라는 최후의 통첩을 보냈다. 교황에 대한 복종은 굴욕이라고 여긴 황제는 교회법령을 거부하고 보름스에서 성직자와 제후들을 소집하여 교황 그레고리우스 7세를 폐위시킨다는 결의안을 통과시켰다. 교황은 오히려 황제가 임명한 성직자들을 모두 해임하고, 종교회의를 개최하여 황제 하인리히 4

세를 폐위하고 파문하였다. 황제의 권력이 커지는 것을 원치 않았던 제후들도 같은 해에 회의를 열어 두 가지 중요한 결정을 내렸다. 기독교인들에게 황제와의 접촉을 금지하고 황제에게 충성을 바치는 제후들은 교황에게 예를 다하지 않는 자로 간주하겠다고 공표하였다.

이 소식에 보름스 회의에서 황제를 지지하던 영주들과 성직자들이 황제에게 등을 돌렸다. 싸울 수 있는 기반을 잃고 배신에 큰 충격을 받은 하인리히 4세는 재빨리 교황에게 무조건 복종할 것을 맹세하였다. 그것만으로는 불안하다고 판단한 하인리히는 교황을 직접 만나 용서를 받기로 하였다. 그는 왕비와 왕자 그리고 몇몇 신하들만을 거느린 채 추운 겨울날 라인 강江을 건너고 알프스를 넘었다. 이때 교황은 토스카나 백작의 부인 마틸다의 카놋사 성에서 쉬고 있었다. 숱한 고생 끝에 도착한 하인리히가 교황과의 만남을 몇 번씩이나 간청하였지만 교황은 막무가내로 거절했다. 황제는 성문 앞에서 3일 동안 눈 속에서 용서를 빌었다. 교황은 그를 만나려 하지 않았으나 황제의 신분을 떠나 성문 밖에서 추위에 떠는 교인을 교황이 내팽개쳤다는 오명을 떨칠 수 없다고 여겼다. 교황은 자신이 집전하는 미사에 황제를 참석시켰다. 황제와 신성로마제국 영주들의 분쟁은 교황의 재량에 따라 해결하겠다는 서약을 받고 비로소 그의 파문은 취소되었다. 이것이 바로 카놋사의 굴욕이고, 이는 분명히 교황의 완전한 승리였다.

하인리히 4세는 이 굴욕을 와신상담하며 전화위복의 기회로 삼았다. 교황이 파문을 해제하자 황제는 자신의 세력을 규합하여 훗날을

도모하였다. 교황의 사면을 받고 제국으로 돌아간 황제는 많은 영주들과 성직자들의 지지를 받았다. 하지만 일부 반대파 영주들은 슈바벤의 루돌프를 대립국왕으로 세워 끝까지 항전할 태세를 갖추었다. 하인리히 4세는 이를 반역으로 보고 교황에게 반역자들의 파문을 요구하였다. 교황은 자승자박된 꼴이었다. 파문을 사면한 이상 하인리히는 정당한 제국의 국왕이자 황제였기 때문에 그의 요구는 정당했다. 그러자 교황은 황제의 사면을 자신의 실수라며 공의회에서 재차 하인리히를 파문하고 대립국왕 루돌프를 신성로마제국의 황제로 추대하였다.

두 번에 걸친 교황의 파문은 부당했다. 하인리히는 주교들을 모아 공의회를 주최하여 그레고리우스의 폐위를 결의하며 대립교황을 세웠다. 영주들과 연합하여 루돌프를 패사시킨 황제는 그 이듬해에 군대를 이끌고 알프스를 넘어 로마교회를 제압하였다. 나폴리 남쪽으로 피신한 그레고리우스는 이듬해 그곳에서 사망하였다. 그레고리우스의 의지를 이어받은 교황 우르바누스 2세는 하인리히의 아들 콘라트를 다시 대립국왕으로 옹립하여 제국의 내란을 조장하였다. 우르바누스는 예루살렘 탈환을 위한 제1차 십자군 결성을 촉구하였던 교황이다. 하인리히 4세도 자신의 불리함을 깨닫고 십자군에 참전하여 사면을 얻고자 했으나 교황은 이를 거부하였다. 사면을 받지 못한 황제 하인리히 4세는 실의 속에 사망하였다. 결국 하인리히가 승리하였지만 끝내 교황의 사면은 받지 못하였다.

카놋사의 굴욕 이후 황제와 교황 사이에서 야기되었던 성직임명권 문제는 잉글랜드와 프랑스의 중재로 타협안이 마련되었다. 신성로마제국의 영주들도 하인리히 5세를 설득해 교황 칼리스투스 2세와의 화해를 주선함으로써 서임권 분쟁은 보름스 협약(1122)에서 다음과 같이 결정되고 종결되었다. 이 협약에 따라 왕의 신하이자 유력한 영주들의 세속적 지위와 성직자들의 종교적 지위가 엄격히 구분된다. 주교와 수도원장은 성직자가 임명하지만 후보가 여러 명일 경우 황제가 결정할 수 있는 권한을 부여한다. 성직자로 뽑힌 사람은 우선 황제에게 충성을 맹세하고 신하로서 권력과 특권 그리고 영토를 받는다. 그 다음에 교회의 권위를 대표하는 교황으로부터 봉헌식에서 종교적 권능으로 상징되는 지팡이와 반지 그리고 땅을 하사받는다. 그레고리우스 7세의 교회개혁은 실패한 듯 보였지만, 그의 개혁운동은 다음 교황들에 의해 지속적으로 실천되어 이후 유럽 사회를 이끄는 주요한 교회 이념이 되었다.

아비뇽 유수

13세기 말부터 교회의 세속권력이 신장되자 황제 필리프Philippe 4세가 아나니에 머물던 교황 보니파시우스 8세를 습격하였다. 아나니 습격(1303)이라고 불리는 이 사건은 서임권 투쟁에서 비롯된 교황과 황제의 대립이 중세에서 최종국면에 이른 것이다. 이 사건은 절대주의를 따르기 시작한 프랑스 황제가 교황권 우위의 이념을 내세우는 보니파시우스에 대하여 교황의 양해 없이 프랑스 내의 교회에 임시세를 부과한데서 발단되었다. 교황은 황제가 무단으로 강행한 프랑스 성직자에 대한 임시과세와 반反황제 태도를 이유로 주교를 체포한 사건에 대해서 일련의 항의성명을 발표하였다. 또한 로마에서 성대한 성년축전聖年祝典을 열어 교황권의 옹호를 주장하였다. 이에 대하여 황제도 중세 최초의 의회가 된 삼부회를 소집하여 왕국 내에서 반反교황 여론조성에 힘썼다. 필리프는 교황권지상설을 최후통첩으로 여기고 프랑스에서 교황의 신병을 납치할 계획을 세운 것이었다. 하지만 시민들의 도움으로 구출된 교황은 황제를 비롯한 그 영주들을 모두 파문하였다. 그러나 1년 후 교황이 병사함으로써 교황과 황제의 대립, 파벌에 의한 교회의 분열이라는 후유증을 남겼다.

필리프는 프랑스 출신 추기경들을 대다수 임명함으로써 프랑스 출신 교황이 계속 나올 수 있는 발판을 마련하였다. 이를 계기로 클레멘스Clemens 5세가 교황이 되었지만 황제의 강력한 간섭으로 로마로 들어가지 못한 채 프랑스에 억류되었다. 황제가 아비뇽을 교황의 주재지로 선택함으로써 그는 최초로 아비뇽의 교황이 되었다. 1309

년부터 1377년까지 7대에 걸쳐 프랑스 남부의 론 강변에 위치한 아비뇽이 교황청 소재지가 되었다. 이 사건은 고대 유대인이 바빌론에 강제 이주된 고사를 본떠 아비뇽 유수라고 한다.

클레멘스 5세는 초기에 아비뇽 북동쪽에 있는 카르팡트라에 교황청을 설치하고 아비뇽에 거주했다. 그러나 클레멘스 6세는 프로방스 백작 겸 시칠리아 여왕으로부터 아비뇽을 사들여 파리 왕궁을 모방한 호화스러운 교황청을 건축하였다. 그 후 우르바누스 5세가 일시적으로 로마로 복귀하였으나 교황청의 주요 기능은 아비뇽에 남아 있었다. 그레고리우스 11세에 의해 본격적으로 로마 복귀가 이루어질 때까지 역대의 프랑스 출신의 교황이 독자적으로 아비뇽의 행정을 담당하였다. 아비뇽 유수를 계기로 마침내 교황권이 몰락하기 시작하였다.

제2장

교회와 수도원

01
기독교 교리

중세는 기독교로 시작해서 기독교로 끝난 시대라고 할 수 있으며 인간보다는 신 중심의 세계였다. 교황과 교회의 세속화를 통하여 기독교 문화는 유럽 전체를 가득 채웠다. 모든 학문도 신학을 중심으로 연구되면서 철학은 신학과 밀접하게 연결되었다. 중세의 철학은 교부 철학과 스콜라 철학으로 나뉜다. 2세기에 시작된 교부 철학은 플라톤의 영향을 받은 아우구스티누스에서 그 절정을 이루었고, 8세기에 이르러 아리스토텔레스의 영향을 받은 토마스 아퀴나스의 스콜라 철학으로 계승되었다.

교부 철학

초기 기독교 교회에서 이단에 맞서 교회의 이론을 세운 사람들을 교부라 하였다. 이들이 기독교 신학을 바탕으로 합리적인 교리를 조직하면서 교부 철학이 생성되었다. 초기의 기독교는 이교적인 로마의 문화 속에서 박해를 받으며 성장하였다. 처음에 교인들은 신앙의 진리는 신의 지혜라는 사도 바울의 말처럼 세상의 지혜인 철학을 멀리하고 신앙을 순수하게 유지하였다. 기독교는 계시된 초자연적인 진리이며 인간의 이성으로 접근할 수 있는 것이 아니라는 이유에서였다. 따라서 초기의 로마가톨릭에서는 체계적인 기독교 교리가 필요하지 않았다. 왜 그리스도가 하나님의 아들이면서 동시에 성령으로 태어난 인간이었는지, 왜 성부와 성자와 성령이 서로 다른 위상을 가지면서 삼위일체가 될 수 있는지에 관한 질문과 대답이 필요하지 않았다. 하지만 교회 지도자들 중 몇몇은 기독교의 진리와 교인들을 지키기 위해 〈변호의 서〉라는 교회 교리를 로마황제에게 제출하였다. 이것이 교부 철학의 시작이었다.

기독교는 로마제국에서 자유를 얻었고 마침내 유일하게 공식적인 국교가 되었다. 이제 기독교가 당면한 첫 번째 과제는 어떻게 로마인들에게 기독교 교리를 설명할 것인가 하는 문제였다. 또한 다른 종교를 가진 사람들로부터 기독교를 지키기 위해서 그리고 기독교 복음을 전파하기 위하여 신학이론을 제정하고 발전시켜야할 필요성이 대두되었다. 교부들은 신앙의 진리를 최대한의 이성으로써 해석하지 않으면 안 되었고 그 방법으로 플라톤의 철학을 선택하였다. 이렇게 하여 그리스 철학에서 기독교 교리를 찾음으로써 교부 철학이 성립된 것이었다.

아우구스티누스Augustinus는 로마의 신학자이자 사상가로 교부 철학

의 완성자였다. 그는 처음에 키케로Cicero의 가르침을 받아 진리의 길에 들어섰으나 자신의 타락한 사생활로 인하여 회의감이 들었다. 이때 밀라노의 대주교 암브로시우스에게 교리를 배우고 세례를 받았다. 그 후 고향 아프리카로 돌아가 수도원 공동체를 이루어 생활하다가 사제로 서품되었고 튀니지의 주교로 선임되어 일생을 교회에 바쳤다. 기독교 철학은 그를 빼고는 생각할 수 없으며 근세에 이르기까지 큰 영향을 주었다. 저서로는 〈신국론〉, 〈고백록〉, 〈삼위일체에 관하여〉가 있다.

아우구스티누스는 신의 나라에서 신을 멀리하는 나라를 하나의 강도 집단으로 보았다. 또한 신을 멀리하는 인간은 교만 그 자체로 여겼다. 이러한 교만한 자의 공동체가 아닌, 겸손하게 신의 은총에 의한 구원을 바라는 공동체가 바로 신의 세계라는 것이다. 그가 말하는 신의 세계는 기독교 공동체, 즉 교회를 말한다. 그는 서로마제국이 사라진 이후에도 힘을 발휘할 수 있는 교리를 구축했을 뿐만 아니라 기독교 공동체에 필요한 제도로서 교리를 세웠다. 따라서 단순히 교부라고 할 때는 아우구스티누스를 일컫는다. 그는 그리스 철학의 헬레니즘과 기독교에 의한 헤브라이즘을 하나로 묶어 기독교 철학 또는 신학을 출범시켰다. 더 정확하게 말하자면, 그는 기독교에 플라톤 철학이라는 옷을 입힌 것이다.

플라톤의 이데아idea 개념은 아우구스티누스에 의해 신의 개념이 되었다. 플라톤에게 존재자의 원형은 영원불변한 실재를 뜻한다. 다시 말해, 플라톤이 말하는 이데아 세계(= 실존 세계)는 그에 의해서 신의 세계가 된 것이다. 그리고 우리가 사는 세계는 현상 세계라고 했다. 그에 의하면, 인간은 진리를 보지 못하기 때문에 쇠사슬에 묶인 동굴 속의 죄수와 같다고 했다. 인간이 지성의 눈으로 보지 못하고 육안의 눈으로만 보는 것은 한낱 그림자에 불과하기 때문에 그 그림자를 만든 진짜 세계는 동굴 밖에 있다고 했다. 다시 말해, 인간은 현상 세계에 있는 것들을 감각을 통해서 보고 듣고 만지면서 그것이 진짜라고 생각하지만 그것은 이데아의 모사에 불과한 가짜라는 것이다. 따라서 인간이 감각하는 현실적 사물의 원형은 모든 존재와 인식의 근거가 된다는 것이다. 플라톤은 몸과 이성에 묶여 망각된 사실을 다시 기억해내는 것을 철학의 사명으로 삼았다. 그는 참된 세계로 나아가기 위해 이성을 통한 절제와 조화를 강조하면서 인간은 자기 절제를 통해 이데아를 기억할 수 있다고 강조했다.

아우구스티누스에 의하면, 신은 완전한 실재이고 우리 인간은 현상 세계에 살고 있는 불완전한 실재라는 것이다. 인간은 영혼을 가진 완전한 실재이면서 동시에 육체를 가진 불완전한 실재가 된다. 따라서 플라톤이 말하는 이데아를 기억해 낸다는 것은 아우구스티누스에게는 신을 기억하는 것이다. 그에게 있어 참된 세계로 나아간다는 것은 신을 사랑하고 따르는 것을 의미한다. 신은 실존적으로 만나야 할 인격적 존재이며 신에게 귀의하여 신의 은총으로 구원을 받으면 방안에 불이 켜지는 것처럼 진리를 인식할 수 있다고 했다.

결론적으로 진리는 인간의 이성을 통해 알 수 있는 것이 아니라 오직 신앙을 통해서만 알 수 있다는 것이다. '이해하기 위하여 믿는다 Credo ut intelligam'라는 그의 방법론에서는 이성과 신앙 간에는 어떤 구별이 존재하지 않지만 이성은 분명히 신앙을 위한 보조역할을 담당할 뿐이라는 것이다.

스콜라 철학

샤를마뉴 대제는 유럽 각지에 신학교를 설립하여 학문을 육성하였다. 스콜라는 중세의 교회에 의해 설립된 학교Schola에서 인문학을 가르치던 사제들을 일컫는다. 철학과 신학이 명확히 구분되지 않던 이 시기에 교부 철학을 통하여 정리된 기독교 교리를 이성으로 이해하고 증명하려는 시도가 나타났는데, 이를 스콜라 철학이라고 한다. 8-17세기까지 나타났던 스콜라 철학은 신앙과 이성, 의지와 지성, 실재론과 유명론, 신의 존재에 대한 이론적인 증명을 통하여 기독교 교리를 체계적으로 확립되었다.

초기의 스콜라 철학도 플라톤과 아우구스티누스의 사상을 체계화하고 그 안에서 증명하고자 하였다. 그러나 이 시기에 이슬람과의 접촉으로 라틴어 번역이 활발해지면서 특히 수도원과 대학에서 아리스토텔레스의 책들이 번역되었다. 아리스토텔레스의 이론은 물리학과 천문학 같은 자연과 인간의 관계를 연구하는 새로운 자극을 주었고 그의 이론들이 연구되었다. 이로 인하여 7-13세기까지 플라톤주의자들과 아리스토텔레스주의자들 간의 대립이 심화되었다.

13세기에 이르러 지식인들은 철학을 신학에 연관시키면서 이성과 신앙의 관계에 대한 문제로 고심하였다. 또한 신의 존재에 대하여 플라톤과 아리스토텔레스의 견해가 확연히 달랐기 때문에 기독교 교리는 새로운 국면을 맞았다. 이들의 논쟁은 점차 종교적 신념이나 철학적 논리의 존립 자체를 결정하는 매우 중대하고 심각한 논제로 이어졌다. 스콜라 철학에서는 아리스토텔레스의 철학이 기독교 교리에서 그 중심이 되었다. 스콜라 철학은 학교가 중심이었기 때문에 중세의 대학 설립과 발전에도 큰 영향을 주었다. 더 나아가 스콜라 철학은 기독교 신앙을 이성적, 논리적, 철학적 설명으로 이성의 근거를 찾았고 기독교 신앙의 권위를 회복하고자 하였다. 스콜라 철학자들은 종전의 이론들을 서로 비교분석하는 과정을 거친 후 결론을 이끌어냈다. 이러한 비판적 논증은 후대 사상가들에게 많은 영향을 주었다.

토마스 아퀴나스Aquinas는 권위적이며 보수적이었고 지위와 명예를 중시하였다. 그는 세속과 떨어져 침묵과 관상을 강조하는 베네딕토 수도회보다 도시와 시민들의 실천운동을 중시하였던 도미니코 수도회의 수사로 살았다. 따라서 귀족이었던 가족들과의 갈등이 가장 어려웠다고 그는 토로하였다. 그는 나폴리 대학에서 아리스토텔레스의 철학을 수학하였고, 중세 최대 신학자로서 스콜라 철학을 완성하여 〈명제집 주석〉, 〈이교도 대전〉, 〈신학 대전〉 등을 남겼다.

토마스 아퀴나스는 신을 부동의 원동자로 간주한 아리스토텔레스의 사상을 수용하였다. 부동의 원동자는 '자신은 움직이지 않으면서 세상의 모든 것을 움직이게 하는 자'라는 뜻이다. 그에 따르면, 자연의 모든 현상이 움직이고 변화하는 것은 신이 주관하기 때문에 신이 존재한다는 것이다. 또한 인간은 신앙을 통해 신의 은총을 받아 영원한 행복을 얻을 수 있다는 것이다. 다시 말해, 이성을 통해 현실에 존재하는 신의 계시를 이해하고 용기, 절제, 정의와 같은 도덕적인 덕을 행하면 일시적인 행복을 얻을 수 있다고 보았다. 이는 신의 계시인 자연법을 이해함으로써 신의 은총을 받아 종교적 덕목을 실천해야 영원한 행복을 얻을 수 있다는 논리였다.

당시 신학자들은 신앙을 그 출발점으로 인식하고 이성을 통하여 결론을 내렸고, 반면에 철학자들은 전적으로 자연적 이성에 의지하였다. 토마스 아퀴나스는 신학의 연구관점을 새롭게 인식하고 체계적으로 설명한 최초의 인물이었다. 신앙을 이성보다 우위에 두었던 기존의 이론들과는 달리, 토마스 아퀴나스는 이성과 신앙의 관계를 조화와 보완의 관계로 서로 대립되지 않는다고 보았다. 하지만 그는 신학과 철학, 신앙과 이성을 서로 구분하는 것이 아니라 각각의 중요성을 강조하면서도 신학 내에서 완성시키려 하였다.

토마스 아퀴나스는 아리스토텔레스의 철학 안에서 기독교 신학의 기반을 마련하였다. 인간은 이성을 통하여 존재에 대한 인식이 가능한 것이어야 그 믿음도 정당화 될 수 있다고 했다. 아리스토텔레스 사상에 기초한 신학은 하나님의 계시이기 때문에 확실한 것으로 받아들여진 전제에서 이성적으로 추론된 지식이라는 것이다. 따라서 그의 근본사상은 이성과 신앙, 철학과 신학은 엄밀히 구별되지만 이들은 서로 모순되는 것이 아니라 신으로부터 나온 것으로 필연적 조화라고 여겼다. 인간이 진리를 추구함에 있어 철학과 신학은 서로 상보적인 역할을 한다는 것이 그의 입장이었다. 교부들이 '이해하기 위하여 믿는다'라며 맹목적인 믿음으로 만족했다면, 믿는 것과 아는 것을 같이 중요하게 여겼던 그는 '믿기 위하여 이해한다 Intellego ut credam'라는 방법론을 제기하였다.

중세의 철학은 신앙과 이성의 관계 규명에서 나타나는 근거들을 모순 없이 조화를 이루게 함으로써 나름대로 독자성을 가졌다. 또한 인간과 신의 세계에 대한 통일적 질서, 인간의 자유와 존엄의 명확한 근거를 지향했던 점이 특징이었다. 스콜라 철학은 후기에 들어서면서 토마스 아퀴나스 이후의 학설들에 대한 비판과 수정이 나타났다.

중세 학교에서는 문법학, 논리학, 수사학이 학문의 기초를 이루었고, 문법학과 논리학은 변증론이라 불렸다. 스콜라주의자들은 변증론이야말로 진리의 유일한 기준이라고 생각했고 신학도 변증론의 규칙을 따라야 한다고 주장했다. 하지만 변증론이란 신학의 시녀에 불과하다고 폄하되면서 신앙과 이성의 조화가 부정되었고, 르네상스에서 19세기 초까지 스콜라 철학은 중세라는 말과 함께 경멸 또는 비난의 표현으로 쓰이기도 하였다. 또한 단순히 교훈적 방법을 사용하여 전통적 가르침을 고수하고 쓸모없는 현학적 논의만 일삼는 철학으로 치부되기도 하였다. 그러나 19세기 후반에 이르러 중세의 스콜라 철학이 진정한 철학의 전통을 이어받았을 뿐만 아니라 고대와 근대에 견줄 수 있는 연구 성과였다는 평가를 받으며 재조명되기 시작하였다.

02
수도원

수도원의 생성

로마제국 초기의 심한 박해에도 불구하고 기독교 교세는 확장되었고 4세기부터는 집단적으로 기독교로 개종하는 현상이 광범하게 나타났다. 교세가 확장되면서 교회는 세속화되기 시작하였다. 수도원은 초대 교회시기에 핍박을 피하기 위한 은둔생활과 4세기 이후 세속화된 교회로부터 구별된 삶을 추구하는 공동체에서 시작되었다. 경건하고 열성적인 교인이나 성직자들은 초대 교회의 이상으로 되돌아가려는 움직임을 통하여 수도원이라는 새로운 체제가 생성된 것이었다.

중세의 수도원은 신앙과 문화생활에서 매우 중요한 역할을 담당하였다. 중세 초기의 문화적 암흑기에 희미하게나마 문화의 등불을 유지하고 후반기에 문화의 꽃을 피우게 한 것도 수도원이었다. 수도원 생활은 먼저 동방에서 시작되었다. 최초의 수도원은 이집트의 성 안토니우스Antonius와 성 파코미우스Pachomius로 거슬러 올라간다. 안

토니우스는 북부 이집트 사막에서 은둔생활을 하였고 그의 추종자들은 공동주택을 지어 그와 함께 금욕생활을 하였다. 이집트의 파코미우스도 수도승을 위한 공동체 생활을 창시한 인물이었다. 그는 공동으로 금욕생활을 하며 복종의 미덕을 크게 강조하는 규율을 만들었다. 또한 육체노동을 수도원 생활의 필수요소로 여기고 그의 추종자들을 여러 노동집단으로 나누어 가능한 많은 일을 하게 하였다. 여기서 생성된 잉여생산물들은 모두 가난한 사람들에게 나누어졌다. 유럽에서 수도원을 제도적으로 확립한 사람은 그리스인 교부 성 바질Basil을 꼽는다. 그는 노동과 자선 그리고 공동생활을 토대로 수도원의 계율을 정하였다. 그 계율은 동로마제국 내의 수도원에서 규범이 되었고 오늘날 동방 정교회에서 통용되고 있다.

베네딕토 수도원

동방 수도원과는 달리 서방 교회에서 수도원을 설립한 것은 이탈리아 수도사 성 베네딕토Benedictus였다. 그는 젊어서부터 금욕 이상에 끌려 수도생활을 해오다가 로마와 나폴리 중간에 위치한 몬테카시노에 수도원을 세웠다. 이 수도원은 589년 게르만족의 일파인 롬

바르드족에 의해 약탈당하고 방화되었다. 대부분의 수도사들은 그의 계율을 가지고 로마로 도피하였다. 얼마 후 이 계율들은 대부분의 로마 시민에게 알려지면서 교황청의 지원을 받아 서방 교회로 전파되었다.

베네딕토는 수도원 생활에서 영속성과 순종이라는 두 가지 요소를 가장 중요시하였다. 영속성이란 베네딕토 수도사들은 허락 없이 수도원을 떠날 수 없으며 처음 가입한 수도원에서 종신을 해야 함을 뜻한다. 이러한 영속적 거주는 사회의 혼란기에 수도원을 안정시키는데 커다란 역할을 하였다. 순종은 성스러운 계율에 대한 복종이었다. 어떤 명령이 떨어져도 지체 없이 행해야하며 이는 진심에서 우러나오는 마음으로 노력해야 하는 것이다. 잘못을 저지른 수도사들은 근신을 해야 하며 두 번의 근신에도 개선의 여지가 없어 보이면 공개적으로 문책을 받았다. 그 다음 단계는 파문인데, 이는 단지 성찬뿐만 아니라 다른 모든 수도사들과의 접촉이 일체 금지되어 공동식사에도 참여할 수 없었다. 그래도 회개의 기미가 보이지 않으면 채찍으로 체벌 받고 이것이 효력이 없을 경우에는 추방당하기도 하였다.

유럽 수도원의 모범이 된 이 수도원에서는 이른바 베네딕토 계율에 따랐다. 이 계율은 청빈, 순결, 복종을 이상으로 삼고 금욕적이며 엄격하고 규칙적인 공동생활을 규정하였다. 매일의 일과는 노동과 기도로 크게 나누어진다. 모든 수도원은 공동생활을 영위하는데 충분한 토지를 경작하여 자급자족하였고, 수도사는 매일 여러 시간의 육체노동에 종사해야 했다. 베네딕토는 예배모임을 수도원 공동체 존재의 이유 그 자체로 간주하였다. 수도승들은 함께 숙박을 하며 공동으로 일하고 공부하며 예배를 올렸다. 나머지 시간은 명상과 기도 그리고 공동예배에 할당되었고 수도생활의 핵심을 기도라고 여겼다. 각 수도사들에게는 자신을 위한 기도시간이 배정되었고 매일 낮과 밤에 일곱 번씩 기도하였다. 집회의 대부분은 성경봉독으로 이루어졌다. 베네딕토 자신은 학문연구에 대해서는 언급하지 않았으나 이는 수도사들의 주된 일과가 되었다. 예배를 위한 서적들이 필요하였기 때문에 성경이나 기타 문헌들에 대한 필사작업이 이루어졌다. 그 결과 수도원은 점차 학문의 중심지가 되어 수도사가 되기 위해 위탁된 아이들의 교육을 담당하였고 그 외에도 병원이나 약국, 나그네를 위한 숙소 기능도 하였다. 서방의 수도원은 샤를마뉴 대제 시기에 정치적 통일의 일환인 교화정책과 베네딕토의 교회개혁을 통해서 유럽에 널리 확대되었다.

수도원의 개혁

교회세력이 외형적으로 확장되면서 로마가톨릭교회는 큰 재산을 소유하고 세속화되기 시작하였다. 유럽 각지의 교회나 수도원의 세속화는 참으로 우려할 만한 사태였다. 10세기 초까지 교황은 신성로마제국의 황제나 국왕들에 의해 임명되었기 때문에 귀족의 수장에 불과하였다. 교황이나 고위성직자를 세속 영주가 임명한 것은 당시 노르만족과 또 다른 이민족의 침입에서 교회와 성직자가 살아남기 위해 이들의 보호를 받아야 했기 때문이었다. 상황이 이렇게 되자, 영주들은 교회를 지어 사유화하였고, 교회 주위에 촌락이 형성되면 교회의 수입금은 영주 자신들이 가져갔다. 교회는 수입의 원천이었고 성직은 매매의 대상이 되었다. 점차 영주들은 교회를 자신들에게 유리한 쪽으로 몰고 갔고 막대한 부를 얻은 성직자들도 정치적으로 활용하는 계기로 삼았다. 더 나아가 성직매매나 성직자들의 결혼은 당연한 관행으로 인식되고 있었다. 이러한 사태는 교회의 세속화를 유발하였고 성직자들의 기강은 무너졌지만 세속교회의 황금시대였다.

세상과 격리되어 살아가던 수도원의 수도사들은 정치세력에 연관되어있던 주교나 교구 성직자들과 달리 어느 정도 교회 본연의 임무에 충실할 수 있었다. 교회의 세속화에 대한 개혁운동은 10세기 초에 설립된 클뤼니 수도원을 중심으로 일어났다. 부르고뉴 지역에 세워진 이 수도원은 봉건적 토지를 보유하지 않고 토지를 포함한 모든 재산에 대한 봉건적 의무를 지니지 않을 것을 천명하였다. 비록 교황에 예속되어 있지만 실질적으로는 독립적 위치에 있었다. 수도원장은 수도사들에 의해 선출되었고, 그는 모든 예하 수도원의 규율 유지에 대한 전반적인 책임과 감독권을 가졌다. 수도원 이외의 그 어떠한 규제나 간섭이 배제되었다. 이들은 필사와 노동 그리고 공동 예배라는 덕목을 수행하는데 보다 많은 시간을 할당함으로써 태만과 나태를 추방하였다.

클뤼니 수도원은 베네딕토가 정한 계율을 따르는 수도원의 하나에 지나지 않았다. 그러나 이곳의 수도사들은 계율의 엄격한 실천을 강요받고 있었기 때문에 다른 수도원과는 달랐다. 교회가 부패되어가는 것을 인지한 수도사들이 종교 윤리적 생활의 모든 영역으로 퍼져나가면서 클뤼니 교단의 수도원은 날로 증가하였다. 11세기 중엽이후 수도원 중심의 이러한 개혁운동은 교황 영도 하에 전 유럽적인 규모로 전개되면서 교황과 황제의 대립이 심화되었다. 클뤼니 수도원이 주도한 개혁의 본질은 어디까지나 수도생활의 순화에 있었다. 바로 그 때문에 성직자의 풍기를 바로 잡고자 클뤼니 수도원의 지부를 만들어 그 개혁을 도입하기에 이르렀다. 기존의 베네딕토 수도원들도 클뤼니 교단의 규율을 받아들이면서 클뤼니 수도원장은 서유럽 교회의 수장이 되었다.

탁발 수도원

12세기에 들어서 베네딕토 계율을 엄수하려는 시토 교단이 크게 성하였다. 그들은 계율이 정한 단 한 벌의 옷과 금욕적인 식사를 하였고, 교회와 부속건물들은 소박하고 치장이 없어야 했다. 시토 수도원은 세속 봉토를 받지 아니하고 오로지 황무지를 개간하여 생계를 유지하였다. 그들에 의하여 많은 황무지가 개척되었다. 13세기에는 도시의 발달과 이단의 발생 그리고 정화된 복음지향적 생활에 대한 갈망이 결합되어 두 개의 탁발 수도원이 등장하였다. 성 도미니코Dominicus와 성 프란체스코Francesco에 의해 생성된 이 수도원들은 베네딕토 수도원, 클뤼니 수도원과 마찬가지로 청렴을 중요시하였다.

도미니코는 스페인 사람으로 입법과 행정에 뛰어난 지식인이었다. 그가 프랑스 남부를 여행하던 중 알비파派라는 이단에 놀라 생명의 위협을 무릅쓰고 설교를 시작했다. 도미니코 수도원의 주요 임무는 설교를 통하여 유대인과 이슬람교도와 같은 이교도들을 개종하는데 있었다. 청빈도 강조했으나 그것은 교단의 세력과 위엄을 지키는 방편이었다. 이들은 훗날 종교재판에서 이단 심판관으로 활동한다. 이를 위해 수도사들은 충분한 교육을 받아야 했고 여러 등급의 학교도 생겼다. 도미니코 수도원은 두 가지 특징을 지녔다. 그 하나는 지식연구이며 이는 그 어떤 계율보다 우선하였다. 다른 하나는 수도원의 조직구성이었다. 이 교단은 여러 교구로 나뉘고, 각 교구는 교구장에 의하여 관리되며 교구 전체는 총교구장이 관할하였다.

프란체스코는 이탈리아 거상의 아들이었다. 그가 십자군 전쟁에 참가하던 중 포로가 되어 감옥에 있었을 때 깨달음을 얻어 아버지의 모든 재산을 포기하고 성직자로 살았다. 그는 자연을 찬미하였기 때문에 모든 생물체를 자신의 형제자매로 여겼고 그 속에서 신

의 영광과 업적을 보았다. 많은 사람들이 자신을 따르자 그들에게 몇 가지 규율을 정해 주었고 그 중에서 청빈을 가장 강조하였다. 탁발승은 속세를 떠나 수도원에 은둔하는 것이 아니라 떠돌아다니며 가난한 자를 돕고 설교를 하며 중생 속에서 살아가도록 하였다. 따라서 그의 추종자들은 자신들이 직접 노동을 해서 자급자족하며 부득이한 경우가 아니면 탁발을 하지 않았다.

탁발 수도사들이 중세 기독교와 문화에 끼친 영향력은 매우 컸다. 13/4세기의 철학자와 과학자들의 대부분은 도미니코 수도사 또는 프란체스코 수도사들이었다. 두 수도원들은 부속학교를 운영하고 도서시설을 충분히 갖추었기 때문에 교육 및 학문연구와 같은 문화적 역할을 수행하였다. 또한 수도원은 자선을 베풀며 새 농작법도 가르치고 육체노동의 귀중함을 알려주는 사회사업도 하였다. 그러나 탁발 수도원의 교세가 크게 확장되면서 초기의 청빈과는 거리가 멀어지면서 15세기에 이르러 쇠퇴하기 시작하였다. 수도원 생활에 대한 정열도 식어가면서 수도원이 더 이상 헌신적인 사람들을 끌어들이지 못했다. 수도원 안에서는 점차 임금체제가 생성되었고 이와 더불어 공동체 생활이 해체되고 있었다.

대학의 생성

중세는 기독교 문화가 지배하던 시기였다. 모든 사람들을 기독교로 인도하여 종교적 구성체를 만들기 위해 기독교 교육을 실시하였다. 우선 기독교의 기본교리를 가르치기 위해 문답학교가 세워졌다. 이는 성직자를 양성하는 학교로서 최초의 교원 양성기관이었으며 기독교 교리와 그리스 철학을 주로 가르쳤다. 또한 좀 더 수준의 교육을 위하여 대성당 학교가 세워졌다. 이는 가장 높은 고등교육기관으로서 중세교육의 중심을 이루었고 이를 통하여 중세 기독교 사상이 생성되었다.

대성당 학교는 스콜라철학의 온상지였으며 대학설립의 배경이 되었다. 교육과정은 초등과정과 고등과정으로 구분되었다. 초등과정에서는 읽기, 쓰기, 셈하기의 기본교과와 여기에 음악, 라틴어, 문법, 시편 암기 등이 포함되었다. 고등과정에서는 7가지 자유교과가 교육되었다. 그밖에 농경, 목공, 직물 등의 일을 통해 노동의 신성함이 강조되었고, 고전을 필사하고 보존하여 고대의 문화를 전수하는 역할도 하였다. 교육방식은 매우 엄하여 금욕주의와 절제된 훈련을 통해 도덕적 생활이 중시되었고 명상과 사색 침묵을 강조했다. 수도원은 기숙사 생활을 하였는데 교사와 학생간의 인격적 접촉에 의한 교육방식이였다.

수도원은 문화 활동의 중심지로서 하나의 학문기관으로 자리 잡았고 이곳에서 신학과 철학 교육이 이루어졌다. 그러나 수도원 내에 교육시설이 턱없이 부족하자 학교를 수도원 밖으로 내몰기 시작하였다. 그 결과 수도원에서 독립된 교육기관들이 생기기 시작하였다. 신학과 철학 외에도 수학, 화학, 물리학, 천문학, 어문학 등도 가르치기 시작했다. 중세 초기의 수도사들은 세속에 봉사할 것을 요구 받았지만 이는 교황의 명령으로 금지되었다. 아무튼 농촌의 수도원에서 이루어졌던 학문이 도시의 학교로 이전되었다. 새로운 형태의 교육기관은 대학이었고, 그 중심지는 이탈리아, 프랑스, 잉글랜드였다. 15세기 이후 시대적 변화에 힘입어 대학은 오늘날의 형태로 바뀌어갔다. 중세에 대학이 설립될 수 있었던 배경은 크게 네 가지로 볼 수 있다. 대학의 성립은 이 요인들이 각각 단일하게 영향을 끼쳤다기보다는 서로 복잡하게 뒤엉켜 작용했다고 볼 수 있다.

첫째, 학문적 배경이다. 중세에는 오래 전부터 수도원에서 비교적 수준이 높은 학문연구가 전통적으로 이어져 오고 있었다. 12세기에는 십자군 원정, 상업과 교역의 발달로 타문화와 활발하게 접촉하는 과정에서 동방의 이슬람 문화로부터 많은 영향을 받아 학문과 교육에 대한 욕구가 생겼다. 전자가 대학의 출현에 필요한 학문적 요인으로서 작용했다면, 후자는 대학의 생성에 외적 요인으로 작용했다고 볼 수 있다.

둘째, 의학적 측면이다. 당시 사회는 흑사병과 같은 전염병에 시달리고 있었다. 더욱이 십자군 전쟁으로 적지 않은 부상자들이 속출했기 때문에 의술과 의학지식이 절실하게 요구되었다. 살레르노 대학이 이러한 사회적 영향을 강하게 받았다고 볼 수 있다. 이탈리아 남부에 위치한 살레르노는 기후가 매우 온화한 곳이었기 때문에 병약한 사람들의 휴양지로 각광을 받았다. 따라서 많은 병자들이 이곳으로 몰려들면서 자연스럽게 의학연구의 필요성이 일찍부터 대두되었다. 이러한 사회적 요구에 따라 전통 그리스 의학과 새로운 이슬람 의학이 보다 심도 있게 연구됨으로써 교육기관으로 발전하는 계기가 되었다. 이 당시에 이슬람 지역의 대학들은 이미 의학을 주요 과목으로 다루어 왔다.

셋째, 사회적 배경이다. 당시는 상업과 무역이 비교적 활발하게 이루어지면서 이로 인하여 시민사회가 성립되었다. 상업과 무역을 중심으로 생성된 시민사회는 단순한 전통 규율과 관습에 의해 통제되던 이전의 중세에 비하여 훨씬 다양한 관계로 이루어져 있기 때문에 그만큼 복잡한 이해관계를 형성할 수밖에 없었다. 이러한 이해관계는 결국 빈번한 분쟁을 낳았고 경제적 이해를 둘러싼 분쟁을 해결하기 위해 보다 전문적인 법률지식이 요구되었다. 가장 먼저 생긴 볼로냐 대학이 법학으로 출발하여 명성을 떨치게 된 것도 볼로냐가 다른 도시들보다 상업이 발달한 도시였다는 사실과도 무관하지 않을 것이다.

넷째, 정치적 배경이다. 당시의 대부분 대학들은 황제나 국왕 또는 교황의 인가를 받아 설립되는 것이 관례였다. 물론 대학의 입장에서 볼 때 대학으로서의 특권을 얻기 위해 그들의 공식적 인가를 받으려고 보다 적극적으로 임했을 것이다. 그러나 황제와 국왕 그리고 교황의 입장에서도 사회적 명성과 권위를 인정받는 단체들을 자신의 권력 아래에 두기 위하여 각종 특권을 부여하고 인증할 필요가 있었다. 국왕과 교회의 이해가 서로 결합되면서 16세기에 이미 80여

개의 대학이 설립되었다. 이렇게 볼 때 다른 교육기관과 마찬가지로 학문적 성격이 강한 대학의 출현에 역시 정치 사회적 요구가 강력하게 작용하였음을 알 수 있다.

유럽의 대학은 12/3세기 초에 걸쳐 학생 또는 교수들의 길드로부터 출발하였다. 대학이 단순히 학생 또는 교수들이 자신들을 보호하기 위하여 구성한 일종의 공동체였던 것이다. 중세 대학이 발전하면서 여러 사회적 요인에 의하여 학생조합과 교수조합이 힘을 얻게 되었고 보다 구체적인 대학의 모습을 갖추게 되었다. 13세기 초에 국왕이나 교황의 허가에 의해서 생성된 대학들은 법적지위를 얻었다. 교수와 학생들에게는 병역의 면제와 같은 통상적인 시민의 의무가 면제되는 특권이 부여되었다. 대학은 주교의 감독에서 벗어나 있었으며 학생을 징계하는 권한은 교수들에게 위임되었다. 다시 말해, 대학이 중세의 봉건제도하에서 생성되었음에도 불구하고 대학은 국가나 종교 권력에서 벗어난 자치단체였다. 따라서 중세 대학의 가장 큰 장점은 바로 자치라는 개념이었다. 학생들과 교수들이 대학의 주인이라는 의식을 가지고 자신들의 권리를 주장하며 대학을 만들고 발전시켜 나갔다는 점이다. 또한 중세의 대학이란 학생이나 교수 조합을 가리켰기 때문에 캠퍼스라는 장소적 개념이 없었다. 이들 집단의 힘은 무소유의 힘이었다. 도시 당국에 몰수될 토지나 부동산을 지니지 않은 가난한 조합이었던 것이다. 그래서 이들의 결정적인 무기는 수업거부였다. 수업거부는 곧 대학운영의 막대한 차질과 이로 인한 인구감소를 부추기기 때문에 도시 당국도 이들의 말을 수용하는 편이었다.

북유럽에서는 교수와 학생 모두 성직자였기 때문에 이들은 교인으로서 모든 특권을 얻었다. 이러한 성직자 신분은 교수와 학생들에게 중요한 법률적 보호를 제공하였는데 그 중 하나는 교회법적 특권을 통해 이들에게 신성한 신분을 부여했던 것이다. 두 번째는 사법적 특권으로서 성직자를 전적으로 교회법정의 사법적 권할 아래 두는 것이었다. 이러한 특권은 결국 성직자 범죄에 따른 처벌로 축소되었다.

성직자 녹봉은 성직자인 학생들과 교수들에게 재정적 도움을 주기도 했다. 성직자가 아닌 학생들도 무료 숙소에서 지낼 수 있었다. 이 또한 대학이 생성되는 원천이 되었다. 개별 교수가 학교를 이루었던 만큼 일부 학교는 교수들의 관심에 따라 특성화되었다. 이중에서 인문학으로 탁월한 명성을 누렸던 곳은 신학의 중심지 파리였다. 파리 대학도 노트르담 대성당의 학교가 확장되어 이루어졌다. 신학연구가 핵심이었던 파리 대학은 노트르담 대성당과 학교를 중심으로 교수들이 길드를 형성함으로써 설립되었다. 이는 교수와 학생이 대부분 성직자라는 것에 기인한 것이다. 파리 대학은 학생보다 교수의 숫자가 많았기 때문에 교수 주도의 대학으로 출발하였다. 이탈리아에 교황청이 있고, 독일에서 신성로마제국이 재건되었다면, 프랑스에는 대학이 있었기 때문에 프랑스인들은 자부심을 갖게 되었다.

볼로냐 대학은 1158년에 설립되었다. 신성로마제국의 황제 프리드리히 1세는 볼로냐의 교사와 학생들을 공식적으로 인정하고 처음으로 특허장을 수여하였다. 볼로냐에 거주하는 타지의 학생들에게도 특별한 교내 재판권, 교회 재판권, 불체포권, 시당국이 아닌 교사 혹은 주교 의 재판권과 같은 특권이 주어졌는데, 이는 이후에 중세 대학의 일반적인 특권이 되었다. 12세기 말까지 법학 분야의 선두주자는 볼로냐 대학이었다. 이 대학은 로마법과 교회법 등 법률 강의가 그 기저를 이루면서 전 유럽에서 학생들이 몰려들었다. 특히 알프스 이북에서는 외국인 학생들이 중심이 되었기 때문에 이들은 상호간의 보호가 절실하였다. 이를 위하여 학생조합이 결성되면서 점차 교수조합보다 우위에 서게 되었다. 더욱이 대부분 교수들이 성직자가 아니어서 교회의 성직자 녹봉이 없었던 교수들은 경제적 지원이 없었다. 이러한 교수들에게 학생들이 비용을 직접 지불하기 시작했다. 이것이 수업료의 초기 형태였다. 이로써 학생들은 교수들을 직접 규제할 수 있었다. 따라서 볼로냐 대학은 학생들에 의하여 생성된 대학이었다. 성직자 녹봉이 수업료로 대체되면서 대학에서 중대한 변화가 나타났다. 고대부터 중세 초기까지 지식이란 무료로 나누어 주는 것을 원칙으로 하였기 때문이었다. 이제 학문이 농촌의 성직자에서 도시의 지식인에게 넘어감에 따라 지식은 상품화되면서 탈성직화로 변모하고 있었다.

중세의 대학은 파리를 제외하고는 대체로 중소 도시에 세워졌다.

파리와 볼로냐를 중심으로 교육에 대한 열의가 활발하던 유럽에서 고립되었던 잉글랜드는 교회와 수도원에서 교육이 이루어졌다. 이들은 여러 학교의 모태가 되었으며, 영국 최고의 대학도 런던에서 조금 떨어진 작은 도시 옥스퍼드에 세워졌다. 옥스퍼드 대학(1167)은 헨리 2세가 교회와 성직자의 특권을 제한하고, 왕권을 신장시키기 위해 파리에서 공부하던 교사와 학생을 본국으로 돌아오게 하면서 설립되었다. 캠브리지 대학은 옥스퍼드와 파리에서 이주해 온 교사들에 의해 설립되었다. 그 후 스페인의 살라망카 대학(1218), 포르투갈의 코임브라 대학(1290), 체코의 프라하 대학(1384), 독일의 하이델베르크 대학(1386) 등이 설립되기 시작하였다.

03
종교재판

이단의 생성

중세 사람들은 기독교 신앙을 가지고 있었지만 일상생활뿐만 아니라 신앙생활에서조차 이교적 관습이 부분적으로 남아 있었다. 기독교가 고대 로마인과 게르만족들의 세속적이며 이교적 생활방식을 완전히 불식시키지 못하였던 것이다. 농민들뿐만 아니라 도시민들도 생활의 여유가 생기자 내세보다는 현세의 향락에 더 많은 관심을 가졌다. 중세 사람들의 생활은 이렇게 기독교 신앙과 세속적 관습을 함께 지니고 있어 양자가 기묘하게 어울려 있었다.

11-13세기까지 교회 권력이 정점에 이르기 시작하면서 심한 동요와 혼란이 일어났다. 교회의 세속화와 권위적 자세, 성직자들의 타락, 십자군 전쟁의 실패, 자아의식이 강한 시민계급의 성장, 새로운 사상의 등장 등은 기존 교회에 대한 반감과 함께 새로운 신심운동으로 나타났다. 이러한 움직임은 클뤼니 수도원과 그레고리우스 Gregorius 7세의 개혁에 영향을 받은 것으로 사제와 교인들 스스로 직

접 성서를 읽으며 실천하려는 청빈운동 사상이었다. 그러나 성서를 읽고 해석하려는 열의는 대단했지만 체계적으로 갖추어진 교육제도와 지도자가 없었기 때문에 잘못된 탐구로 이단적이고 비기독교적으로 빠질 위험이 농후했다. 이런 부작용 때문에 개인의 성서 소유와 번역을 금지하기도 했다. 새로운 신심운동이 오랫동안 이어져 온 미신적 민간신앙과 융화되면서 이교적 요소를 함축한 반교회 사상이 빈번하게 속출하였다. 11세기부터 발생된 이러한 형태들은 점차 교회에 부정적 입장을 보이기 시작하였다. 심지어 이들이 세력화되면서 정치투쟁을 일삼아 사회 혼란을 조성하였다. 이는 기독교 위에 성립된 기존의 국가질서를 위협하면서 교회와 국가에 불안 요인이 되었다.

카타리파派/ 알비파派

11세기 초 유럽사회가 내부의 정치적 분열과 외부의 침입을 극복하면서 안정을 보였지만, 교황권이 최고조에 이르던 인노켄티우스 3세(1198~1216) 시기에 오히려 로마교회는 공황에 빠졌다. 교황과 교회의 막강한 권력으로 인하여 성직자들이 부패와 타락에 빠져 있었기 때문이다. 성직매매는 보통이고 성직자는 정부를 두었으며 고해소는 여자를 유혹하는 밀실이 되고 수녀원조차 타락하였다. 여기에 반항해서 일어난 것이 이단운동이었다. 이러한 움직임이 처음은 아니었지만 초기에는 교회가 관용적인 태도를 보였다. 그러나 프랑스 남부에서 일어난 대규모 이단운동이 교회에 심각한 영향을 끼치자 위기감을 느낀 교회의 태도가 단호하게 바뀌었다. 종전의 이단은 주로 기독교 교리가 그 중심이었지만, 프랑스의 이단운동은 교회성직자들의 실천내용을 그 대상으로 하였다. 당시 프랑스 남부는 유럽에서 가장 많은 교파들이 자유롭게 공존하는 지역이었다. 이러한 분위기는 로마교회의 부패를 공격하고 개혁을 주장하는 목소리를 높이는 데 적당하였다. 이 과정에서 교권확장을 반대하는 개혁자들이 등장하였고 그들은 아울러 가톨릭교회의 세속성과 부패를 신랄하게 비판했다. 개혁자들은 가톨릭의 형식과 부패를 거부하고 순수했던 초대교회로 복귀할 것을 주장하였지만, 교황청은 이들을 이단으로 간주하고 탄압하였다. 교황의 권위뿐만 아니라 현세의 질서마저 부정했던 이들의 행위가 교회의 입장에서는 악마를 숭배하는 것처럼 여겨졌다. 이들은 같은 하나님을 믿지만 교황청 방식이 아닌 자기 자신들의 생각으로 하나님의 뜻을 해석하였다.

이러한 분위기는 중세 최대의 이단 카타리파派가 창궐하는 계기가 되었다. 이 교파는 원래 아라곤 왕국에서 형성되었으나 프랑스 남부의 랑그도크에서 교세가 확장되었다. 이는 신新마니교의 이원론과 영지주의를 바탕으로 하였다. 발칸 반도와 중동에서도 이와 비슷한 견해들을 주장하는 바울로파派와 보고밀파派들이 있었고, 카타리파派는 이들과 밀접한 관계를 맺고 있었다. 이 교파가 전례 없이 교황청을 위협할 수 있었던 것은 선과 악의 이원론을 내세우는 교리 때문이었다. 이들은 현세의 모든 물질들을 악마의 소산으로 보았기 때문에 교회도 악마의 피조물로 간주하였다. 현세에 불만을 가진 이들이 여기에 가담하여 상당한 세력이 형성되었다. 특히 제2차 십자군 원정에서 돌아온 이원론 추종자들이 활동하면서 카타리파派는 성직자들을 임명하고 독자적인 예배의식과 교리를 지닌 조직화된 교파가 되었다.

여러 교파들은 서로 다른 교리들을 주장했지만 물질이 악하다는 데에는 모두 뜻을 같이했다. 그들은 사람이 악한 세상의 이방인이며 체류자라고 했다. 또한 사람의 목표는 본질상 선한 영혼을 자유롭게 하고 하나님과 교감할 수 있도록 영혼을 회복하는 것이라는 했다. 이들은 고기를 전혀 먹지 않는 등 금식에 대한 규율이 엄격했고 성관계도 금했으며 세상의 모든 것을 금욕적으로 철저히 포기해야 한다고 주장했다. 카타리파派는 극단적인 금욕주의 때문에 프랑스와 이탈리아 북부에서 특별한 사람들의 교회로 인기 있는 종교가 되었다. 이들은 나름대로 창조 교리를 가지고 있었기 때문에 성서의 천지창조 대신 또 다른 신화를 창조하였다. 또한 구약성서를 부정하며 정통적인 성육신 교리를 배격했을 뿐만 아니라 그리스도를 단지 하나의 천사로 보았다. 그리스도가 인간으로서 당한 고통과 죽음도 환상 가운데 당한 것으로 여겼다. 이들의 교리는 그리스도의 전지전능함과 선함을 부정하는 것이자 육체를 갖춘 신의 아들인 그리스도의 완전성을 부정하는 것이었다.

카타리파派는 알비파派라고도 불렸는데, 이는 1176년 알비에서 처음으로 대중에게 알려졌기 때문이다. 이들은 뼈대만 남은 로마가톨릭교회의 모든 의식을 부정했다. 심각성을 인지한 교황 인노켄티우스 3세는 알비 십자군(1209~1229)을 결성하여 이단자 토벌에 적극적으로 나섰다. 이로 인하여 약 1백만 명으로 추정되는 사람들이 학살되었다. 이단 심문이라는 성스러운 임무를 맡았던 알비 십자군은 마녀재판에 중요한 역할을 담당하였다. 알비 십자군은 카타리파 소탕 이외에도 프랑스 왕위 쟁탈전 및 아라곤 왕국의 영향을 받는 등 여러 가지 정치적 상황에 따라 행동하였다. 알비 십자군의 결성은 도미니코 수도회의 설립과 종교재판의 계기가 되었다.

교황은 이들을 진압하면서 사후대비책으로 이단박멸 강화책을 강구할 필요성을 통감하였다. 그래서 이단자와 신학적 논쟁을 전개하는데 필요한 충분한 학식과 종교적 열의를 가진 적임자들을 교황대리로 임명하였다. 교황은 이들에게 치외법권을 부여하여 모든 기독교 국가에 파견하고 전적으로 이단 사냥을 전담하는 상설기구를 설립하였다.

종교재판

가톨릭교회는 유럽 사회의 유일한 합법적 안식처였으며 일상생활뿐만 아니라 정치와 사회에서 질서 그 자체였다. 그러나 카타리파派의 개혁운동은 교황청에 커다란 위협되었다. 사회 안정의 근간을 이루고 있는 교회를 해치는 것은 곧 사회 불안을 야기하는 공공의 적이었다. 이단 문제는 치안을 어지럽힌다는 이유에서 국가가 더 적극적이었다. 따라서 교회의 적은 곧 국가의 적이었다. 교회에는 사법권이 없기 때문에 세속 영주들이 유죄판결을 받은 죄수를 인수하여 처벌하였다. 교황 루치오 3세는 프리드리히 황제와 이단자에 관한 협약을 맺어 이단자들과 이들 보호자를 파문하고 세속 당국은 주교들의 지시에 따라 처벌한다는 공표하였다.

중세에는 의학도 성직자들의 몫이었다. 의학이 발전하면서 성직자들의 의료행위는 큰 수입원이었다. 하지만 기존의 민간의술인 약초법과 대립되자 이는 교회에 적지 않은 부담이 되었다. 교황 인노켄티우스 3세는 교회의 승인 없이 어떠한 치료행위를 할 수 없다는 규정(1215)을 발표했다. 이단 심문은 약초 지식을 지닌 여성들을 표적으로 삼았고 이는 여성이 사회-종교적 희생양이 되는 근거가 되면서 마녀사냥의 불씨가 되었다. 대부분 남편을 잃고 과부가 된 여인들이 생계를 위해 민간요법으로 약초법을 배워 치료사가 되는 경우가 많았기 때문이다. 교회는 결국 전통의 민간 약초법을 종결시킴으로써 유일한 의료시설이 되었다. 또한 교황은 이단 심문절차를 위한 종교재판 협의회를 창설하고 세속 당국은 이단자들이 고소될 때까지 기다리지 말고 먼저 찾을 것을 강조하였다.

황제 프리드리히 2세는 이단색출을 국가가 관리한다는 칙령(1232)을 공표하면서 이단 심문을 위한 종교재판을 법제화하였다. 세속 당국은 주교가 인도한 이단자들을 감금할 뿐만 아니라 이들의 재산을 몰수하고 사형에 처하였다. 이때 이단자에 대한 사형이 처음으로 명문화되었다. 황제는 이단을 색출한다는 명분으로 정적들을 제거하는 동시에 교황을 견제하면서 지배력을 확장하려 하였다. 이러한 황제의 정치적 야

심을 파악한 교황 그레고리우스 9세는 이단색출과 심문을 교황청이 맡아야 한다고 주장하였다. 이단 심문관은 주로 도미니코 수도회의 수사 중에서 임명되었고 이를 위한 특별 상설법정이 설치되었다.

교황이 직접 임명한 이단 심문관들은 각지를 돌며 종교재판을 엄중하게 실시하면서 이단자들을 심문하는 형태로 바뀌었다. 이들의 지위는 대주교 또는 주교보다 우월하였으며 동시에 기독교 국가 어느 지역에서나 절대적 권력과 위치를 차지하였다. 이단으로 추정되는 사람은 각 지방 교구의 주교 관할로 넘겨져 심문을 받았다. 이렇게 제도화된 종교재판의 조직은 모든 기독교 국가에 퍼졌다. 특히 스페인에서의 종교재판은 국왕이 적극적으로 개입하면서 가혹의 극치를 이루었다. 당시의 이단이 종교뿐만 아니라 사회적으로도 반역으로 여겨졌기 때문이다. 따라서 교황 인노켄티우스 4세도 '박멸에 관하여(1252)'라는 칙서를 통해 고문을 정식으로 허용하였고 화형도 승인되었다.

1318년 교황 요하네스 22세는 이단 심문관에게 언제든지 재판 없이 단죄할 수 있는 권리를 부여하였다. 이렇게 해서 이단 심문관은 절대적 권력을 지닌 존재로 부각되었다. 그러나 종교재판은 시간이 지나면서 변질되어 시민들은 자신이 원한을 가지고 있던 이웃에게 누명을 씌워 고발하거나 신문관들은 자신의 업적을 부풀리기 위해 고문을 사용해 거짓자백을 받아내어 허위로 보고서를 교황청에 제출하기도 했다. 종교재판은 처절한 고문에 의해 자백이 강요되거나 날조된 보고서를 통하여 용의자가 유죄판결을 받아 처형되는 경우가 많았고 불공정하였다. 15세기 스페인에서는 종교재판이 귀족들의 재산을 빼앗기 위한 수단으로 악용되기도 하였다. 종교개혁 시대에 프로테스탄트 국가에서도 종교재판이 성행되었고 재판방법은 가톨릭교회의 그것과 크게 다르지 않았다. 종교재판은 나라에 따라 다소 차이는 있었으나 1820년경에 거의 폐지되었다.

마녀사냥

마녀는 여자의 모습을 한 악마의 총칭이다. 마녀사냥의 주된 공격대상은 과부, 즉 여성들이었다. 그 이유는 여성이 원죄로 각인된 존재라는 신학적 관점과 이제 막 싹트기 시작하였던 여성의 인권을 허용하지 않으려는 사회적 관점에서 시작되었을 것이다. 여성은 악마의 심부름꾼이라고 여긴 사람들에게는 여성의 관능적인 육체 그 자체가 두려움의 대상이었는지도 모른다. 또한 남성들은 자신들의 통제권 밖으로 벗어나기 시작하는 여성들을 억압하기 위해 그 희생양으로 삼으려 하였다.

원래 마녀는 마녀사냥 이전부터 존재하였다. 그러나 이때는 마녀라기보다는 원시 종교적 의식을 주술로 행하는 여성을 말하는 정도였다. 이들은 민간의술에 기초한 주문 또는 약초로 병자를 고치거나 출산을 돕는 자연스러운 존재였다. 하지만 유럽인들의 삶이 어려워지자 마녀가 나타나기 시작했다. 수년간 지속된 전쟁과 가뭄, 기근, 정치와 종교에서의 혼란, 전염병, 영주들의 가혹한 탄압으로 등으로 당시의 민생고는 하늘 높은 줄 몰랐고 민심은 바닥을 쳤다. 이러한 상황에서 흑사병이 창궐하였다. 이 질병은 너무 심각하고 눈 깜짝할 사이에 발생한 것으로 도저히 자연적인 것이라고 볼 수 없다고 여겨졌다.

시민들의 불안한 심리가 현세권위에 대한 부정 내지는 악마숭배로 나타났다. 악마가 인간이나 동물들을 이용해 악한 행위를 한다는 믿음도 생겨났다. 악마에게 사로잡혔다고 여겨지는 사람들이 재판에서 마녀라는 판결을 받기 시작했다. 중세 초기에는 비교적 관대한 처분을 받았던 주술사들이 이제 전염병과 각종 불행의 원인제공자라는 혐의를 쓰고 마녀로 낙인찍히기 시작한 것이다. 교황의 칙령뿐만 아니라 대학의 신학 교수들마저 주술사를 악마와 관련된 마녀로 규정하였고 주술사에 대한 재판에서 마녀라는 용어가 사용되었다.

이교도를 박멸하기 위한 수단이었던 종교재판은 악마의 주장에 따라 사회를 파괴한다는 마녀를 처단하기 위한 수단으로 바뀌었다. 이처럼 마녀가 사회공동체를 파괴한다는 신념은 지배계급과 성직자들이 만들어낸 문화적 산물이었다. 가톨릭교회가 사회적 불안이나 종교적 위기를 극복하기 위하여 마녀사냥을 격렬하게 전개하였다. 권력층과 교회는 시민들의 관심을 다른 데로 돌리기 위해 연속된 불행에 대한 근거를 찾는데 혈안이 되었고, 멀쩡한 사람을 마녀 또는 악마의 시녀로 몰아 대대적인 마녀사냥을 벌였다. 기독교 이외의 어떤 사상과 행위도 용납할 수 없었던 중세에 마녀는 종교적 희생양이었다. 따라서 마녀사냥은 기독교의 권력과 기득권을 유지하기 위한 종교적 상황에서 비롯된 광신도적 현상으로 전 유럽에 걸쳐 이루어졌다.

마녀에 대한 공포심이 민간인들의 의식 속으로 자리 잡았던 것은 사회적 위기상황이 지속되었던 14세기 이후였다. 이단에 관해서는 깊이 개입했지만 마녀에 대해서 별로 관여하지 않았던 로마가톨릭교회가 이단 심문을 통해 마녀사냥에 관심을 가지게 된 것은 15세기부터였다. 마녀사냥은 이단 심문에서 출발했고 이는 실로 간소하고 능률적인 이교도 퇴치법이었다.

이단 심문은 이단자의 탐색, 적발, 체포, 재판, 처벌을 포함하는 이단자 박멸을 위한 일체의 활동을 그 임무로 하였다. 이단 심문 초기에는 심문관들은 이단혐의가 있는 지역을 순회하며 혐의가 있는 자들에게 자백할 것을 종용하고, 이에 응한 자들에게는 단식이나 순례여행 등 가벼운 벌칙만 주었다. 그 정도가 심한 경우는 1개월 정도의 은사기간을 보낸 후, 평신도와 성직자로 구성된 배심원단에 의해 본격적인 이단 심문을 받게 하였다. 종교재판에 회부된 사람에게 유리한 변호는 일체 허용되지 않았고 불리한 증언만 허용되었다. 비록 부모

형제 사이일지라도 밀고는 정의라는 이름으로 칭송을 받았다. 종교재판은 유죄 입증에 필요한 증거를 얻기 위한 제도였지만 객관적인 증거가 없는 한 심문관이 자의적이고 임의적인 판결을 내리기 쉬웠다. 증인이 없을 경우 자백 외에는 더욱 입증하기 어려웠기 때문에 이단을 조사하되 박해를 반대하던 교회도 있었다. 따라서 고문이 엄격히 제한되어 처음부터 가혹한 처벌이나 처형은 가해지지 않았고, 일반적으로 파문 또는 수도원 감금과 같은 형벌이 주류를 이루었다. 그러나 이단 운동이 만연해지고 이단 색출에 대한 강박관념이 강하게 나타나면서 무자비한 고문이 가해졌다. 재판관 앞에 끌려가 잔혹한 고문을 받으면 열이면 열 모두 마녀라고 자백하고 처형되었다.

사실 마녀로 몰리는 경우는 상당히 많았다. 종교재판을 통해 누명을 씌우거나 정치적으로 이용하기 위하여 고발하기도 하지만 사회가 불안한 것이 그 주요 배경이었다. 그렇다면 누군가가 이에 대한 책임을 떠맡아야 했는데 그게 바로 마녀였다. 마녀는 자신의 혐의를 가리는 동안 소요되었던 모든 비용을 지불하고 결국 화형에 처해졌다. 12세기에 확립된 교회법 중에 이단 행위자에 대한 재산몰수 규정이 있었다. 이단자의 재산은 당연히 교회에 귀속되어야 했지만 그 재산을 몰수하는 당사자는 교회가 아닌 이단 심문관이었다. 따라서 결정적으로 마녀재판이 성행할 수밖에 없었던 이유는 이와 같은 이단 심문관의 사리사욕 때문에 더 극한 상황에 처했다.

15세기 유럽은 항해 교역을 통하여 경제의 발전과 함께 새로운 문화와 종교가 유입되었다. 이슬람교의 확산과 기독교 내부에서 계속되던 분리주의 운동에 두려움을 느낀 교황 인노켄티우스 8세는 마녀

박명교서(1484)를 발표하며 이단에 대한 규정을 강화하였다. 이 시기에 이단 심문관의 경험을 바탕으로 〈마녀의 망치(1486)〉가 라틴어로 출간되었다. 이 책은 인스부르크의 이단 심문관 출신 크레머 Krämer가 집필하였고, 도미니코 수도회 수사이자 쾰른 대학 교수 슈프랭어를 비롯한 여러 교수들의 서명을 받아 출간되었다고 한다. 이 책에는 마녀에 대한 정의와 재판과정에서 나타나는 체포, 심문, 증인, 판결에 이르는 절차가 상세하게 기술됨으로써 종교재판관들에게 널리 애용되었다.

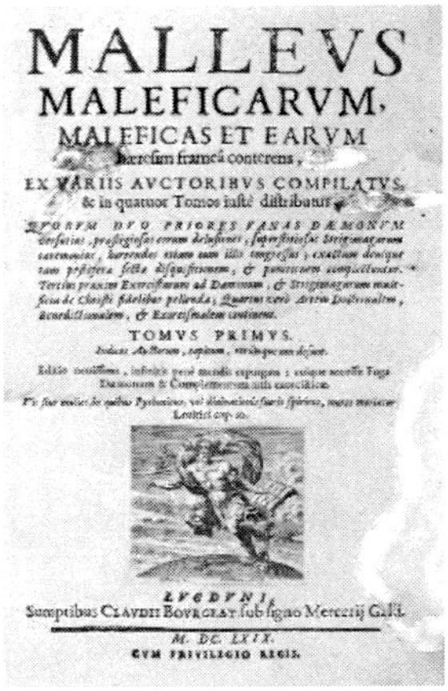
MALLEVS
MALEFICARVM,
MALEFICAS ET EARVM
EX VARIIS AVCTORIBVS COMPILATVS,
TOMVS PRIMVS.
M. DC. LXIX.
CVM PRIVILEGIO REGIS.

이 책은 세 부분으로 나뉜다. 제1부 〈요술에 필요한 3가지 요소, 악마와 마녀 그리고 전능하신 신의 허가에 대해〉는 예부터 전승되어 온 마녀행위를 열거하고 그들의 행위가 결코 전승적 미신이 아니라 이단적 사실이라는 것을 철학적 분석하여 입증하였다. 제2부 〈마녀의 요술방법과 이를 무효화시키는 수단에 대해〉는 마녀가 하늘을 나는 방법, 악마와 성교하는 법, 마녀가 사람을 성불능이나 불임증으로 만드는 방법, 남자의 성기를 제거하는 방법, 인간을 짐승으로 바꾸는 방법, 폭풍과 벼락 그리고 우박이 사람과 가축에게 주는 피해 등에 대한 해설과 심문관의 대책을 기술하고 있다. 제3부 〈마녀 및 모든 이단자에 대한 교회와 세속 법정에서의 재판방법에 대해〉에서는 재판의 개시, 증인, 투옥, 체포, 변호, 고문, 심문, 판결 등에 대한 상세한 지시와 조언이 담겨 있다.

이 책은 마녀와 마녀의 소행에 대한 연구서로서 종교적 맹신에 의해 작성되었지만 절찬리에 판매되면서 유럽 전역은 마녀사냥이 만연하게 되었다. 더욱이 크레머는 이단 심문관으로 직접 유럽 전역을 돌아다니며 종교재판을 통하여 마녀사냥을 하였다. 이 책의 출판으로 마녀사냥의 대상자가 여성에서 남성까지, 힘없는 자뿐만 아니라 권력과 재산을 지닌 귀족이나 관리까지 확산되었다. 이제 마녀사냥은 교황의 교서로 정당화되고 마녀 식별법이 발간되자 마녀가 대량으로 양산되기에 이른다.

마녀재판

마녀는 고발 또는 소문에 의하여 생성되었다. 한밤중에 집에 있지 않고 돌아다니거나 자신의 행선지를 대지 못하는 사람은 악마의 모임에 참석하였다는 근거가 되어 마녀로 의심을 받았다. 또한 이미 마녀로 재판을 받는 사람이 심문과정에 자신과 원한이 있는 사람을 마녀로 지명하는 경우도 있다. 이러한 용의자들은 대부분 부유하며 가족이 없는 과부들이었다. 이들은 재판에서 자신들의 무죄를 증명해 줄 선서보조인을 구할 수 없기 때문에 빠져나올 방도가 전무하였다. 체포된 여자는 여러 가지 근거에 부합하는 진술에 기초하여 고문이 가해지고 마녀로 판정된다. 마녀의 자식도 마녀로 간주되었다. 그 자식들은 때로는 고문에 의해 마녀로 조작되거나 어떤 때에는 고문도 없이 그냥 화형 당하기도 하였다.

체포되면서 지나치게 놀라는 모습도 마녀의 징표로 여겨지는가 하면 지나치게 차분한 것도 마녀의 습성으로 간주되었다. 고문을 가할 때 비명을 지르거나 눈물을 흘리지 않는 경우도 마녀의 징표가 되었다. 결국 마녀로 한번 의심을 받게 되면 마녀가 되지 않을 수 없었다. 마녀 구별법은 다음과 같다.

첫째, 눈물 시험. 마녀들은 사악하기 때문에 눈물이 없다고 한다. 그래서 혐의자가 눈물을 흘릴 수 있는지 시험을 통하여 스스로 무죄임을 증명해야 한다.

둘째, 바늘 시험. 타락한 악마들은 지울 수 없는 표식을 지니고 있으며 마녀 또한 마찬가지라는 논리다. 따라서 재판관이 그들의 몸을 쉽게 관찰하기 위하여 체모, 음모, 눈썹을 깎는다. 신체에서 사마귀, 융기, 부스럼, 기미, 주근깨 등이 있으면 마녀의 표시로 간주되어 형리가 그 자리를 바늘로 찔러 감각을 느끼는지 그리고 피가 흐르는지 살핀다. 마녀 모임에서 난교로 이미 피를 다 써버렸기 때문에 마녀는 피를 흘리지 않는다고 간주되었기 때문이다.

셋째, 불 시험. 재판관은 마녀의 혐의를 증명하기 위하여 달궈진 쇠로 시험한다. 혐의자의 몸이나 손을 뜨거운 인두로 지지거나 뜨거운 화로를 옮기게 한 뒤 며칠 내로 상처가 아문다면 신의 가호를 받는 것으로 여겨져 무죄이고, 고름이 생기거나 아물지 않으면 신의 가호를 받지 못하는 것이므로 유죄라는 판결을 내린다.

넷째, 물 시험. 형리들이 혐의자를 단단히 묶고 깊은 물에다 빠뜨린다. 물은 깨끗한 속성을 가지고 있기 때문에 물속으로 던져진 마녀를 물 밖으로 밀어낸다는 것이다. 만약 혐의자가 물에서 익사한다면 그는 혐의를 벗게 되지만 물 위로 떠오른다면 마녀로 간주되어 화형에 처해진다. 마녀든 아니든 죽는 것은 마찬가지인 셈이었다.

중세는 유럽 역사에 있어 가장 다양하고 잔인한 고문방법이 개발된 시기였다. 마녀재판에서 사용되었던 고문에는 두 단계가 있었다. 제1단계는 예비고문으로서 고문실에서 우선 혐의자의 옷을 모두 벗긴다. 그 다음 여러 가지 고문도구를 보여주며 위협하여 공포심을 준다. 이어서 손가락 또는 발가락을 조르는 고문을 한다. 이때의 자백은 법정기록에는 고문에 의한 자백이 아닌 것으로 기록된다.

예비고문으로 만족할 만한 자백이 나오지 않는 경우에는 제2단계로 본격적인 고문이 시작된다. 여기에는 매달아 올리기, 매달아 떨어뜨리기, 뼈 부수기 등이 있다. 결박기구나 조이는 기구 혹은 돌리는 기구에 의해서 혐의자는 육체적인 고문을 당한다. 고문은 벌이 아니라 단지 고통을 동반한 심문 정도로 여겨졌다. 고문에서 살아남는 자는 무죄 방면되기도 하였다. 고문기술은 시간이 경과하면서 계속해서 다양화 되었고, 대표적인 고문기구로는 아이언 메이든이었다. 이는 사람의 형태로 제작된 관으로 내부에는 인체의 부분을 선택하여 찌를 수 있는 철침이 박혀 있다. 따라서 혐의자의 심문 정도에 따라서 급소를 찔러 출혈과다로 바로 죽게 하거나 급소 주변을 찔러 서서히 고통을 주기도 한다.

유죄선고를 받은 마녀에게는 색 바랜 긴 옷이 입혀지고, 화형식을 집행하는 주교들은 온통 악마가 그려진 챙 없는 옷과 모자를 착용하였다. 공개처형은 사람들의 가장 큰 관심거리였다. 마녀를 화형대로 끌고 가는 행렬은 축제처럼 화려하고 떠들썩했다. 마녀는 군중이 운집한 공개적인 곳에서 발가벗긴 채로 치욕적이고 잔인한 방법으로 처형되었다. 귀족들은 편안하게 처형장면을 구경할 수 있도록 높은 곳에 칸막이 좌석을 설치하기도 하였다.

기독교 이외의 어떤 사상과 행위도 용납되지 않았던 중세 사회에서 가톨릭교회에 불만을 갖거나 저항하는 사람은 마녀라는 이름으로 희생되었다. 교회 성직자 또는 세속 당국의 고위층들은 자신들의 권력을 유지하기 위하여 마녀사냥은 민생의 관심을 돌리는 수단이 되었다. 따라서 마녀사냥은 이러한 정치 사회적 변화와 함께 수세기에 걸쳐 일어났다. 1714년 독일제국의 빌헬름 1세가 마녀재판을 금지했을 정도로 마녀사냥은 극심하였다. 르네상스의 인문주의, 이성적 세계관과 프랑스 혁명, 과학과 의학의 발달 등으로 마녀재판도 설 자리를 잃게 되면서 불합리의 극치였던 마녀재판도 존립의 근거를 잃게 되었다.

2003년 교황 요한 바오로 2세는 '회상과 화해: 교회의 과거 범죄'라는 문건을 통하여 과거 교회가 하나님의 뜻이라는 구실로 인류에게 저지른 여러 잘못 중에서 마녀사냥에 대한 가톨릭의 과오를 인정하며 공식적으로 사과하기도 하였다.

제3장

봉건제도

01
주종제도

중세는 정치적으로는 지방분권적 봉건사회이고, 사회 경제적으로는 장원을 바탕으로 한 농촌 경제사회이며, 종교적으로는 세속사회와 밀접하게 결합된 기독교사회였다. 봉건이란 용어는 고대 중국의 군현제도에서 영토를 주고받음에 의해서 성립되었던 지배계급 내의 주종관계였다. 봉건제도의 기원에 대해서는 논란의 여지가 있으나 게르만 문화가 로마와 기독교의 결합으로 보는 견해가 지배적이다. 다시 말해, 봉건제도는 게르만족의 종사제도와 은대지제도가 로마의 둔전병제도와 융합되어 나타난 것이다. 중세의 봉건제도는 일정한 의무수행과 이에 대한 봉토를 매개로 봉건귀족들 사이에 성립되는 주종제도, 그리고 농민과 농노에 의한 장원제도를 통칭하는 말이다. 주군과 봉신의 쌍무적 관계를 기반으로 하는 주종제도와 봉토의 자급자족적인 경제단위를 기반으로 하는 장원제도는 독자적 관계가 아니라 유기적 관계였다.

종사제도

게르만 부족사회에서는 전사들이 족장에게 충성을 맹세하면 족장은 전사들을 보호하는 종사제도가 있었다. 이 제도는 상호 성실한 의무에 바탕을 둔 자유인 대 자유인의 관계였다. 이는 전투에 나설 때마다 맺어지고 전쟁이 끝나면 사라지는 일시적 주종관계였다. 그러나 게르만족들이 유럽에서 부족별로 정착하여 왕국체제를 갖추는 과정에서 주종관계가 일부 부족장들 사이에 전시뿐만 아니라 평상시에도 지속적으로 자연스럽게 형성되었다.

9-10세기에 프랑크 왕국은 내적으로는 분열되었고, 외적으로는 노르만족, 마자르족, 사라센의 침입으로 혼란한 상태였기 때문에 작은 지역 단위별로 방어할 필요성이 대두되었다. 이런 가운데 힘 있는 영주들의 말과 행동은 절대적인 힘을 얻었다. 게다가 군사의 보호를 받지 못하는 곳은 농촌이건 도시이건 수도원이건 무사할 수 없었다. 군사의 도움 없이는 농민은 농지를 경작하지 못했고, 사제는 교회에서 미사를 평온하게 올릴 수 없었다. 그때 가장 필요한 사람은 갑옷을 갖추어 입은 무장한 전사들이었다. 위로부터는 왕권이 지속적으로 봉건영주에게 양도되었고, 아래로부터는 하층민들이 자발적으로 복속해 들어오고 있었다. 내란의 상황에서 권력을 다투는 왕들은 가장 유능한 전사들의 지지를 받기 위해 흥정을 해야 했고 전사들을 얻기 왕의 영토를 봉사의 대가로 땅을 하사하였다.

종사의 자격은 자유민 출신의 미성년자에 한정되었고 그 지위는 명예로운 것으로 여겼다. 종사는 영주의 집에 기거하면서 무기, 말,

식사 등을 제공받고 무예를 연마하며 전사로서 봉사하였다. 종사는 전장에서 용감하게 싸우는 것을 명예로 여겼고, 수장이 전사했는데도 종사가 살아서 돌아오는 것은 치욕으로 여겼다. 따라서 종사는 수장을 위해 목숨을 바쳐야 했고 자신의 용감한 행동을 수장의 영광으로 돌리는 것을 성스러운 의무로 여겼다. 타키투스의 〈게르마니아〉에 따르면 종사가 성년이 되어 가정을 이루면 영주로부터 독립하여 주종관계가 해소되었다고 기록되어 있다.

기원 전후에 남하하던 게르만족들은 라인 강江과 도나우 강江 유역에서 로마제국의 병사들과 부딪치면서 이들과의 투쟁과 공생이 반복되었다. 이를 계기로 게르만족의 일부는 전쟁 포로 또는 용병으로 로마 영토 내에 자리 잡기 시작하였다. 5현제 시대에는 이들을 변방에 정착시켜 평상시에는 토지를 경작하여 식량을 자급하고 전시에는 전투원으로 동원되었던 둔전병으로 로마의 부족한 병력을 보충하였다. 그 후 이들은 로마군단에 편입되었고 시민권도 받았다. 그 결과 게르만족의 대이동이 시작될 무렵에는 이미 상당수의 게르만족들이 로마제국의 변방에 거주하고 있었다. 그 가운데 적지 않은 사람들이 상당한 부를 축적하였거나 정식으로 로마군단에 편입되어 장군이나 고위관직에 오른 사람도 있었다.

주종제도

4-10세기 말까지 약 600여 년 동안 프랑크 왕국은 내부의 분열과

외부의 침입으로 말미암아 혼란과 무질서 상태가 계속되었다. 이러한 상황에서 먼저 요청된 것이 안전보장과 질서유지였다. 이민족의 침입에 맞서는 과정에서 기사들 사이에 자연스럽게 위계질서, 즉 상하관계가 형성되었다. 이러한 주종관계는 봉건사회의 정치적 군사제도로서 지배계급인 봉건귀족들은 국왕으로부터 말단 기사에 이르기까지 연쇄적으로 이어졌다. 봉토를 매개로 맺어진 군주와 신하는 그들의 주종관계를 계약으로 규정하였다. 봉건영주는 농민을 보호하는 대가로 그들을 지배하였다. 영지에 무력을 가진 자들이 등장하여 이들이 그 지역의 치안을 유지하고 외부 침입을 막아 지배체제로서 서서히 자라난 것이 바로 주종제도였다.

주종제도는 지역에 따라 조금씩 다른 모습으로 나타났지만 그 특징은 다음과 같다.

첫째, 봉건귀족들 사이에 사적인 관계가 이루어지면서 군사적으로 군주와 봉신의 관계가 형성되었다. 군주는 봉신에게 봉토를 비롯하여 마필과 의복 등 현물을 하사하고, 봉신은 군주에게 충성을 맹세함으로써 그 관계가 형성되었다. 이러한 주종관계에서 군주와 봉신은 상호간의 상하관계이긴 하지만 예속관계는 아니었다. 오히려 자유인 사이의 사적인 계약관계이기 때문에 어느 한쪽이 의무를 수행하지 않을 경우 깨어질 수 있는 관계였다. 따라서 군주와 봉신간의 관계는 평등한 상호간의 계약관계이자 쌍무적 계약관계였다. 상호계약에 따라 신하의 의무가 규정되었으며 과거처럼 군주가 마음대로 봉토를 회수할 수 없었다. 하지만 봉건귀족이 계약을 위반했을 경우에는 봉토를 몰수할 수 있었다.

둘째, 봉건기사들의 사적관계에서 출발한 주종제도의 군사조직은 점차 국가 통치기구로 발전하였다. 국왕을 정점으로 피라미드 형태가 전국적인 편재를 이루고 있었지만 그것은 강력한 왕권아래 통제되지 않는 지방조직이었다. 따라서 주종제도에 입각한 통치체제는 지방분권적 형태였다. 국왕은 봉건귀족 중에서 최고의 영주자리를 얻지만 자신의 영지 이외 지역에서는 군림하지 못했다. 중세 봉건시대에는 통일된 국가가 존재하지 않았으며 통치행위는 지방의 봉토마다 분권적으로 행해졌던 것이다. 더욱이 주종관계는 일 대 일 계약관계였기 때문에 봉신은 군주의 군주에 대해서는 책임을 지지 않으며 군주는 봉신의 봉신에 대해서는 의무수행을 요구할 수 없었다. 예를 들어 주종관계에서 A의 봉신은 B이고, B의 봉신은 C라고 한다면, 이때 A는 C에게 의무를 강요할 수 없고 C도 A에게 책임을 지지 않아도 된다. 따라서 봉건사회의 국왕은 로마제국의 황제와 같은 최고 통치자로서의 면모를 지닌 것이 아니라 상징적인 의미이기 때문에 왕권은 취약했다.

셋째, 군주와 신하의 주종관계는 엄숙한 의식을 거쳐 성립되었다. 군주에 대한 신하의 의식은 복종선서였다. 이것은 신하가 군주에게 상하관계로서 충성을 서약하는 의식이었다. 그리고 군주는 봉토를 상징하는 한 줌의 흙과 창을 신하에게 주는 것이 일반적이었다. 군주의 의무는 봉신에게 영토를 수여하고 힘을 다하여 자신의 봉신과 봉토를 보호해야한다. 또한 봉신의 처자를 해치지 말고 봉신의 명예를 손상시키지 말아야 한다. 봉신의 가장 큰 의무는 전시에 군사적 복무로서 군주를 따라 참전하는 것이다. 한다. 또한 군주가 법정에 서는 경우 이를 변호해야 할 의무를 가지며 법정에 배석하여 군주를 도와 재판을 진행해야 한다. 봉신은 군주에 대한 경제적인 의무도 있었다. 금전이나 지역 생산물의 일부를 군주에게 헌납하며 군주가 방문할 경우 숙식과 향응을 제공해야 한다. 또한 봉신은 군주가 포로로 잡혀갔을 경우의 몸값, 군주 자녀들의 성년식이나 혼인식 또는 새로운 성의 축조에 따르는 세금 등을 납부해야 했다.

넷째, 군주가 봉신에게 봉토를 수여할 때 봉신은 자신이 받은 봉토에서 행정과 사법을 포함하여 광범위한 자치 통치권을 갖는데 이것을 불입권이라고 한다. 따라서 봉신은 자신의 영토에서 군주의 간섭을 받지 않고 통치하였다. 이러한 통치권이 기사들에게 수여됨으로써 국가권력은 봉건적 지배계급인 봉신들에게 광범위하게 분산되었고 이는 지방분권적 정치체제를 의미하였다. 황제, 국왕, 봉신들은 모두 개별 영주로서 자신의 봉토 안에서는 배타적인 권한을 행사하였다. 이는 봉토에 수반된 불입권 수여의 결과이며 9-10세기에 걸친 유럽의 전반적인 정세였다.

다섯째, 군주와 영주의 관계가 변하면서 10세기에는 대부분 봉토가 세습되었다. 봉토의 세습은 서프랑크 왕국의 샤를마뉴 대제가 황제대관을 받기 위해 로마로 갈 때, 영주가 죽을 경우 그 아들이 그 봉토를 상속하도록 공표하면서 시작되었다. 영주에게 땅을 하사받은 봉건 영주의 경우에도 마찬가지였다. 이 경우에 봉토는 형식적으로는 우선 영주에게 귀속된 후 절차를 거쳐 그 자녀들에게 다시 수여되었다. 이때 상속자는 영주에게 상속세를 납부하였다.

기사계급

봉건제도가 정착되면서 전사들이 하나의 계층으로 나타났는데 바로 기사들이었다. 국왕이나 영주들은 자신의 재산을 보호 확장하

기 위한 자위수단으로 기사들을 육성하고 조직화하였다. 그들은 군대를 다스리는 기사에게 작위와 토지 그리고 그에 맞는 권한을 부여하였다. 기사들은 그 대가로 충성을 바침으로써 철저한 주종관계를 형성하였다. 기사들은 농민과 농노 관리를 담당하는 중상층 계급이며 주로 전투를 위한 군사훈련에 제한되어 있었다. 그러나 사회가 안정되고 귀족 계급의 생활이 개선되자, 기사교육은 전사 양성보다 예절과 도덕의 인간양성에 치중하게 되었다. 이들을 순화하기 위한 교육이 생기면서 기사도 정신이 요구되었다. 기사에게 필요한 행동규범은 종교적, 군사적 태도 및 궁정예절에 관한 것이었다. 이는 교회, 영주, 귀족 여성에 대한 세 가지 의무로 이루어졌다.

기사에게는 충성과 무용이 가장 먼저 요구되었다. 특히 무용은 당시의 중대한 덕행이었으며 기독교의 영향을 받아 신에 대한 봉사와 약자보호 등 종교적 도덕이 기사도로 요구되었다. 수도원과 스콜라 철학이 금욕주의와 지성주의를 취했다면 기사도는 행동을 강조했다. 기사도는 높은 이상과 모범적 생활 자체 바로 그것이었고 기사도 정신은 시대에 따라 그 기준이 변하였다.

기사는 봉건사회에서 인기 있는 존재로 부각되었고 특히 십자군 전쟁이후 그들에 대한 교육이 요구되었다. 기사교육은 봉건제도가 낳은 교육제도로서 기독교적 전사의 육성과 전사에게 필요한 전투기술, 기독교적 정신과 미덕을 갖도록 육성하였다. 중세 사회에서는 궁정과 교회 밖에는 지식인이 드물기 때문에 우선 무지하고 야만적인 전사들에게 기독교 정신을 교육하는데 중점을 둔 것이었다. 따라서 야만적인 전사들을 기독교와 결합시킨 것으로 중세의 기사는 기독교 전사였고, 약자와 여성들을 보호하는데 힘썼다. 중세 사람들은 자신들의 감정을 그대로 노출하였기 때문에 사람 죽이는 것을 예사로 알았을 뿐만 아니라 여성을 희롱하는 등 기독교 계율을 자주 범하였다. 따라서 기사의 교육은 교회와 영주에 봉사하는 훈련, 약자와 여성에 대한 보호와 만사에 정직할 것을 가르쳤다. 따라서 사랑은 우선 약자와 부녀자에 대한 봉사로부터, 전쟁은 정의에 대한 능력을 중심으로, 종교는 기독교에 대한 경건한 신앙심을 중심으로 수행토록 했다.

기사교육이 절정에 이른 12세기까지 이를 담당할 학교가 따로 있었던 것은 아니지만 기사자격을 얻을 때까지의 수업 과정은 엄격하였으며 제도적으로 표준화되어 있었다. 기사는 우선 귀족의 가문 출신이어야 했으며 교육은 3단계로 나누어진다.

제1단계는 주로 가정에서 이루어진 교육으로 6세까지의 아동들이 순종의 미덕과 도덕, 경건한 신앙심 등을 모친 혹은 시녀로부터 배운다. 제2단계는 가정에서 교육받은 7-8세의 아동이 14/5세까지 그의 부친이 섬기는 영주의 저택이나 궁정에서 시동으로 예의범절을 배우고 종교의식, 읽기, 쓰기 등 교양을 익히며 무예를 배운다. 그는 특히 귀부인에게 예속되어 그녀에게 봉사하며 그녀로부터 일반적인 궁정생활을 익힌다. 또 기사가 갖추어야할 소양, 즉 악기연주, 노래, 읽기, 쓰기, 사랑과 경의를 표하는 예절뿐만 아니라 기사로서 필요한 일곱 가지 기예(= 승마, 수영, 궁술, 검술, 수렵, 체스, 시 짓기)도 군주로부터 배운다. 제3단계는 14/5세에서 약 21세까지의 청년이 종자로서 활동하는 시기이다. 영주나 선배 기사들을 보필하며 실전기술을 습득하는 등 본격적인 기사수련을 받는다. 종자들은 영주나 기사의 무기나 말을 돌보는 시중을 들면서 전쟁에 대한 지식을 익힌다. 그는 밤에도 군주의 곁에 자면서 시중을 들고 승마, 사냥, 전술 등을 배운다. 이 시기의 마지막 단계에서는 시를 짓고 암송하며 춤추는 법도 익힌다.

마지막으로 시동기와 종자기를 거친 청년이 21세가 되면 군주와 교회성직자들에 의한 종교의식을 통하여 기사가 되고 봉신으로서 의무를 다할 것을 맹세하고 봉토를 받는다. 물론 봉건사회의 규율, 봉토와 부동산 관리, 농민과 농노들을 다스릴 수 있는 능력도 지녀야 한다. 이와 같은 훈련의 전 과정은 귀족사회에 들어가기 위한 하나의 기사교육이라 하겠다.

교육내용은 전체적으로 지식보다 활동중심이었다. 실천적인 면이 많았기 때문에 모방과 행동에 의한 반복된 학습과 훈련을 통해 기술을 터득하는 것이 중요하였다. 따라서 주로 무예를 연마하는 신체운동과 군사훈련으로 구성되었다. 이러한 전인교육에도 불구하고 중세의 기사도에 대해서 부정적인 면이 없는 것은 아니었다. 전쟁터에서 용감한 것은 좋으나 잔인하기 쉽고 지나친 자기존중이 교만으로 나타나며 후하고 친절한 생활이 무절제한 생활로 이어지기도 하였다. 그러나 전체적으로 기사교육은 당시의 사회에 긍정적인 영향을 주었다. 혼란한 사회를 바로잡고 야만적 사회를 세련되게 했으며 여성의 위치를 향상시키는데 중요한 역할을 하였다. 이러한 기사교육은 시대의 흐름에 따라 더욱 다양화되었다. 기사계급이 사라진 후에도 기사교육은 귀족과 왕족의 교육, 신사의 지표로서 영향을 끼쳤다. 또한 수도원의 내세적 이상이나 당시 금욕주의에 대해서 기사교육의 인위적이고 현세적 경향은 다시 사회에 중화작용을 했을 뿐 아니라 문예부흥에도 커다란 영향을 주었다.

02
장원제도

봉건제도의 특징은 기사계급에 의한 지방분권적인 통치제도였다. 주종제도로 결합된 봉건 지배층은 다 같은 전사인 동시에 토지 소유자였기 때문에 모두 장원의 영주였다. 군주로부터 받은 봉건적 토지를 장원이라 한다. 장원은 하나 또는 여러 개로 이루어져 있으며 봉건사회에 있어서 농촌 생활경제의 기본단위였다. 주종제도가 지배층 상호관계에 기초한 봉건사회의 상부구조라고 한다면, 장원제도는 지배층 각자가 가지고 있는 토지 내에서 영주와 농노들로 이루어진 농촌 경제조직으로서 하부구조에 해당된다. 물론 외부세계와도 물자의 교환이 있었으나 장원 그 자체가 하나의 자급자족 형태의 경제단위를 형성하였다.

은대지제도

프랑크 왕국에서는 국경지대를 방비한 병사들에게 토지를 하사

하였는데, 이것이 은혜 또는 특전이라는 의미를 지닌 은대지beneficium였다. 로마제정 말기에 황제와 영주들은 게르만족들의 침입을 저지하고 혼란을 틈타 이탈하는 농민들을 막기 위한 군사력이 요구되었다. 황제뿐만 아니라 국왕 또는 영주들도 기사를 뽑아 일정한 토지와 작위를 하사하고 국경방어와 농민의 관리를 맡겼다. 이들은 기사나 자유민들에게 금전적 보수를 주는 대신 토지를 임대하였다. 농민이 죽으면 임대차 계약은 만료되었지만 점차 토지가 상속재산으로 바뀌었다. 바로 이들이 영주와 농노 사이의 중간계층을 형성하였다. 그 결과 토지를 매개로 군주와 봉신 그리고 농노의 삼각관계가 형성되면서 은대지제도는 장원제도의 근간을 이루었다.

장원의 구성

장원은 중세 사회의 일상적인 생활이 영위되는 기본단위였다. 장원은 보통 촌락 단위로 이루어졌으나 경우에 따라 한 장원에 두 개 이상의 촌락이 포함되는 경우도 있고, 큰 촌락일 경우는 두 개 이상의 장원으로 구분되기도 하였다. 주종제도의 정치사회를 기반으로 한 군주와 봉신은 구조적인 연관을 가진다. 그러므로 원칙적으로 하층 귀족에서부터 상층 귀족에 이르기까지 중세의 모든 귀족들은 정도의 차이는 있을지라도 토지를 운영하는 영주가 될 수 있었다. 장원에는 이를 경작하기 위한 농민들이 딸려 있다. 농민들은 영주의 보호 하에 생명과 재산을 의탁하고 농토를 경작함으로써 생계를 유지해 나갔다. 따라서 장원제도는 영주와 농민 사이의 경작조직이었다. 이러한 제도 하에서는 농민들의 공동경작이 불가피하였고 모든 작업은 장원의 오랜 관습에 따랐다. 농민의 신분도 자유농민과 농노로 구분되었다. 중세의 자유농민들은 농노의 처지와 크게 다르지 않았고, 농노는 영주의 경제적 지배뿐만 아니라 경제외적 지배를 받았다.

장원은 그 크기나 규모가 일정하지 않았으나 전형적인 모습을 띠었다. 장원의 중심부에는 영주가 거주하는 성城이 있다. 영주가 일반 기사일 경우에는 이곳에 상주하지만 그렇지 않을 경우는 관리인을 두어 다스렸다. 교회, 창고, 제분소 등 각종 시설들이 영주의 성과 인접해 있고 농민들의 집은 도로변에 나란히 모여 있었다. 그 주변은 경작지와 공동목장 그리고 삼림지로 둘러싸여 있다.

토지는 경작지, 목초지, 임야, 황무지 등으로 구분되었다. 경작지는 영주 직영지, 교회와 농민 보유지로 구분되고 대개 영주 직영지는 예속 농민들의 부역 노동으로 경작되었다. 영주 직영지는 보통 경작지의 1/3 또는 1/2 정도였다. 장원의 경작지는 두 구역으로 나누어 경작하느냐 아니면 세 구역으로 나누어 경작하느냐에 따라 구분되었다. 이는 장원의 관습, 농업도구, 농업기술, 토질유지를 위한 수

단보유 등에 따라 결정되었다. 경작지는 대체로 봄에 경작하는 춘경지, 가을에 경작하는 추경지 그리고 경작을 하지 않는 휴경지로 나뉘어졌다. 이와 같이 땅을 셋으로 구분하여 돌려가면서 경작하는 방법을 삼포제라고 하고, 경우에 따라서 이포제로도 운영되었다. 삼포제는 이포제보다 생산량을 증가시킬 수 있는 보다 발전된 경작법이었다. 이러한 방식은 3년에 한 번씩 농토를 휴경지로 남겨두었다. 이들이 휴경지를 번갈아 두는 것은 토질을 유지하면서 최대의 수확량을 얻기 위한 농사법이었다. 한번 곡물을 수확한 밭은 그 비옥도가 현저히 떨어지므로 몇 년 동안 경작하지 않고 목초지로 두어 가축들을 방목하였다. 춘경지에는 완두나, 콩, 귀리 등을 재배하였고 추경지에는 보리나 밀을 파종하였다. 가을걷이가 끝난 넓은 들판은 가축을 풀어 놓는 방목장이 되었다.

장원의 경작지는 모두가 지조 즉, 띠 모양의 좁고 긴 조각 형태로 구성되었다. 영주, 교회, 농민 보유의 지조는 서로 섞여 있다. 지조는 농민들에게 각각 다른 종류의 땅을 공평하게 분배하려는데 그 목적이 있었으며 농지경작 과정에서 그들은 상호협력하지 않으면 안 되었다. 따라서 각 지조의 경계에는 밭두렁만 있을 뿐 울타리가 없었다. 이러한 경작법은 많은 문제점을 안고 있었지만 어느 정도의 대량 생산을 가능하게 하는 성과를 가져왔다.

03
문화와 생활

귀족계층

중세 사람들은 감정을 그대로 표출했다. 공개된 장소에서 거리낌 없이 방귀를 뀌거나 트림을 하고 입맛을 다셨다. 또한 중세는 선과 악의 대결장이었다. 이 때문에 중세 사람들은 선악의 이분법에 따라 감정을 곧바로 드러냈고 아주 작은 일에도 폭력을 사용하였다. 이렇게 단순 무지한 사람이 중세의 대표적인 형상이었다. 따라서 중세 사람들은 개개인의 갈등을 결투로 이어갔고 집단의 갈등은 전투로 해결하였다. 심지어 재판정에서 폭력이 쓰이기도 했다. 누구의 말이 옳은지 결정할 수 없을 때에 판사는 소송 당사자들의 손에 칼을 쥐어주며 결투를 하게 했다. 결투의 승리 여부에 따라 판결이 내려졌고 그들은 그 결과를 신의 뜻으로 받아들였다. 폭력은 개개인의 갈등을 해결하는 방법이자 사법적 판결을 내리는 수단이었다. 이렇게 폭력이 문제해결의 주요한 수단이었던 사회에서는 힘과 무술로 단련된 전사들이 환영받을 수밖에 없었다. 반면 갈등의 현장에서 폭력을 자제하거나 피하는 사람은 명예를 모르는 비겁한 인간으로 낙인 찍혀 사회에서 매장 당하기 일쑤였다.

반면에 궁정의 귀족들은 생존을 위해 자신의 감정을 감추고 상대의 행동에서 그 속셈을 간파해야 했다. 궁정은 기사교육을 통하여 이러한 호전적인 전사들을 점차 예의를 갖춘 기사들로 바꿔놓았다. 이제 전쟁터에서 하던 상스러운 말과 행동은 궁정에서 세련된 귀족의 말과 행동으로 바뀌고 전사의 거친 행동은 에티켓이라는 섬세한 예법으로 다듬어졌다. 글자 못 읽는 것을 자랑으로 알던 까막눈들이 이제 예술을 사랑하고 철학을 논하는 교양인으로 거듭나게 된 것이다. 기사교육을 통한 궁정의 문명화는 전사들이 궁정에서 기사로 변모하면서 이루어졌다. 이 과정에서 외향적이었던 중세 사람들은 내성적인 문화인으로 변모하였다. 문명화가 진행되면서 이제 사람들은 공공장소에서 드러내었던 생리현상을 꺼리게 되었다. 성욕과 식욕 같은 본능적 욕구를 그대로 표출하는 것을 금기시 하였을 뿐만 아니라 잔인함에 대한 거부감도 커졌다. 따라서 중세 기사들은 행위의 결과를 생각하지 않고 오로지 명예에 따라 행동하였다. 행동의 결과를 계산하며 행동하는 것은 그들의 명예를 거스르는 일로 한마디로 비겁한 일로 간주되었다.

거대한 로마식 개인별장은 중세에 와서 그 자취를 감추었다. 영주들의 저택은 외부공격에 대비하여 깊은 해자와 가시덤불에 둘러싸인 방책을 설치했다는 점을 빼고는 농민들의 집과 별 차이가 없었다. 대개 많은 가족과 식솔을 거느린 영주의 생활은 자신의 봉토에서 생산되는 농산물에 의한 자급자족 경제였다. 저택에서는 차츰 등불을 사용하기 시작하면서 양귀비 기름을 썼다. 사람들은 기름을 절약하기 위해 주로 해가 지기 전에 식사를 끝냈다. 여름에는 활짝 열린 문과 기름종이로 가린 창문 사이로 햇살이 비추게 하였다. 겨울에는 늘 문이 닫혀 있어서 냉기와 어슴푸레한 빛이 컴컴한 방구석을 지배했다. 기나긴 겨울 동안 유일한 빛과 열의 원천은 바로 커다란 벽난로였다.

영주의 저택에서 가장 중요한 공간은 거실이었다. 바닥은 대개 평평하게 다진 흙이었고 드물게 돌을 깔았다. 여름에는 그 위에 나뭇잎을 깔고 겨울에는 짚을 덮어 한기를 막았다. 십자군에 참전하였던 기사들은 동방에서 융단을 가져와 거실의 벽을 화려하게 장식하였고 금은 식기나 보석들이 진열된 식기장을 가져다 놓았다. 그러나 호화로운 식기장의 칸 수는 신분에 따라 엄격하게 규정되어 있었다.

식탁은 매우 컸으나 조잡하기 이를 데 없었다. 상석에는 영주만이 앉을 수 있는 안락의자가 있다. 초대 손님들은 대개 나무걸상이나 짚 다발 위에 천을 씌운 간이걸상에 앉았다. 서로 마주보고 앉은 영주와 그 부인 앞에는 식탁보가 각각 한 개씩 놓였지만 일반인들의 식탁에는 식탁보가 없다. 이 시기에는 신분이 같은 사람들끼리만 같은 식탁보를 사용할 수 있었다.

중세 초기에만 해도 고기는 짐승 형태 그대로 요리된 채 식탁에 올려 졌지만, 점차 부엌에서 모든 조리를 끝내고 적절히 먹을 수 있는 음식의 형태로 조리되어 식탁에 옮겨졌다. 식탁에서도 영주를 비롯한 모든 사람들은 나무 또는 주석으로 된 숟가락을 사용하였고, 그릇은 둘 또는 그 이상이 공용으로 함께 사용하였다. 그때는 냅킨도 포크도 없었으며 칼은 각자 지참했다. 16세기부터 상류층에서 포크가 음식을 덜어가는 도구로 쓰이다가 점차 식사도구로 대체되었다. 17세기까지도 포크는 여전히 금이나 은으로 만든 상류층의 사치품이었다.

중세 요리에서 두드러진 특징은 향료의 사용이었다. 이처럼 향료에 열광했던 이유는 향료가 육류의 냄새를 없앨 뿐만 아니라 음식물이 쉽게 상하지 않게 하기 때문이었다. 더욱이 향료는 동방의 사치품으로 값이 비싸기 때문에 부를 자랑하는 수단으로 상류층의 전유물이 되었다. 음료를 마실 때에 영주는 나무 또는 주석 때로는 은으로 된 컵을 사용하였지만 일반인들은 아예 단지를 들고 마셨다.

식사예절이 중시되면서 귀족들의 의식과 사회에서 받아들일 수 있는 행동양식이 궁정예절 속에 포함되기 시작하였다. 이러한 개념은 자신들만의 궁정예절로 인식되었고 나름대로 독특한 방식으로 발전하였다. 궁정예절에서 시작된 식사예절은 기사계층을 통하여 정착되면서 차츰 일반 계층으로 퍼져나갔다.

농민계층

중세의 신분계층은 봉건제도의 인적구성에 따라 기도하는 사람, 싸우는 사람, 일하는 사람으로 구분되었다. 이는 성직자, 영주와 기사, 농민과 농노를 가리킨다. 중세는 철저한 위계질서의 사회로 농민들에게 평등이란 개념은 아예 생각조차 못하였다. 농민의 삶은 자유롭지 못하고 매우 비참하였다. 자신의 생사여탈권을 쥐고 있는 영주에게 매여서 하루하루 살아갈 뿐이었다. 농민은 영주에 대하여 군역과 납세의 의무만 지었을 뿐 일신상의 자유를 누리면서 자신의 토지를 자영하였다. 비록 영주라 하더라도 농민의 경작지를 마음대로 몰수할 수 없었으며 농민은 자신의 소작권을 자유로이 양도할 수 있었다.

농민들의 생활은 고대와 비교하여 좀 더 가난했지만 별다른 차이가 없었다. 가난한 농민들은 대개 풀과 식물 뿌리 그리고 채소로 연명했다. 그러나 실제로 그들이 풀과 나무뿌리를 캐서 먹었다는 얘기가 아니라 샐러드와 양배추, 시금치나 당근, 무 따위와 같은 채소 위주의 음식들을 섭취하였다. 물론 부유한 농가에서는 이따금 목초지에서 기르던 가축이나 돼지고기가 식탁에 오르고 치즈나 우유, 버터 같은 제품을 소비하였다.

농민들은 극빈자가 아닌 경우를 제외하곤 대부분 모두 돼지를 사육하였다. 농촌지역에서는 간혹 사고로 죽은 가축을 요리하거나 사료가 부족하여 추운 겨울이 오기 전에 모조리 도살하는 돼지 말고는 고기 냄새를 맡기 어려운 실정이었다. 이 시기에는 도시의 정육업자들처럼 허가받은 전문기술자만이 도축이 허가되었다. 돼지고기를 요리하는 방법은 지역에 따라 약간의 차이가 있었다. 여러 지역에서 삶은 돼지를 비계에 넣어 저장하기도 하고, 소금에 절인 돼지고기는 베이컨이나 햄의 기원이 되었다. 또한 다진 돼지고기는 저장방식에 따라 소시지 등로 다양하게 요리되었다. 일부 지역에서는 가축의 젖을 이용하여 치즈를 만들기도 하였다. 농가의 뜰에서는 양봉도 이루어졌고 축제나 잔치에서는 꿀을 사용하여 달콤한 과자를 만들기도 하였다.

농노계층

로마제국 말기에 노예가 급감하자 영주들은 대농장 경영에 어려움을 겪었다. 이들의 대토지는 분할되어 자치적인 소작농으로 바뀌었다. 토지가 농민들에게 임대되면서 주로 곡물이 경작되었다. 농민들은 토지를 보유할 수 있었고, 법적으로도 해방되어 독립된 가정생활을 할 수 있었다. 하지만 북게르만족의 대이동과 같은 혼란 속에서 농민들 대부분은 생존과 생활의 안정을 꾀하기 위하여 자신의 토지를 포기하고 스스로 노예가 되었다. 반은 농민이고 반은 노예였기 때문을 농노라 하였으며 중세의 장원제도에 중요한 노동력을 제공하였다.

장원의 토지를 경작하는 대부분의 농민은 최하층 계급인 농노였

다. 고대의 노예와는 달리, 중세의 농노들은 토지와 가옥 등 약간의 재산을 소유할 수 있었다. 그러나 농노는 토지에 예속되어 있었기 때문에 거주 이전의 자유가 없었다. 또한 영주에 종속되어 주로 현물이나 노동으로 지대를 지불하였고, 재판권, 치안권, 징세권 등을 행사하는 영주의 지배를 받았다. 그들은 노동력의 일부로서 영주가 바뀌면 장원과 더불어 새로운 영주에게 예속되었다. 농노의 경작지는 세습되었으나 상속세를 물어야했다. 상속자가 없는 경우 토지는 영주에게로 돌아갔다. 원칙적으로 농노의 경작지는 영주와의 계약에 의한 것이었으므로 토지보유 및 경작의 대가를 지불하였다. 영주의 장원도 상위 군주로부터 토지 사용을 허락받은 일종의 임대 성격을 띠었기 때문에 농노들도 공동체적 관습에 의해 보호받을 수 있는 독자적인 경작권을 보장받았다.

농노는 현물 공납과 부역의 의무를 지녔다. 일주일에 3-4일은 영주의 직영지에서 경작노동뿐만 아니라 도로나 교량 건설, 기타 잡역에도 종사하였다. 중세는 기독교 사회였기 때문에 일요일에는 노동을 하지 않았으므로 나머지 3일 정도는 자신의 보유지에서 일하였다. 농민의 보유지는 영주의 장원에 소속된 것이어서 여기에서 생산물의 일정량은 공납으로 영주에게 바쳐야 했다. 따라서 농노는 자기 생활에 필요한 최저의 생활물자를 얻을 뿐 나머지는 거의 모두 영주의 소유물이 되었다. 이처럼 농노는 여러 가지 신분의 제약을 받는 예속적인 존재로서 뿔 없는 소로 비유되기도 하였다.

농노는 공납과 부역 이외에도 인두세, 혼인세, 통행세 등의 여러 가지 세금을 부담하였으며 제분소와 같은 영주의 독점시설을 이용할 때도 사용료를 지불해야만 했다. 기본적인 인두세는 그 액수가 정해져 있었으나 더 많은 금액을 납부하는 경우도 있었다. 농노는 혼인의 자유도 제한되었기 때문에 영주의 허가 없이 다른 마을 사람과 결혼할 수 없었다. 영주에 예속되어 있는 농노의 딸이 결혼하는 경우에는 해당 영주에게 있어 노동력의 감소를 뜻하기 때문에 이를 보상하는 의미에서 신랑은 혼인세를 물어야 했다. 또한 영주는 결혼 승낙의 대가로 신부에 대해 초야권初夜權을 지니기도 하였다. 그 외에도 농민은 영주의 자녀 혼인과 같은 행사에도 다양한 명목으로 공납하였다.

게르만법과 로마법

15/6세기 로마법이 유럽 전역에 전파되기 전까지는 형식적 증거가 원칙이었던 게르만법에 따랐다. 이에 따르면 유죄 여부를 확증하

는 유일한 방법은 초자연적인 존재에게 묻는 것이었다. 재판의 결과는 오직 신만이 알 수 있었기 때문에 이를 신명재판이라고도 한다.

가장 기본적인 방법은 선서였다. 재판정에서 진실여부는 주장자 자신의 선서 또는 이웃들의 선서로 결정되었다. 주교와 같이 지위가 높은 사람은 자신만의 선서로도 결백을 입증할 수 있었으나 일반인들은 선서 보조인들이 필요했다. 20명 내외로 이루어지는 선서 보조인들은 당사자가 믿을만한 사람임을 증언함으로써 주장인의 선서를 뒷받침하였다. 죄를 지은 자는 그렇게 많은 정직한 선서 보조인을 찾아낼 수 없으며 신의 노여움을 받지 않기 위해서라도 거짓 진술을 하지 않으리라는 것이 그 전제였다. 더구나 선서는 규정된 의식에 따라 행해졌으며 한마디라도 더듬거리면 신이 당사자의 선서를 거짓이라 판별한 것으로 간주하여 선서자의 패소가 결정되었다.

다른 방법은 시죄법이었다. 이는 물과 불을 이용하여 피의자에게 육체적 고통이나 시련을 가하고 그 결과에 따라 죄의 유무를 결정하는 재판방법이다. 이 재판을 거부하는 사람은 유죄로 확정되었다. 뜨거운 물에 의한 재판에서는 피고인이 가마솥의 끓는 물에서 돌 하나를 집어내어 옮긴 후 화상을 입은 손을 붕대로 감고 3일이 지난 다음 조사한다. 그 부분이 곪아서 염증이 생기면 유죄가 되고 아무런 표가 나지 않으면 무죄가 되었다. 차가운 물에 의한 재판에서는 피의자가 미리 축성된 물속에 들어간다. 그 신성한 물이 피의자를 거부하여 물위로 떠오르면 유죄로 판결되고, 피의자가 완전히 물속에 잠기면 무죄로 인정되어 익사하기 전에 구조된다. 불에 의한 재판에서는 피의자가 빨갛게 달아오른 쇳덩이를 집어 들고 정해진 거리만큼 옮긴다. 뜨거운 물에 의한 재판에서와 마찬가지로 화상을 입은 손을 붕대로 감고 3일 후에 조사하여 상처가 깨끗이 나으면 무죄, 상처가 곪아 있으면 유죄로 판결된다. 그 외에도 중세 후반에 유행했던 매우 단순한 형태의 재판은 결투였다. 피의자와 피고인 어느 하나가 죽을 때까지 싸웠고 살아남은 자가 결백하다고 인정되었다. 소송에서 두 당사자가 직접 싸우는 것이 일반적이지만 다른 기사를 지명해서 대신 싸우게 할 수도 있었다.

진리와 정통성을 수호하기 위한 교회와 사회질서의 안정을 지키려는 국가는 이단들을 색출하여 처벌하지 않을 수 없었다. 논리증거주의가 채택되었던 로마법은 고소에 의한 재판이었다. 그러나 이 재판은 피해자가 고소를 해야 했기 때문에 이단색출에 적지 않은 어려움이 수반되었다. 이른바 진실을 증명하기 위해서는 충분한 증거자료가 필요했기 때문에 심문을 통하여 이단을 색출할 수밖에 없었다. 로마법에서는 법률이 정하는 정황증거가 있는 경우에는 고문에 의한 자백이 허용되었기 때문이었다. 이는 고소 없이도 이단 심문관들이 범죄자를 찾아내고 처벌할 수 있는 정보를 수집해 혐의자를 심문하는 제도였다.

중세의 결혼

교회는 혼인을 남녀 간의 신성한 정신적 결합으로 간주하여 성스러운 일로 규정하였다. 9세기에 이르러 점차 일부일처제가 확립되었고, 귀족들의 정략결혼은 본인의 동의라는 원칙과 서로 충돌하기도 하였다. 메로빙거 왕조와 카롤링거 왕조 때 귀족들은 주로 어린 나이에 결혼을 하였지만, 일반인들 이보다 훨씬 늦게 결혼하였다. 10세기에 이르러 교회는 남녀의 결합이란 신이 주신 신성한 선물로서 사랑을 바탕으로 성립된다는 정신적 결합으로서의 결혼관을 강조하였다. 이러한 혼인에 대한 구체적 규제와 함께 교회는 이처럼 부부간의 은밀한 행위까지 간섭하였다. 결혼은 성직자가 관장한 종교의식에 따라서 공개적인 혼인으로 이루어져야만 했고 그럴 때에만 법적 효력을 지닌다고 해석하였다.

농노계층에서의 혼인은 그리 쉽지 않았는데, 그 이유는 바로 혼인허가세 때문이었다. 이는 11세기부터 나타난 것으로 기사들은 물론 농노에게까지 적용되어 혼인할 때 자신의 영주에게 세금을 지불하는 것이다. 특히 농노는 영주에게 귀속되어 그가 소유한 모든 것은 곧 영주의 소유이기 때문에 재산권 행사에 제약을 받았다. 따라서 농노의 자녀들도 영주에게 귀속되기는 마찬가지였기 때문에 그들의 결혼에도 영주의 동의가 필요하며 또한 혼인허가세가 부과되었다. 비록 영주로부터 혼인허가를 받았지만 배우자 선택까지 규제를 받지는 않았다. 농민을 비롯한 농노들의 혼인허가세는 신분세인 동시에 보유한 토지의 성격에 따라서도 납부되었다. 따라서 신분적으로 자유로운 농민이라도 보유한 토지의 성격이 귀속적이면 농노와 마찬가지로 혼인허가세를 납부해야 했다.

혼인허가세와 유사한 성격의 벌금도 있었는데, 이는 농노의 딸이 혼전에 순결을 상실하면 혼전순결상실세가 징수되었다. 이 벌금은 혼전임신과 영주의 승인 없이 혼인한 경우, 심지어 능욕 당하여 처녀성을 상실하여도 징수되었다. 영주로부터의 혼인허가를 받는 일은 당사자만의 문제가 아니라 촌락의 공동의무였기 때문에 구성원 중에서 누군가가 이를 위반하면 위반방지를 게을리 한 대가로 그들에게 벌금이 부과된 것이다. 이러한 결혼 규율들이 초기에는 그리 엄격하지 않았다. 하지만 봉건제도에서 농노의 종속적 위치 이외에도 토지경작을 둘러싼 경제적인 비중이 커지면서 점차 다양하게 강화되었다. 토지는 많았으나 그에 비해 노동력이 크게 모자랐기 때문에 가장 큰 문제는 어떻게든 땅을 놀리지 않아야했기 때문이었다.

포도주와 수도원

늑대의 젖을 먹고 자랐다는 로물루스와 레무스가 등장하는 로마의 건국신화를 보면 당시 로마인들의 주요 음료는 사실상 우유였다. 초기의 로마인들은 술을 마시면 안 되었다. 부인이 몰래 술을 마실 경우, 이는 이혼의 사유가 되거나 심지어 죽임을 당하기도 하였다. 로마인들의 소박하고 경건한 정신이 퇴폐풍조로 바뀌기 시작한 것은 정복사업으로 사치와 향락에 빠져들면서 시작되었다. 그리하여 술에 취한 상태에서 벌거벗은 남녀들이 쾌락에 빠져 춤을 즐기는 디오뉘소스 축제가 다시 열렸다. 고대 그리스의 디오뉘소스 축제와 로마의 바쿠스 축제에서 빼놓을 수 없었던 포도주는 기독교의 성찬식과 미사에서도 중요한 역할을 하게 되었다.

그리스인들의 포도 재배법과 포도주 양조법은 시칠리아와 남부 이탈리아 지역까지 전달되었다. 로마인들은 자신들이 정복한 갈리아 지역민들에게 이를 다시 전달하는 다리 역할을 하였다. 갈리아 지역과 로마를 정복한 게르만족들은 부드럽게 혈관을 타고 흐르는 포도주를 맛볼 수 있었다. 난생 처음 포도주를 접한 게르만족들은 이처럼 놀라운 신의 술 포도주를 자유자재로 생산해 낼 수 있는 로마인들을 한없이 부러운 눈초리로 바라보았다. 이들도 점차 로마인들에게서 포도재배와 포도주 양조법을 터득하였다. 그들은 포도경작과 포도주 양조법을 오히려 원주민보다 더 중시했다. 로마가 정복 전부터 게르만족들이 즐겨 마시던 전통 맥주는 점차 서민들의 음료로 여겨졌다.

게르만족의 대이동, 서로마의 몰락, 훈족과 이슬람 그리고 바이킹의 침략으로 포도 경작지는 폐허가 되었다. 자연히 포도주 양조기술도 떨어졌고 코르크 병마개도 사라졌다. 고대 이집트부터 알려진 유리병과 컵은 여전히 귀한 물건이었다. 약탈자로부터 곡식을 숨겨야 했기 때문에 지하에 술통을 몰래 감추면서 지하저장실까지 만들었다. 다락방에 포도주를 저장하는 것은 전혀 도움이 되지 않았기 때문에 지하저장은 아주 기가 막힌 발견이었다. 포도주 항아리는 이제 나무통으로 대체되었다. 따라서 사람들은 나무통에 오래 보존할 수 없는 포도주를 빨리 마셔야만 했다. 또한 식초처럼 시큼해지는 포도주의 산화작용을 막기 위하여 허브 같은 향료를 넣기도 오래 보존하는 요령도 터득하였다. 그래서 이 당시의 포도주는 숙성기간이 짧으면 짧을수록 좋았다.

고대부터 포도주는 신앙생활과 밀접한 관계가 있었다. 중세의 포도주는 이제 교회라는 막강한 보호자를 얻었다. 포도원의 경영자가 된 주교들이 과거의 보호자였던 로마 장군들을 대신하였다. 특히 적포도주의 붉은 빛깔은 사람의 피와 생명으로 비유되어 신성함을 부여하였다. 교회 내에서도 엄숙하고 경건하기 이를 데 없는 가톨릭 미사 집전에 포도주가 사용되었다. 무엇보다 교회 의식에 필요한 포도주를 생산한다는 명분에서 교회는 포도재배를 마음껏 지원했다. 수도원이 포도주의 중심지로 굳건히 자리매김하면서 고전의 양조법 기술이 되살아나기 시작하였다. 수도사들의 지나친 음주습관에 대해 논란이 없었던 것은 아니었다. 일상생활에서도 영주들과 마찬가지로 여유로운 생활을 하던 교회의 성직자들은 1년에 150번 정도 주연을 베풀었다고 한다. 당시 식탁에서의 모든 행위는 사실상 종교 행위로 여겨졌기 때문에 이러한 교회에서의 회식은 누구나 정상으로 여겼다. 인간이 잘 먹고 마시고 즐기는 것이 신의 뜻에 합당하다고 여겼기 때문이었다. 차츰 포도주 생산량이 늘면서 서민들의 포도주 소비량도 늘기 시작했다.

포도주 문화를 말하면서 빼놓을 수 없는 것은 빵이다. 최후의 만찬에서도 그리스도가 열두 제자들과 함께 나누어 먹었던 영원한 생명의 음식과 음료도 사실상 빵과 포도주였다. 그리스도의 몸과 피라는 빵과 포도주는 여전히 기독교 전체에서 성찬식과 미사에 사용되고 있다.

예로부터 프랑스인은 빵을 좋아하고 섬나라 영국인은 육류를 즐겼다. 프랑스에서 산업혁명이 일어나지 않았던 것은 농산물 자원이 풍부했기 때문이었다. 프랑스 혁명의 주요 요인 가운데 하나였던 빵, 특히 오븐에서 갓 구워낸 하얀 빵은 혁명의 진원지였던 파리시민의 자랑이자 행복의 필수 요소였다. 중세의 하얀 빵은 거의 약과 같은 의미를 지녔다. 이처럼 빵에 대한 강한 애착 때문에 프랑스에서 감자라는 새로운 식품이 일반화되기까지 아주 오랜 시간이 걸렸다.

포도주 문화가 기독교에서 본래 상태로 그대로 남아 있지만 이슬람교에서는 다르다. 문헌에 따르면, 축제기간에 두 명의 제자가 음주로 인해 싸움을 벌이자 이슬람의 예언자 무함마드Muhammad가 알코올을 규제하였다고 한다. 이슬람교가 퍼져 나가면서 알코올 금지 규율도 확산되었고 이를 어기는 사람은 태형을 당했다. 그러나 무함마드 자신도 가볍게 발효된 대추야자 포도주를 즐겼다고 한다. 이에 대해 일부 스페인 지역의 사라센들은 그의 반대가 포도주 그 자체에 대한 것이 아니라 음주에 대한 지나친 집착을 갖지 말라는 것으로 해석하기도 했다. 아마 포도로 만든 포도주만을 알코올 도수의 강도에 따라 금지했을지도 모른다. 하지만 포도주도 희석하면 대추야자 포도주의 도수를 넘지 않기 때문에 허용해야 한다는 견해도 적지 않았다. 이런 해석은 많은 논란을 불러일으켰지만 알코올을 허용하는 분위기도 일부 있었던 것으로 보인다.

제4장

십자군 전쟁

01
사회적 배경

기독교인들은 그리스도와 성인들의 유물과 유품이 있는 장소에서 드리는 예배가 특별한 의미가 있다고 여겨 성지순례를 떠나기 시작하였다. 성지순례는 면죄 받는 효과가 있는 것으로 여겨졌기 때문에 3세기부터 기독교인들은 그리스도가 지상에서 생애를 보냈던 지역을 찾았다. 특히 그리스도 삶의 장소였던 예루살렘은 그들의 신앙 속에서 가장 중요한 자리를 차지하고 있었기 때문에 성지순례 가운데서도 가장 성스러운 효과가 있는 것으로 손꼽혔다. 이러한 생각은 예루살렘을 천국과 동일시하는 효과를 가져왔다. 하지만 동로마제국이 멸망한 이후에도 예루살렘으로의 성지순례가 허용되고 있었지만 로마가톨릭 교황뿐만 아니라 서방의 위정자들은 사라센으로부터 성지를 되찾으려는 십자군 전쟁을 감행하기에 이른다.

십자군이 생성하게 된 사회적 배경은 크게 3가지로 구분할 수 있다. 첫째, 서로마 교황으로부터 로마의 정통후계자로 인정받은 프랑크 왕국은 예루살렘과 순례자들을 보호하기 위하여 무장한 기사들을 파견하였다. 그리스도 탄생 100주년이 되자 예루살렘을 방문하는 순례자들의 수가 급증하였다. 클뤼니 수도회에서는 이들을 위한 수도원을 세웠고 이슬람의 동의하에 순례자들을 보호하는 차원에서 호위병들을 모집하였다. 이러한 상황에서 1063년 아라곤 왕이 살해당하자 교황은 군대를 소집하였고, 그 다음 해에는 약 7천여 명의 프랑크인들이 무장을 하고 예루살렘을 향하였다. 겉으로 보기에 이들은 성지 순례자들과 구분되지 않았다.

둘째, 십자군은 이베리아 반도에서 이슬람에 대항하였던 전투에서 시작되었다. 632년 이슬람교의 창시자 무함마드가 죽자 장로 중에서 칼리프가 선출되었다. 이때부터 이슬람은 아라비아 반도 밖으로 진출하여 여러 지역을 정복하기 시작하였다. 서쪽으로는 북아프리카의 대서양 연안을 거쳐 이베리아 반도까지 이르렀다. 711년 왕위 계승권을 놓고 내분에 휩싸였던 서고트족의 영주들은 이슬람으로 개종하여 영지를 인정받거나 멸망하면서 피레네 산맥 이남의 이베리아 반도 전체가 이슬람의 수중에 놓였다. 피레네 산맥을 넘으려던 이슬람 군대는 프랑크 왕국의 카알 마르텔에게 패배한 뒤 북상을 멈추었다.

718년 서고트족의 영주 펠라기우스가 이슬람 영주에게 반기를 들었다. 이 전투는 이슬람 지방 정부에 대항한 한 영주의 반란에 불과하였으나 이후 로마가톨릭 회복이라는 명분을 제공하였다. 이후 이베리아 반도의 가톨릭 국가들은 사라센들에게 점령당했던 영토를 되찾기 위한 전투를 지속하였다. 재정복 또는 국토회복운동이라는 의미를 지닌 레콩키스타Reconquista는 중세 후기에 이르러 사라센들을 몰아내어 종교적 정의를 실현하기 위한 정의로운 전쟁으로 여겨졌다.

1063년 아라곤의 왕 라미로 1세가 사라센들에게 살해당하였다. 교황 알렉산더 2세는 로마가톨릭이 위기에 처해 있다고 호소하였다. 교황과 부르고뉴 지역의 클뤼니 수도회가 이슬람 축출을 선동하자 각지의 기사들이 이교도와 일전을 벌이기 위해 모여들었다. 교황은 십자가의 이름을 앞세웠으며 전장에 참전하는 사람들에게 국가의 의무를 면제시켜주겠다고 천명하였다. 이는 교황 우르바누스 2세가 제1차 십자군을 소집한 것보다 30여 년 전에 있었던 일로 사실상 십자군의 시작이라고 볼 수 있다. 교황 그레고리우스 7세 또한 이베리아 반도의 기독교 국가들을 돕기 위하여 연합군을 창설하여 기사들에게 자신들이 정복한 땅을 지배할 수 있는 권한을 주었다.

레온 왕국, 카스티야 왕국, 아라곤 왕국들은 십자군의 일환인 기사단들과 함께 이슬람 정복을 지속하였다. 1469년 페르난도 2세와 이사벨이 결혼하여 아라곤 카스티야 왕국이 되었다. 이후 에스파냐로 이름을 바꾼 이 왕국은 1492년 이슬람교의 마지막 보루이던 그라나다를 정복하면서 레콩키스타가 종결되었다. 에스파냐 왕국은 이베리아 반도에서 정치 군사적 통합뿐만 아니라 종교와 문화의 통합을 추진하기 위하여 알람브라 칙령(1492)을 통하여 로마가톨릭으로 개종하지 않은 사라센과 유대인들을 추방하였다.

셋째, 십자군은 교회에 위협이 되었던 기사들을 통하여 성지를 회복하고 교황령을 확장하려는 욕구와 연결되어 정치 경제적 차원에서 이루어졌다고도 할 수 있다. 4세기부터 시작되었던 게르만족의 대이동은 유럽인들의 무장화를 촉진시켰다. 이들은 점차 지역 영주들에게 직업군인으로 채용되었는데 이들이 바로 기사들이었다. 외세 침입으로 왕권이 약해지자 영주들은 왕을 대신하여 지방통치권을 행사하였다. 교회에서는 자신들의 세력을 유지하기 위해 기사들에게 종교적인 성격을 부여하였다. 그 이유는 영주뿐만 아니라 교회에서도 기사들을 자신의 세력으로 만들기 위함이었다. 교황은 부름에 화답하려는 자들의 재산을 보호하고 그들에게 제기된 소송을 취하해 준다고 약속하였다. 하지만 교회는 내심 이 기사들을 그리 탐탁하게 여기지 않았다. 기사들의 폭력성을 통제하려는 교회는 억압된 무력을 어디론가 발산할 방도를 찾기에 이르렀다.

10세기 말 프랑스 교회는 기사들의 전투를 줄이기 위한 평화운동을 전개하였다. 신의 평화라 하여 비전투원에 대한 공격을 금지했고, 신의 휴전이라 하여 축제기간에는 전투행위를 금지하였다. 또한 교황은 대규모 병력을 외부로 방출시킴으로써 유럽에 평화를 가져올 수 있으리라고 생각했다. 교황은 성지회복이라는 거대한 작전이 기독교 국가의 골치 아픈 존재들, 즉 기사들을 교황의 지휘아래 결집시킬 수 있는 가장 확실한 수단이라고 여겼던 것이다. 교황은 이 평화운동을 승인하면서 이를 확대시킬 것을 공표하였다. 십자군이 성지탈환의 사명을 완수하면 그들의 죄를 사면 받게 된다는 것이다. 교황의 호소와 부름에 따라 서유럽 각지에서 기사들이 모여들었다.

02
교회 기사단

예루살렘으로 향하던 순례자들은 도중에 병사 또는 질병으로 고통을 받거나 이교도의 습격으로 사망하기도 하였다. 이러한 순례자들의 안위를 위하여 기사단이 구성되었는데, 이들이 바로 구호 기사단과 성전 기사단이었다.

11세기에 설립된 구호 기사단은 성 요한 기사단, 로도스 기사단, 몰타 기사단이라고도 한다. 이 기사단은 십자군 전쟁 이전 1023년 이탈리아 아말피와 살레르노 출신의 상인들이 예루살렘 성지순례자들을 보호하기 위하여 이집트 칼리프의 허가를 얻어 성묘교회 부근에 병원을 세웠고, 그 후 베네딕토 수도회의 봉사와 구호 활동으로 이어졌다. 이들은 순례자들과 자신들의 안위를 위하여 무장을 하고 전투를 치루면서 점차 종교적인 군대조직으로 변모되었다. 이들에게 상처를 치료받았던 기사들은 재산의 일부를 이 병원에 기부하기도 하고, 성지에 남은 사람들은 구호 기사단의 일원이 되었다.

1291년 아크레가 다시 함락되자, 구호 기사단은 키프로스로 후퇴하여 순례자들과 병든 사람을 계속 돌보고 성지탈환을 기다렸다.

1309년 로도스를 정복한 구호 기사단은 그곳에 병원을 세우고 동지중해에서 막강한 해군력을 가지게 되었다. 1530년 황제 카를 5세가 구호 기사단에게 몰타 섬의 소유권을 위임했다. 몰타에서 기사단의 세력은 절정에 달하여 오스만 튀르크 군대의 맹렬한 공격을 막으며, 이곳에서 해군력을 증강하고 진보된 방법으로 기사단을 운영했다. 사라센의 침략위협이 약화된 17/8세기에 쇠퇴하였다가 1798년 나폴레옹에게 몰타 섬이 점령되었다. 1834년 이 기사단의 본부가 로마에 세워졌으며 오늘날에도 여러 분야에서 인도주의적인 사업을 지속적으로 수행하고 있다.

성전 기사단은 '그리스도와 솔로몬 성전의 청빈 기사단' 또는 '템플 기사단'이라고도 한다. 당시 십자군은 성지의 몇몇 요새밖에 장악하지 못했으므로 성지 순례자들은 자주 이교도의 습격을 받았다. 1118년 위그 드 파앵Payens과 8명의 프랑스 기사들이 순례자 보호에 헌신하고 이를 위해 종교단체가 구성되어 이 기사단이 설립되었다. 기사들은 청빈과 순결을 맹세했다.

예루살렘 왕 보두앵 2세는 그들의 거처를 왕실 궁전의 옆채에 마련해주었다. 그곳은 예전에 유대인들의 성전 지역이었기 때문에 이들을 성전 기사단이라 불렀다. 이들은 예루살렘 왕국 방어에 절대적인 존재가 되었으며 성지의 여러 지역에 주둔하였다. 전성기에 이들의 수는 2만여 명에 이르면서 상당한 부를 축적하였다. 이들은 스페인, 프랑스, 잉글랜드의 왕과 귀족들로부터 성城과 영지 그리고 귀족 작위를 받아 서유럽과 지중해 연안 전역에 많은 재산을 소유하였다. 이들은 군사력 덕분에 금과 은을 안전하게 모아 보관하여 성지와 유럽을 오가며 운반할 수 있었다. 이들의 보물보관소 연결망과 효율적인 운반조직 때문에 왕과 귀족들뿐만 아니라 성지 순례자들도 기사단을 은행으로 이용하기도 했다. 그리하여 기사단은 모든 기독교 국가에 걸쳐 적지 않은 권력과 막대한 재정적 부를 축적할 수 있었다.

흰 색 십자가가 그려진 검은 겉옷을 입은 구호 기사단과 붉은 십자가가 표시된 흰색 겉옷을 착용하였던 성전 기사단은 오랫동안 심각한 경쟁관계를 지속하였다. 두 기사단을 하나로 합치자는 제안이 나왔지만, 1291년 성지에 남아 있던 마지막 십자군 요새 아크레가 사라센에게 함락되자 성전 기사단의 존재이유가 사라졌다. 더구나 이 기사단이 비밀입단식을 갖는 비기독교적인 존재이며 심지어는 신을 모독하는 행위를 한다는 소문까지 유럽에 퍼지기 시작했다.

이런 상황에서 프랑스 왕 필리프 4세는 1307년 10월 13일 프랑스 내 모든 기사들을 체포하라는 명을 내렸다. 아비뇽에 있던 교황 클레멘스 5세도 강력한 압력을 받아 성전 기사단의 체포에 협조할 수밖에 없었다. 대부분의 성전 기사단원들이 투옥되었고, 성전 기사단은 이단과 부도덕 혐의로 기소되었다. 적지 않은 기사들이 고문을 이기지못하고 거짓으로 자백하여 혐의가 입증되었고, 기사단의 마지막 단장이던 자크 드 몰레가 화형 당했다. 필리프 4세는 마침내 교황으로 하여금 성전 기사단을 탄압하는데 성공했고, 프랑스에 있던 성전 기사단의 재산은 국가에 몰수되거나 일부 구호 기사단으로 넘어갔다. 필리프가 이 기사단을 해체시키려 한 이유가 정말 이들의 비기독교적인 행위 때문이었는지에 대한 해석은 분명하지 않다. 어쩌면 그가 성전 기사단의 세력을 두려워했거나 또는 단지 고질적인 재정난 때문에 기사단의 막대한 재산을 빼앗으려 한 것일 수도 있다. 황제는 성전 기사단을 해체하는데 성공하였지만 이들이 정치적으로 박해를 받아 희생되었다는 견해가 적지 않았다. 성전 기사들의 유죄 여부는 오늘날까지 거센 논란이 되고 있다.

튜튼 기사단은 1190년 아크레에서 신성로마제국의 자선단체로 창설되었다. 이 기사단은 1198년부터 군사적 성격을 띠면서 헤르만 폰 살차 기사단장의 지휘 아래 활동무대를 중동에서 동유럽으로 옮겼다. 이들은 그곳에서 헝가리 왕을 도와 이교도들과 싸웠다. 그 뒤 헤르만 발크는 주로 독일 중부지역에서 자원해온 평신도들로 구성된 군대를 이끌고 프로이센 지역을 정복하여 지배권을 확립했다. 튜튼 기사단은 강력한 봉건국가를 세워 프로이센뿐만 아니라 발트 해 연안과 독일의 중남부지역까지 지배할 수 있었다. 그 후 1525년 프로테스탄트로 개종한 기사단장 알베르트는 프로이센의 기사단을 해체하고 폴란드로 이전하였다. 1530년 신성로마제국의 귀족이 된 기사단장이 통치하는 지역과 독일 중남부에 흩어져 있던 기사단 영토는 나폴레옹에 의해 해체되어 다른 공국들에게 분배되었다. 오스트리아 제국은 1834년 빈에서 튜튼 기사단을 교회의 명예단체로 다시 창설하였다.

교황 우르바누스 2세

동로마제국이 점차 쇠퇴하여 이슬람의 침입으로 위기에 처하자, 황제 알렉시우스 1세는 서로마교황 우르바누스 2세에게 군사적 지원을 요청하기에 이른다. 교황은 클레르몽 공의회(1095)에서 십자군 결성을 역설했을 때 그는 종교적 의도뿐만 아니라 정치적 야심도 가지고 있었다. 당시에 서유럽의 정치 향방을 놓고 신성로마제국의 황제와 교황이 주도권 다툼을 벌이고 있었다. 우르바누스는 기독교의 주권을 수립하기 위해 성지회복을 계획하였다. 교황 최대의 적이었던 신성로마제국의 황제를 곤경에 빠뜨리기 위함이었다. 더욱이 하인리히 4세는 카놋사의 굴욕으로 교황과의 대립된 인물이었다. 그

는 군사적으로 강해져서 우르바누스가 그에게 쫓겨 이탈리아를 떠나 프랑스에 머물지 않으면 안 될 정도였다. 따라서 교황은 프랑크족을 제외한 모든 유럽인들에게 십자군 결성을 호소함으로써 황제가 편협하고 비기독교적인 박해자임을 알리고 아울러 서유럽의 영적 지도자로서 자신의 능력을 과시하고 싶었던 것이다. 예루살렘 회복이라는 목표 그 자체가 우르바누스 2세에게 중요한 동기가 되었음이 틀림없었다. 이를 위하여 교회에서는 가톨릭 국가를 침입자들로부터 지켜내야 할 조국으로 설정해 정의로운 전쟁에 대한 명분을 치밀하게 계획하였다. 결국 초기의 십자군 지휘관들은 대부분 프랑스 귀족들이었다.

서유럽에서는 성지탈환의 필요성이 대두되었지만 오로지 종교적 동기만이 호소력을 가질 수 있었다. 교황 우르바누스 2세는 클레르몽에서 십자군 참가자 전원에게 교회에서 부과하는 모든 의무를 면제해 주겠다고 약속했다. 최고의 기독교 성지를 이교도 수중에서 되찾기 위한 십자군 원정은 영적으로 최대의 보상을 가져다주는 일이었다. 이는 십자군 참가자 전원에게 내세에서 연옥의 형벌이 완전히 면제되며 십자군 참가 도중 사망한 자의 영혼도 곧장 천국으로 갈 수 있다는 약속이었다.

교황은 성지회복을 명분으로 기독교 성지에 대한 군사원정을 단행하였다. 그러나 성지회복은 표면적으로 내세우는 구실에 지나지 않았다. 실제로는 동방 정교회를 로마가톨릭 관할권 아래 흡수하여 통합시키고 교황권을 확대하려는 의도가 짙게 깔려있었다. 만일 이 계획이 성공한다면 그는 그레고리우스가 추구하였던 교황 군주국가 정책을 완성시킬 수 있다고 여겼다. 이러한 교황의 정치적 욕망과 성지탈환이라는 명분이 결합되어 십자군 원정이 개시된 것이었다.

03
십자군 원정

십자군은 종교적 열정을 갖고 성전을 되찾기 위하여 몸을 바치려는 순례자의 집단이어야 했다. 하지만 귀족과 평민들로 구성된 이들은 단순히 종교적 목적만으로 십자군에 동참한 것은 아니었다. 중세의 유럽을 지배한 것은 기독교뿐만 아니라 게르만적 전통에 따른 봉건제도였다. 따라서 중세의 일상생활은 기독교와 게르만적 관습에 의해 지배되고 있었다. 프랑크 제국의 분열이후 모든 재산은 장남에게만 상속되었다. 장남을 제외한 차남들은 가문의 영지가 얼마나 되든지 상관없이 상속권이 없었다. 평민이라고 해서 크게 다르지 않았다. 이와 같은 이유에서 십자군에 참가한 귀족과 평민들은 차남 이하의 자제들이 상당수를 차지하였다. 물론 그들이 십자군에 참가한 목적이 종교적인 열망 때문인 경우도 있었겠지만 적지 않은 경우 자신의 영지를 얻을 수 있다는 세속적인 목적으로 십자군에 동참하였다. 십자군을 선동한 교황 자신도 동-서 로마교회를 통합하여 유럽 기독교의 수장이 되겠다는 야심을 가졌으니 십자군에 참가한 이들 모두 각자 자신의 세속적 목적을 지니는 것은 당연한 일이었을지도 모른다. 종교적 열망 이외의 각기 다른 목적이 있었을지 몰라도 그들의 목적은 하나였다. 그것은 이슬람 세력을 격퇴하여 예루살렘을 탈환해야만 얻을 수 있는 것들이었다.

예루살렘으로 향한 십자군은 서로마 교황의 야심으로 야기된 기독교 군대였다. 특히 11-13세기까지 서유럽의 로마가톨릭 국가들이 이슬람을 상대로 성지 예루살렘을 탈환할 목적으로 감행한 대규모 군사원정대를 말한다. 당시 가톨릭 국가들의 입장에서 본다면 십자군은 의로운 군대로 십자군 원정은 성전이었다. 하지만 이슬람의 여러 나라들뿐만 아니라 같은 기독교 문화권이었던 동방의 교회까지 침략했다는 점에 유의할 필요가 있다. 이는 교황의 정치적 야욕, 영주들과 기사계급들의 영토 확장, 상인들의 시장 개척을 통한 이윤추구 등 각계각층의 이해관계가 십자군 원정에 녹아 있었기 때문이다.

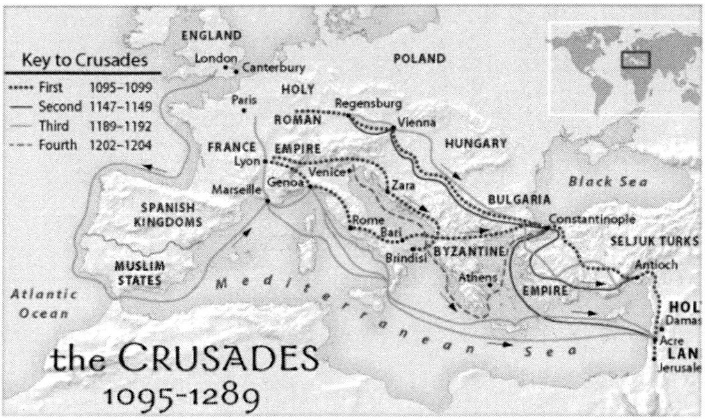

민중 십자군

교황은 사라센에 대한 군사행동을 호소하면서 이 전쟁에 참가하는 자에게는 전적인 면죄부를 주겠노라고 선포하였다. 1096년 수확기가 끝난 8월 중순부터 많은 평민들이 십자군에 가담하였다. 우르바누스 2세는 은자 피에르라는 광신도를 교묘히 선동하였다. 피에르는 엉뚱한 생각을 품고 기사 레이날도, 발터 등과 함께 한발 앞서 떠났는데, 이를 민중 십자군이라 불렀다. 이들은 자신들이야말로 이교도들의 세상을 일소하기 위해 선택받았다고 주장하였다. 그들은 동방으로 원정을 떠나기도 전에 유럽의 유대인들을 학살하기 시작하였는데, 이것이 반反유대주의의 효시였다.

예루살렘으로 향하는 길조차 몰랐던 그들은 무조건 동쪽으로 가기 시작했다. 강력한 영주가 아닌 가난한 기사와 농민들로 구성된 이들은 종교적 열정으로 출발하였지만 그 어디에서도 환영받지 못하였다. 이들이 성전을 치르러 가기에는 그 행태가 너무나 초라하였기 때문이었다. 그들은 아무 것도 가진 것이 없었기 때문에 필요한 모든 물품들은 현지에서 조달해야했고, 이것은 필연적으로 약탈을 낳았다. 이들은 지나는 길에 있는 모든 마을을 약탈했으며 이를 대수롭지 않게 여겼다. 그들이 콘스탄티노플로 향하여 지나간 자리에는 아무것도 남지 않았다. 그러다가 헝가리 왕국 기병대의 반격을 받기도 하였다. 우여곡절 끝에 동로마 수도 콘스탄티노플에 도착한 민중 십자군은 비잔틴 황제의 도움을 받아 보스포루스 해협을 건너 니케아까지 갈 수 있었다. 10만여 명이 출발하였던 이들은 겨우 절반만이 살아남았고, 그들의 일부가 그곳에서 제1차 십자군과 합류하였다.

제1차 십자군(1096-1099)

제1차 십자군은 제후들의 십자군이라고 할 수 있다. 당시의 신성로마제국의 황제 하인리히 4세와 프랑스의 황제 필리프 1세는 교황에게 파문을 당하여 십자군을 이끌 적임자가 되지 못하였다. 따라서 툴루즈의 백작 레몽Raymond, 교황의 대리인이자 르퓌의 주교 아데마르Adhemar, 남부 이탈리아의 노르만족 공작 보에몽Bohemund과 그의 조카 탄크레디Tancredi, 신성로마제국의 신하였던 로렌의 공작 고드프루와Godefroy와 그의 동생 보두앵Baudouin 그리고 또 다른 사촌동생 보두앵이 중심이 되었다. 이들은 각자 자신들의 지역에서 콘스탄티노플을 향하여 독자적으로 출발하였다.

콘스탄티노플 성문 앞에 모여든 대규모 십자군 원정대를 본 동로마황제 콤네우스Comnenus 1세는 적지 않게 놀랐다. 서로마교황의 요

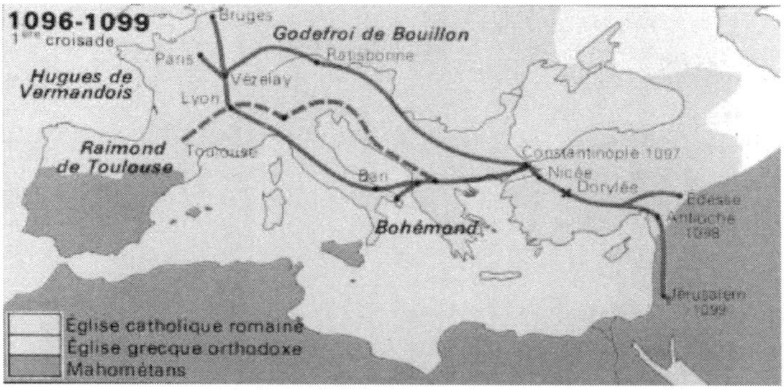

청은 대규모의 군대가 아니라 사라센의 침입을 막을 수 있는 소수 정예부대였기 때문이다. 더욱이 자신들의 가사를 정리하여 비용을 충당해온 십자군 기사들은 동로마황제에게 그들이 동방에서 점령하게 될 땅에 대한 소유권을 요구하였다. 십자군 기사들의 생각은 동로마황제의 의도와는 달랐다. 기사들 사이에서도 어떤 사람은 동방에 세울 공국에 욕심을 가졌고, 다른 사람은 종교적 구원을 바라고 있었다. 하지만 보스포루스 해협을 건너려면 배가 필요하다는 것을 이용한 동로마 황제는 그들에게 황제에 대한 충성과 점령지에 대한 소유권을 이양한다는 서약서에 받아내었다.

십자군은 우선 니케아를 점령하고 나서 안티오크에 도착하였다. 안티오크는 도시 위로 성채가 450m나 솟아있는 난공불락의 요새였다. 1년여 동안 치열한 전투를 벌였지만 안티오크는 내부의 반역자가 십자군과 내통하면서 스스로 무너지고 말았다. 십자군은 성벽을 넘어 성내로 들어가서 값비싼 물건이면 하나도 남기지 않고 무엇이든 약탈했으며 남녀노소를 가리지 않고 보이는 대로 살육하는 전멸 작전을 폈다. 성내는 어디를 가나 사라센들의 시체가 산적했으며 이를 밟지 않고는 걸을 수 없을 정도였다. 십자군의 소문은 좋지 않았다. 불안에 쫓긴 주민들이 궁 안으로 피했으나 십자군은 주민들의 재산을 약탈한 뒤 살해하였고, 살아남은 주민들은 납치되어 안티오크의 노예시장으로 팔려나갔다. 뿐만 아니라 십자군들은 그 지역의 사라센들이 보물을 뱃속에 감추었다는 소문을 듣고 그들의 복부를 톱으로 가르기까지 했다. 식량이 떨어진 십자군 중에는 인육을 구워 먹는 사람도 있었다. 이러한 소문은 전혀 근거가 없는 것은 아니었다. 기사들은 안티오크가 자신들의 소유임을 주장하며 다투었다.

노르만 공작 보에몽은 안티오크의 공작이 되어 예루살렘 공략에는 참가하지 않았다. 그는 이탈리아에서 영지를 얻지 못하였기 때문에 시리아 또는 소아시아에서 자신의 영지를 얻는 것이 목적이었다. 보에몽은 안티오크 공국을 예루살렘 왕국 이상의 대국으로 만들고자 했으나 시리아가 이슬람에 패배하면서 1103년까지 포로가 되었다.

1099년 6월 십자군은 유럽을 떠나온 지 거의 3년 만에 예루살렘에 도착하였다. 그들은 하나님이 자신들을 위해 기적을 일으켜줄 것이라고 믿고 공격을 위한 별다른 준비를 하지 않았다. 십자군은 솔로몬 성전에 집결해 있던 사라센과의 공방전 끝에 5일 만에 예루살렘을 정복하였다. 셀주크 튀르크Seljuk Türk가 십자군의 공략에 제대로 대응하지 못하였던 것은 당시 이슬람 통치자들이 내부적으로 분열되었기 때문이다. 제1차 십자군은 예루살렘을 탈환하여 그들이 원했던 영지와 재산을 얻을 수 있었다. 성지를 정복한 십자군들은 성 안에서 2주 동안 사라센뿐만 아니라 유대인과 일부 기독교인까지 무자비하게 학살함으로써 서방 기독교 사회로부터 비난을 받았다.

시간이 흐르자 십자군들은 점차 유순해지고 관대해졌다. 이들은 이곳을 다스릴 새로운 권력을 어떤 형태로 만들 것인지 고민하였다. 초대 왕으로 고드프루와가 선임되었지만 그는 예루살렘의 왕이 아니라 성지의 수호자임을 자처하였다. 그가 병으로 일찍 사망하자, 그의 동생이자 에뎃사 백작이었던 보두앵 1세가 그의 뒤를 이었다. 그는 기사단과 순례자들의 도움을 받아 예루살렘 왕국을 비롯하여 안티오크, 에뎃사, 트리폴리 공국을 세웠다. 봉신들은 그에게 충성을 맹세하고, 예루살렘 왕은 군사적 지원과 보호를 하는 대가로 그들을 지배하게 되었다.

예루살렘 왕국은 경제적으로 부유한 편이 아니어서 행정비용과 방위비를 사라센들과의 무역과 금융업, 순례자들로부터 걷은 세금에 의존하였다. 일부 비옥한 지역들이 있긴 했지만 대부분 불모지였고 흉년이 들 경우에는 시리아로부터 곡물을 수입하지 않으면 안 되었다. 예루살렘의 보두앵 1세와 2세는 해안 도시들을 장악하고 팔레스타인 내륙과 북부 영토들을 방어할 새로운 요새들을 구축함으로써 왕국의 안전을 확보했다. 그 이후의 왕들은 초기 정책을 포기하고 남부지역으로 영토를 확대하면서 오히려 에뎃사 공국이 사라센들에게 공격을 당하게 된다.

제2차 십자군(1147~1148)

예루살렘과 인접 공국에 거주하는 기독교인들과 근접 도시에 거주하던 사라센들 사이에 공존 상태가 계속되고 있다. 그러나 1130년 이후 이슬람 세계에 정신적 변화가 일어났다. 프랑크족의 야만적 행동에 반발하여 지하드jihad라는 이념이 확산되었다. 지하드는 원리나 신앙을 위해 벌이는 투쟁을 뜻하며, 전쟁에 의해 이슬람교를 전파하는 종교적 의무였기 때문에 성전聖戰으로 번역된다. 이슬람교에서 지하드는 마음, 혀, 손, 칼에 의한 4가지 의무수행으로 구분되고 있다. 그 네 번째 방법이 이슬람교를 믿지 않는 사람들을 상대로 전쟁을 치르는 것이다. 특히 기독교인과 유대교인들이 그 대상이었다. 그들은 이슬람교로 개종하거나 이슬람 통치에 순종하여 인두세와 토지세를 낼 수 있었다. 만약 두 가지 선택이 모두 거부된다면 지하드가 선언되었다.

이슬람의 영웅 장기Zangi가 지하드 이념으로 프랑크족을 몰아내기 시작하였고 에뎃사를 함락함으로써 열세에 놓였던 이슬람의 전세를 역전시켰다. 위기감이 조성되자 서유럽에서는 제1차 십자군을 지원하기 위한 제2차 십자군이 편성되었다. 교황 에우게니우스 3세의 스승이자 시토 수도회의 수도사 베르나르두스가 신성로마제국의 황제 콘라트 3세와 프랑스의 왕 루이 7세를 독려하여 제2차 십자군이 예루살렘으로 향하였다. 이때 루이 7세의 부인이자 아키텐 공국의 영주였던 엘레오노르Aliéonor가 여인들을 징집하여 십자군에 합류시켰다. 하지만 제2차 십자군은 엄청난 시련을 겪어야 하였다. 콘라트는 니케아를 떠난 지 10일 만에 사라센에게 대패하여 자신을 포함한 병력 일부만 살아 돌아왔으며, 루이 7세는 소아시아로 진격하다가 튀르크의 공격을 받고 대부분을 잃었다. 그 이유는 당시 비잔틴 제국의 황제 마누엘이 셀주크 튀르크의 술탄과 휴전조약을 맺었기 때문에 십자군의 정보가 노출되었다. 그 후 콘라트 황제와 루이 왕이 연합하여 다마스쿠스로 진격하였지만 사흘간의 전투만 치루다 병력이 열세하자 철수하여 유럽으로 되돌아갔다. 2차 십자군이 실패로 끝나자 유럽에서는 십자군에 대한 열기가 식었고, 황제와 왕 그리고 제후들은 더 이상 십자군을 거론하고 싶지 않은 심정들이었다.

루이 7세의 무기력에 실망한 엘레오노르는 로마 교황청으로부터 자신들의 결혼이 무효임을 인정받았고, 2년 후 노르망디의 공작 앙리와 결혼하여 3차 십자군을 지휘하게 될 사자심왕 리차드를 낳았다. 이 결혼을 통하여 아키텐 전역이 프랑스 왕에서 잉글랜드 왕의 손으로 넘어갔고, 이는 훗날 백 년 전쟁의 불씨가 되었다.

십자군에게 위협적이었던 튀르크의 세력이 약해지자 아이유브 왕조의 살라딘Salāh ad-Dīn이 이집트의 파티마 왕조를 멸망시킴으로써 이집트는 정통 이슬람교로 돌아섰다. 살라딘은 이슬람 세력을 통합하여 십자군을 공략하기 시작하였다.

시리아의 다마스쿠스를 점령한 살라딘은 예루살렘 왕국으로 향하였다. 하틴 전투(1187)에서 예루살렘 왕국의 병력은 거의 전멸하였다. 예루살렘의 왕 기 드 루지냥을 비롯한 모든 십자군 지휘자들이 9일간의 전투에서 포로로 잡혔다. 죽임을 당한 사람은 성지 순례자들을 살상하지 않는다는 협약을 깨고 살상을 일삼았던 케라크와 샤티옹 뿐이었다. 구호 기사단과 성전 기사단들도 이슬람교로의 개종을 거부하였다는 이유에서 230여명이 죽임을 당하였다.

하틴 전투의 패배는 십자군에 커다란 충격을 주었기 때문에 살라딘은 단기간에 예루살렘 주변 도시들을 쉽게 점령할 수 있었다. 같은 해 10월2일 20일간의 치열한 전투 끝에 발리앙과 살라딘이 몸값을 지불하는 대가로 예루살렘의 그리스도인들이 귀향할 수 있도록 협정을 하였다. 이로써 살라딘은 손쉽게 예루살렘과 팔레스타인 그리고 시리아 내륙 지역을 점령하였다. 예루살렘이 십자군에게 함락된 지 88년 만에 이슬람에게 재탈환된 것이다.

예루살렘의 십자군들은 병력 부족뿐만 아니라 물자 공급이 제대로 되지 않아서 많은 어려움을 겪었다. 만성적인 병력 부족을 극복할 수 있었던 것은 성전 기사단과 구호 기사단들이라는 특수 부대가 현지의 성채를 최대한 잘 활용하였기 때문이다. 여기에 십자군에게 필요한 물자를 해상으로 수송하였던 베네치아, 제노바, 피사의 해군력이 사라센들에게 커다란 부담으로 작용하였다. 이들은 종교와 정치를 떠나서 이슬람 지역의 영주들과도 지속적으로 무역 교류를 해왔고, 또한 때에 따라서 십자군을 도와 전투에 임하였기 때문이었다.

제3차 십자군(1189~1192)

하틴 전투에서의 십자군 참패 소식을 접한 교황 그레고리우스 8세는 예루살렘 재탈환을 위한 십자군 결성을 호소하였다. 잉글랜드 왕 헨리 2세와 프랑스의 필리프 2세, 신성로마제국의 황제 프리드리히 1세를 중심으로 제3차 십자군이 조직되었다. 왕들의 십자군으로 유명한 원정대였지만 헨리 2세와 필리프 2세는 자국의 내부 문제로 출발이 지연되어서 프리드리히 1세가 먼저 출전하였다. 그는 발칸 반도와 소아시아를 가로지르는 육로를 선택하였다. 살라딘은 프리드리히의 공격에 위협을 느끼고 이에 대비하기 위한 만반의 준비를 갖추었다. 하지만 프리드리히는 무거운 갑옷을 입은 채 강을 건너다 낙마하여 물에 빠져 익사하였다.

헨리 2세의 뒤를 이은 리처드 1세가 십자군에 참가하였지만 잉글랜드와 프랑스는 여전히 대립하고 있었다. 게다가 십자군 내부에서도 리처드와 필리프 세력으로 갈려 암투를 벌이고 있었다. 처음 예루살렘에 도착할 때에는 필리프가 십자군을 이끌었지만 리처드가 도착하면서 필리프의 입지가 매우 약해졌다. 이는 왕들의 자존심 문제였다. 권력다툼에서 불리해진 필리프는 더 이상 예루살렘 왕국에 자신이 얻을 수 있는 이익이 없다고 생각하였다. 게다가 풍토병까지 걸리자 마음이 약해진 필리프는 퇴각을 결정하였다. 오히려 고향으로 빨리 돌아가서 유럽의 세력을 확장하기로 계획을 바꾸었다. 프랑스로 돌아간 필리프는 리처드의 동생 존을 사주하여 반란을 획책하였고 리처드가 귀환했을 때 곤경에 빠지게 한다.

이렇게 하여 왕들의 십자군은 사실상 리처드의 십자군이 되고 말았다. 예루살렘을 탈환하리라는 의지를 불태우던 때와 달리 예루살렘을 코앞에 둔 상황에서 리처드의 생각이 완전히 바뀌었다. 어차피 예루살렘을 점령해봤자 얼마가지 못하고 다시 이슬람의 손에 넘어가게 될 것이라고 판단한 리처드는 살라딘과 휴전협정을 제의하였다. 리처드는 휴전의 조건으로 예루살렘 성지순례의 허용과 안전을 보장받았다. 하지만 살라딘은 예루살렘 순례를 제한하고 있지 않았으므로 사실상 의미가 없는 것이었다. 살라딘은 그 조건을 받아들였고 예루살렘 탈환에 성공하지 못하였으나 나름대로 성과를 올린 리처드는 유럽으로 되돌아갔다.

필리프 2세와 동생 존의 음모를 전해들은 리처드는 신분을 위장하고 육로를 통해 잉글랜드로 향하였다. 하지만 1192년 12월 빈에서 오스트리아 공작에게 사로잡혀 유폐 당하는 신세가 되었다. 하인리히 공작으로부터 필리프에게 넘기겠다는 협박에 굴복하여 그가 제시한 조건을 모두 받아들여 15만 마르크라는 막대한 몸값을 지불하고 풀려났다. 리처드는 석방된 후 잉글랜드로 돌아와 존을 굴복시키고 왕권을 회복하였다. 그러나 채 1개월도 지나지 않아 그는 다시 캔터베리 대주교에게 대리청정을 맡긴 다음 필리프 2세와의 전쟁을 위해 프랑스로 떠났다. 이처럼 리처드 왕은 생애의 대부분을 전쟁터에서 보냈다. 그 용맹함으로 인해 사자심왕이라는 별명을 얻으며 중세 기사문학에서 전형적인 영웅의 모습으로 묘사된다.

제4차 십자군(1202~1204)

교황 인노켄티우스 3세의 요청에 따라 결성된 제4차 십자군은 예루살렘이 아닌 이슬람의 본거지 이집트 공략을 목표로 하였다. 그러나 이들은 타고 갈 함선의 비용이 부족하였기 때문에 운송료를 지불하기 위하여 베네치아 상인들의 요구로 헝가리 왕국을 공략하였다. 같은 기독교 국가를 공격하였기 때문에 베네치아 공국은 로마교황청으로부터 파문당하였다.

십자군 전쟁이 진행되는 동안 동로마는 황제 계승문제로 분열되어 있었다. 1203년 제4차 십자군은 엉뚱하게 동로마의 수도 콘스탄티노플을 포위하여 공격하였다. 동로마의 입장에서는 전혀 의외의 상대에게 습격을 당한 셈이었다. 제4차 십자군이 동로마를 공격한 것은 지중해의 상업분쟁에 그 원인이 있었다. 제1차 십자군 당시 십자군을 수송한 것은 베네치아 상인들이었다. 동로마황제 콤네우스는 보상차원에서 그들에게 동로마와의 교역에 많은 특권을 부여하였다. 그러나 얼마 후 이에 경계심을 품은 콤네우스는 피사와 제노바 상인들에게 베네치아 상인들과 비슷한 특권을 주어 견제하였다. 이는 그동안 동로마와의 교역을 거의 독점하였던 베네치아 상인들의 불만이 야기되었다. 당시 지중해를 장악하고 있던 베네치아 상인들이 십자군을 인수하기로 되어 있었기 때문에 십자군은 베네치아 상인들의 부탁을 거절할 수 없었다. 베네치아 상인들은 좋은 결과가 나올 경우 보상할 것을 약속하였다. 또한 동로마를 공략할 경우에 더욱 많은 전리품을 얻을 수 있다는 매력이 있었다. 그래서 베네치아 상인들은 십자군을 사주하여 동로마를 공격하였다. 결국 제4차 십자군은 종교적 열망보다는 경제적 실익을 추구하였던 베네치아 상인들의 요구에 따라 같은 기독교 국가를 공격하였던 것이다.

제4차 십자군은 콘스탄티노플을 함락하고 마음껏 약탈하였고, 그 피해는 동방 정교회라고해서 예외가 아니었다. 창녀를 아야소피아 대성당의 대주교 좌석에 앉히는 등 신성모독도 서슴지 않았다. 비록 로마교회가 아니라고 하지만 그런 행동은 십자군의 행동이라고 믿기지 않는 것들이었다. 결국 제4차 십자군은 가장 치욕스런 십자군이란 오명을 얻었다.

제4차 십자군에 의해 점령된 동로마의 수도 콘스탄티노플에는 플랑드르 백작 보두앵이 새 황제가 되어 라틴제국(1204~1261)을 건국하였다. 라틴제국은 정치 종교적으로 많은 문제점을 야기하였기 때문에 서로마가톨릭의 승인을 받지 못할 것으로 보였지만 교황은 현실과 타협하였다. 교황은 예루살렘이 아닌 콘스탄티노플로 향한 것에 대한 불만을 표시하였지만 오히려 라틴제국을 기꺼이 받아들였다. 비록 콘스탄티노플 점령과정에서 신성모독과 3일간의 무차별적 약탈이 자행되었지만 이미 과거지사에 불과하였다. 교황이 원하던 동-서 교회의 통합까지는 아니더라도 서로마교회의 영역이 동로마 지역까지 확장되었기 때문에 어느 정도 자신의 목적이 달성된 것이라고 여겼다.

라틴 제국이 직접 통치한 지역은 콘스탄티노플을 비롯한 일부 지역이었고 이들에 의해 쫓긴 동로마의 왕족들은 제국 주변에 망명 정부를 수립하였다. 하지만 이들도 1453년 오스만 튀르크의 공격을 받고 역사 뒤안길로 사라졌다. 동방 정교회의 아야소피아 성당에 네 개의 첨탑이 증축되었고 이를 포함한 많은 성당과 수도원들이 이슬람교의 모스크로 개조되었다. 콘스탄티노플은 천여 년의 역사를 뒤로 하고 이스탄불로 개칭되었다.

소년 십자군(1212)

프랑스와 신성로마제국에서 신의 계시를 받았다는 소년들에 의하여 십자군이 결성되었다. 수많은 어린 아이들이 무력 대신 사랑으로 성지를 탈환하겠다고 나선 것이었다. 첫 번째 소년 십자군의 주창자는 프랑스의 양치기 소년 에티엔이었다. 그는 환상 속에서 그리스도가 순례자의 모습으로 나타나 프랑스 왕에게 전할 편지를 받았다고 주장했다. 그가 편지를 전하러 가는 길에 수백 명의 추종자들이 몰렸고 그 중의 일부는 성지로 가기로 했다. 약 3만 명이 마르세유로 갔으나 거기서 악명 높은 상인들에게 붙잡혀 북아프리카의 노예시장으로 팔려갔다.

두 번째 소년 십자군의 주창자는 신성로마제국의 니콜라우스였다. 그는 독일의 라인란트 지역에서 십자군을 일으켜 약 2만 명의 어린이들을 모았다. 알프스 산맥을 넘어 이탈리아로 들어간 그들은 몇 갈래로 나뉘어 일부는 롬바르디아의 여러 도시로 흩어지고, 다른 일부는 계속 행진해 제노바로 갔으나 지중해를 건너지 못했다. 그 후 일부는 로마로 갔는데 교황 인노켄티우스 3세가 그들을 동정하여 십자군 서약에서 풀어주었다. 이들 가운데 많은 어린이들이 첫 번째 소년 십자군들과 마찬가지로 동방에서 노예로 팔렸다. 비록 소년 십자군이 비극으로 끝났으나 이로써 불붙은 종교적 열정으로 제5차 십자군으로 이어졌다.

제5차 십자군(1218~1221)

헝가리 왕이 주창한 제5차 십자군 원정은 이슬람의 본거지였던 이집트 아이유브 왕조를 정복하여 예루살렘을 수복하고자 했던 사건이었다. 교황 인노켄티우스 3세와 후임 호노리우스 3세는 십자군을 조직하여 헝가리 왕 앤드류 2세와 오스트리아의 공작 레오폴트 6세에게 지휘를 맡겼다. 그 후 몇몇 주변국들이 가세하였지만 이교도 카타리파派와 전쟁 중이던 프랑스 기사들의 참가는 미미했다. 인노켄티우스 3세는 제4차 십자군과 같은 실수를 방지하기 위해 십자군을 교황 자신이 직접 이끌기 원하였다. 그는 원정에 필요한 선박을 확보하기 위하여 사라센과의 교역을 금지하고 이탈리아 남동부의 브린디시에 십자군들을 소집하였다. 원정에 참가하는 모든 십자군들에게는 면죄부가 발급되었고 참전하지 않고 군비만 조달한 이들에게도 같은 혜택이 약속되었다.

십자군이 이집트의 다미에타를 점거하였지만 역병이 돌면서 많은 병력을 잃었다. 술탄 알 카밀al-Kamel은 교황 호노리우스 3세와 평화조약을 맺고자 하였다. 그는 다미에타의 전략적 가치를 고려하여 십자군에게 예루살렘과 다미에타의 교환을 제의하였지만 거부당하였다. 평화조약이 무산되었다는 소식을 들은 십자군의 일부는 원정을 중단하고 유럽으로 되돌아갔다. 현지에 남은 십자군은 카이로를 향해 남하하였으나 나일 강江이 범람하자 강을 먼저 건넌 군대와 건너지 못한 군대로 양분되었고 보급물자까지 바닥나면서 후퇴하였다. 오히려 알 카밀의 야습으로 막대한 피해를 입은 십자군이 항복하였고, 그는 십자군과 평화조약을 맺었다. 제5차 십자군의 실패로 교황에 대한 반감이 높아지면서 많은 시인들은 교황과 성직자들의 어리석음을 조롱하며 노래하였다.

제6차 십자군(1228~1229)

제6차 십자군은 제1차 십자군 원정에 이어 두 번째로 예루살렘을 차지할 수 있었다. 그 주인공은 야욕과 광기에 어린 십자군 원정 속에서도 평화를 사랑한 시칠리아의 왕 프리드리히Friedrich 2세였다. 프리드리히는 나폴리와 시칠리아 왕국을 중심으로 지중해 제국의 건설을 꿈꾸며 궁정에는 동방의 문화와 예술로 르네상스를 꽃피웠다. 또한 연금술에도 관심이 많아 과학과 미술을 보호 장려하였고 진귀한 짐승을 모아 놓은 동물원도 만들었다. 당시 시칠리아는 이슬람 세력권에 놓인 적이 있었기 때문에 그리스인과 아랍인들이 많이 머물렀다. 그 자신도 8개 국어를 구사했다고 한다. 시칠리아 교회는 이슬람의 모스크를 연상시켰으며 교회의 창문엔 이슬람 성직자들과 이슬람 상징인 낙타가 그려졌다. 더욱이 무력으로 성지를 탈환하려는 교황과 교회에 반항하였던 그는 반反기독교인으로 간주되기도 하였다.

프리드리히는 3세의 어린 나이에 나폴리와 시칠리아 왕위에 올랐고 약관의 나이에 신성로마제국의 황제가 되었다. 그는 기독교 세계의 군주임에도 불구하고 이슬람 문화에 관심이 많았기 때문에 자신의 팔레르모 궁정에는 이슬람 학자들도 모여들었다. 이를 통하여 그는 이교 문화를 이해하는 보기 드문 중세에 자유사상가였다. 알 카밀의 사신들이 시칠리아에 와서 이슬람 문화를 이해하고 사라센을 이교도로 보지 않는 그를 보고 깜짝 놀랐다. 이를 계기로 프리드리히와 알 카밀은 아랍어로 된 서신을 오랫동안 주고받으며 서로를 이해하고 존중하였다.

로마교황청의 이해관계에 휘말려 신성로마제국의 황제 자리에 오른 프리드리히 2세는 황제 즉위식에서 십자군 원정을 서약할 수밖에 없었다. 여러 번의 원정재촉에 따라 그는 알 카밀의 아이유브 왕조를 공격하기 위해 출전하였지만 군함 내에서 장티푸스에 걸려 도중에 원정을 포기하고 돌아올 수밖에 없었다. 고향에서 그를 기다리고 있는 것은 교황 그레고리우스 9세의 파문이었다. 파문을 당한 그는 전쟁을 막기 위해 소수의 군사들을 이끌고 예루살렘으로 향하였고, 그곳에서 알 카밀을 만나 예루살렘을 넘겨 달라고 요구하였다. 이는 십자군 전쟁이 확산되지 않는 유일한 방법이며 또한 자신의 어려운 처지를 도와달라고 설득하였다. 알 카밀은 겉으로는 그의 말에 난색을 표하였지만 무작정 거부할 수도 없는 상황이었다. 당시 이집트의 아이유브 왕조가 다미에타를 상실함으로써 예루

살렘 방어에 적극적일 수 없다는 약점을 안고 있었기 때문이었다. 무엇보다도 아이유브 왕조는 살라딘의 전성기에 비하여 세력이 매우 약해져 있었기 때문에 이집트를 방어하기에 급급했다. 아랍어를 구사할 줄 알았던 프리드리히는 이러한 이슬람 내부사정을 이용하여 교묘한 외교정책을 펴서 피를 흘리지 않고 9가지의 평화조약을 기반으로 평화협정의 결실을 맺었다.

이 조약의 주요 내용은 우선 예루살렘을 프리드리히 2세에게 넘겨주되 이슬람의 성지인 성전 산山은 넘겨주지 않는다는 조건이었다. 그리고 기독교인이라 할지라도 이슬람교를 존중하는 사람에 한에서만 성전 산山의 방문을 허용한다. 프리드리히는 알 카밀과 적대적 관계의 군대에게는 식량과 군사를 지원하지 않는다. 만약 십자군이 이 조약을 어기고 성전 산山을 공격할 경우 프리드리히는 알 카밀의 편에 서서 십자군에 대항해 싸운다는 내용이었다.

이 조약의 근본에는 프리드리히의 평화주의와 반배타주의가 숨어 있었다. 당시 이 사건은 거의 기적에 가까웠다. 오랫동안 예루살렘을 놓고 반목과 대립을 거듭하던 기독교와 이슬람교가 평화협정을 맺고 예루살렘의 성지를 서로 나눈 것이다. 이렇게 하여 프리드리히는 신성로마제국의 황제와 예루살렘 왕으로 등극한 것이었다. 그러나 프리드리히가 본국으로 돌아왔을 때 이번에도 그를 기다리고 있던 것은 교황의 파문이었다. 교황은 사라센과 협정을 맺은 것은 악마와 손을 잡은 사악한 행동이라고 단언하였다. 프리드리히 2세는 교황의 사면을 받지 못한 채 시칠리아에서 아랍어가 쓰인 수의를 입고 눈을 감았다.

제7, 8차 십자군(1248~49, 1270)

1244년 예루살렘이 정복되면서 2천여 명의 기독교인들이 학살되었다. 오랫동안 십자군 원정을 준비한 프랑스 왕 루이 9세가 제7차 십자군을 결성하였지만 그 활동은 미미하였다. 이듬해에 이집트의 항구도시 다미에타를 공격한 것이 가장 큰 군사행동이었다고 볼 수 있다. 그마저도 아이유브 왕조의 살라딘 2세가 이끄는 이집트의 완강한 저항에 부딪혀 실패하였고, 그 자신도 포로가 되어 막대한 배상금을 지불하고 석방되었다. 루이는 1254년까지 이집트에 머물면서 몽골과의 동맹을 모색했지만 이 역시도 실패하였다.

1270년 시칠리아 왕이자 동생 샤를이 형 루이 9세를 따라 제8차 십자군에 출병하여 이집트를 공격하였다. 그러나 루이는 튀니스에서 병사하였고, 샤를은 잉글랜드의 에드워드 1세와 함께 전투를 계속했으나 별다른 전과를 올리지 못했다. 한편 맘루크 왕조가 트리폴리를 차지하고 팔레스타인에 마지막 남은 십자군 지역 아크레마저 점령당하면서 십자군 원정은 사실상 막을 내렸다.

역사적 의의

십자군 원정은 내외적인 문제로 인하여 실패하였다. 내적으로는 십자군의 와해와 그로 야기된 내부 분쟁이었다. 십자군은 상호 또는 내부에서 국가 간의 대립, 영토와 경제적 이익 등을 둘러싼 분쟁이 끊이지 않았다. 심지어는 베네치아 상인들의 농간으로 기독교 국가인 헝가리를 공격하였다. 무지와 광신, 편협성을 버리지 못한 십자군의 잦은 횡포는 당시 기독교 성지였던 동로마 사람들마저 등을 돌리게 하는 결과를 가져왔다. 동로마에서 십자군들이 벌인 동방 정교회 교인들의 학살과 약탈 그리고 아야소피아 성당에서의 파괴행위는 동방 정교회와 로마가톨릭 간의 대립을 고조시켰다. 결국 거창하게 시작되었던 십자군 원정은 처음과는 달리 초라한 종말을 고하고 말았다.

외적으로는 이슬람 세계의 결집이었다. 초창기 십자군의 승리는 당시 이슬람 세계가 정치적으로 분열되어 있었기 때문에 가능하였

다. 그러나 살라딘과 같은 지도자가 등장하면서 이슬람은 세력이 결집되어 십자군에 반격하였고 그들과의 대결에서 승리를 얻었다. 당시 살라딘은 예루살렘에 거주하는 기독교인들에게 관용을 보였기 때문에 이슬람교는 대중들의 지지를 받았다. 심지어 그는 유럽 상인들의 농간으로 소년 십자군들이 노예로 팔리자 이들의 몸값을 지불하고 고향으로 돌려보내기도 하였다.

십자군이 성지탈환에 실패하자 사람들의 종교적 열정이 점차 식어갔고 교황의 권위도 흔들렸다. 절대적 권력을 가졌던 교황권이 약해졌다는 것은 곧 기독교와 봉건사회의 유대관계가 허물어지기 시작했다는 것을 의미한다. 또한 십자군에서 주된 역할을 하며 가장 많이 희생되었던 영주와 기사계급이 몰락하면서 봉건사회가 붕괴되는 결과를 초래하였다. 동로마가 무너진 후 유럽의 동질성을 부여하였던 종교적 통합마저 약화되고 각 나라의 왕권이 강화되어 각개약진의 길로 나섰다. 바야흐로 중세는 해체의 조짐을 보이기 시작하면서 지방분권적 체제가 중앙집권제로 이어지는 계기가 되었다.

비록 십자군은 사라센의 수중에 떨어진 성지를 탈환하는 데는 성공하지 못했지만 원정과정을 통하여 이슬람의 문화와 예술이 유럽에 전해지는 계기가 되었다. 문화적으로 뒤떨어져 있던 유럽인들은 선진 지역이었던 이슬람 세계나 동로마제국과의 접촉이 늘어남으로써 그들에게서 많은 영향과 자극을 받았다.

동방무역을 통한 도시와 상공업의 발달은 화폐경제를 발달시킴으로써 자급자족적이었던 장원경제를 무너뜨리는 요인이 되었다. 특히 이탈리아의 도시국가들이 십자군 원정을 통해서 정치 경제적으로 가장 많은 혜택을 보았다. 이탈리아의 해양 도시들은 십자군에게 무기와 식료품 등을 납품하는 조건으로 여러 도시들에 위치한 주요 무역거점들을 장악할 수 있었다. 특히 베네치아, 제노바, 피사는 무역 기지로서 동방과의 무역을 독점하여 유럽 시장에 철과 모피 등 동방의 진귀한 물품들을 공급하였다. 이들이 획득한 부는 당시 이탈리아의 지역경제에 크게 기여하여 상공업을 크게 발달시켰고, 훗날 르네상스 시대가 열리는 계기가 되었다.

신흥 시민계급도 상공업 활동에 유리한 통일 국가의 출현을 원하였다. 이와 같은 경향은 예부터 왕권이 강했던 잉글랜드와의 백년 전쟁으로 말미암아 영주나 기사의 세력이 약화되었던 프랑스에서 현저하게 나타났다. 또한 십자군 원정을 통하여 기독교와 이교도 간의 종교적 갈등이 증폭되었고 이는 유대인 대학살의 단초가 되기도 하였다.

제5장

궁정과 교회

01
궁정기사

중세는 정치 경제적 차원에서의 봉건제도와 사회 문화적 차원에서의 기독교 사상으로 특징지을 수 있다. 여기에 뿌리를 둔 것이 궁정기사문학이다. 기사문학은 12세기 프랑스 문학의 전성기를 중심으로 그 이전의 중세 라틴 문학과 그 이후의 속어 문학으로 구분된다. 라틴어는 주로 성직자들의 전유물로서 일반 대중들에게는 거의 보급되지 않았다. 라틴 문학의 내용도 독창적인 것이 극히 드물고 대부분 기독교를 바탕으로 금욕적이며 현세 부정적 경향이 강했다.

속어 문학이 라틴 문학을 대신하여 활발하게 되는데, 이는 십자군 원정을 통하여 기사 이야기를 주제로 한 무훈시나 서사시가 나타나면서 시작되었다. 중세 문학을 살펴보면 성지회복을 위한 십자군 원정이 유럽 사회에 프랑스의 풍습과 정신문화를 침투시키는 결과를 가져왔다. 기사들은 그때까지 지식을 독점하고 있던 사제들과 대등한 지위를 확보하면서 기사문학이 발전하는 토대가 되었다. 따라서 궁정기사문학은 신성로마제국의 기사문학을 통하여 게르만 영웅의 모습과 기독교 사상이 일치된 것이었다. 여기에 등장하는 기사들은 기독교 사상을 가진 게르만적 영웅주의 모습으로 여인에 대한 사랑을 노래하였다. 프랑스 남부에서는 기사들이 귀부인을 찬미하고 관능적이며 신비한 사랑을 노래하는 음유시인으로 등장하였다. 프랑스 궁정기사문학의 영향으로 호엔슈타우펜 왕조의 기사문학이 왕성해졌고 궁정풍의 서정시가 나타난 것이었다. 이들의 노래에 로맨스가 더해져 중세의 대표적 형태인 궁정기사문학으로 나타났다. 기사들의 사랑에 대한 관념은 크레티엥 드 트루아Troyes에 의해 프랑스 북부와 잉글랜드의 궁정으로 전달되어 윤리성과 사회성이 부여되면서 〈아서 왕〉과 같은 작품으로 이어졌다.

기사도를 아름다운 삶의 개념으로 승화시킨 것은 기사도가 지닌 윤리가 아니라 사랑이었다. 바로 사랑이라는 이 요소가 기사들의 삶에 열정을 불어넣었다. 사랑은 두 가지로 구분되었다. 하나는 '높은 사랑', 즉 귀부인을 흠모하고 존경하는 사랑이었다. 이것은 마리아 숭배사상이 세속화된 것이라고 볼 수 있다. 이런 높은 사랑은 정신적 사랑으로서 종교적 특성을 가지며, 반면에 육체를 탐닉하는 '낮은 사랑'과는 대조를 이루었다.

어느 시대나 이상적으로 여겨지는 생활이 있다. 기사문학을 보면, 그 당시에는 기사들의 생활과 그들의 사랑이 문학에 초점을 맞추고 있었다. 그래서 역사 속에 묻혀 사라질 수도 있었던 기사들의 이야기가 비현실적일 정도로 아름답게 묘사되었다. 따라서 궁정기사문학은 전투력과 공적을 묘사한 무훈시나 영웅에 관련된 서사시와는 분명히 구분되었다. 기사문학은 라틴 문학을 모방한 설화로부터 그

양식을 빌렸고, 서사시로부터 여행과 무용담의 내용을 이어 받았다. 또한 서정시로부터는 연애의 소재를 받았고, 이는 궁정생활을 바탕으로 상위계층을 대상으로 한 귀족 성격의 문학작품으로 승화되었다.

02
기사문학

〈아서 왕King Arthur〉

아서 왕 전설은 본래 어느 특정 지역의 이야기가 아니라 켈트 언어권의 여러 민족에서 전승되어 온 영웅전설이다. 이 이야기는 많은 작가들에 의해서 집필되었고, 시간이 흐르면서 그 내용의 소재가 점차 확대되었다. 중세 잉글랜드의 주교이자 연대기 작가였던 몬머스의 제프리Geoffrey가 〈브리튼 왕 열전(1136)〉을 라틴어로 집필하면서 그 이야기가 전달되기 시작하였다. 그 후 아서 왕은 기독교 신앙을 지키기 위해 죽을 각오로 싸웠던 기독교의 순교자 그리고 점차 이상적인 기독교 군주로 그려졌다. 여기에 원탁이라는 소재가 덧붙여져 당시 봉건제도에서의 황제와 기사의 관계가 추가되었다. 그리고 기사 랜슬롯과 아서 왕의 부인 귀네비어의 불륜, 그리스도가 최후의 만찬 때 사용되었다고 전해지는 이른바 성배를 찾아나서는 성배 기사들의 모험담이 덧붙여졌다. 마지막으로 잉글랜드 군인이자 작가였던 토머스 맬러리Malory의 〈아서 왕의 죽음(1470)〉은 영어로 쓰인 최초의 산문으로 아서 왕과 원탁의 기사들의 성공과 몰락을 그렸다. 이 이야기는 원탁의 기사들의 모험담을 아서 왕의 출생부터 연대순으로 서술하였다. 이 작품은 프랑스의 로맨스에 바탕을 두었다. 하지만 랜슬롯과 귀네비어의 불륜으로 분열이 일어나 마침내 우정이 깨진다는 것보다는 기사들의 형제애를 강조한 점에서 프랑스의 로맨스와 다르다. 따라서 이는 처음부터 끝까지 강조된 기사도 정신과 기독교 사상이 융화되어 유럽의 독특한 정신문화를 형성하는데 크게 공헌했다.

왕을 상징하는 아서의 보검은 북유럽 신화에 그 원형을 두고 있다. 전승에 따르면, 아서가 바위에서 뽑은 칼은 칼리번이었다. 본래는 칼리번과 엑스칼리버는 같은 검으로 단지 이름이 다르다고도 한다. 호수의 여인에게 받았다는 엑스칼리버 전승이 혼합된 경우에는 칼리번과 구분된다. 이 두 개의 검 이야기는 여러 작가들의 이야기가 하나의 이야기 속에 담기는 과정에서 일어난 것이다.

칼리번은 웨일즈어로는 칼라드불흐이고, 아일랜드어로는 칼라드볼그로서 단단한calad과 번개(bolg)라는 단어가 직역된 명칭이다. 북유럽 신화집 〈에다〉와 아이슬란드 산문 〈뵐숭 사가〉에 의하면, 오딘의 자손이자 뵐숭의 아들 지그문트가 영광과 파멸을 상징하는 그람이라는 검을 소유하였다. 칼리번이 바위에 꽂힌 검이었던 것처럼, 그람은 뵐숭의 저택을 둘러싼 나무에 꽂힌 선정의 검이었다. 그람은 〈니벨룽의 노래〉에서는 발뭉, 오페라 〈니벨룽의 반지〉에서는 노퉁으로 나타난다. 지그문트의 아들이자 게르만 신화의 최고 영웅 지크프리트는 이 보검을 이용하여 동굴 속의 거대한 용 파프니르를 제거한다.

궁정기사문학의 꽃은 용맹하고 충성스럽게 묘사되었던 원탁의 기사들일 것이다. 아서 왕의 기사들은 원탁에 자신들의 자리를 가지고 있다. 원탁은 집단 안에서 한 사람 한 사람이 모두 평등하다는 것을 나타내는 상징물이다. 원칙적으로 원탁을 빛내는 것은 왕권이지만 아서 왕 본인은 아니다. 켈트 전통 안에서 기사 없는 왕은 그 존재의 의미가 없었다. 그는 기사 중에서 선택된 자에 지나지 않았다. 왕은 동등한 자들의 우두머리지만 그가 전투에 직접 참여하는 경우는 아주 드물었다. 모욕을 당하더라도 휘하의 기사가 모욕을 되갚아주고, 모험이 있다면 기사가 가서 모험을 겪고 돌아와 왕에게 사건의 전말을 고한다. 이는 마치 집단공동체주의를 옹호하는 것 같기도 하다. 겉으로 보기에 아서 왕의 세계는 견고한 토대위에 지어진 것처럼 보였다.

원탁의 연속성은 또한 왕의 권위를 빛내주는 상징이다. 원탁은 가장 용맹스러운 기사들을 불러 모으고 그들에게 완벽한 형제애 안에서 절대적인 연대의식을 요구하지만 기사들은 자유로우며 독립적이었다. 이렇게 구성된 집단은 성취해야 할 목표와 이념에 의해서만 그 존속이 가능하였다. 당연히 그 배후에는 성배의 신비한 비밀을 발견한다는 전제가 있다. 하지만 이 집단은 상호간의 경쟁, 음모, 질투, 환상에 의해 끊임없이 좌절을 거듭한다. 따라서 성배원정이 끝나면 이 집단은 금방 붕괴되어 버린다. 이런 연유로 랜슬롯이 원탁에서 빠져나갔을 때 원탁은 분열되기 시작한다. 랜슬롯은 세상에서 제일가는 기사였기 때문에 그는 아서 왕이 그의 세계를 유지하는데 반드시 필요한 기사였다. 그럼에도 불구하고 사적인 사랑으로 인해 왕과 기사 랜슬롯 사이에 깊은 불화가 싹트고 만다. 결국 랜슬롯의 이기주의 때문에 원탁의 분열이 왕국의 분열로 이어지고 그 분열은 파국으로 치닫고 결국 멸망의 길을 걷는다.

전설 속에서 멀린은 악마의 아들이라 불릴 정도로 뛰어난 마법사였다. 잉글랜드의 팬드래건 왕은 멀린의 도움으로 콘월 공작의 아내 이그레인 왕비와 사랑을 나눈다. 불륜의 대가로 갓 태어난 아서를 데리고 간 멀린은 아서의 정체를 숨긴 채 그를 충실한 기사 헥터에게 맡겼다. 아서는 자신의 출신을 모른 채 헥터의 양아들로 성장하다 명검 칼리번을 뽑아 왕이 된다. 아서 왕은 멀린의 조언에 따라 기사들을 모집하고 분열된 왕국을 하나로 통일하고, 원탁의 기사들은 왕국의 질서와 평화를 위해 여러 모험에 뛰어든다. 대표적인 원탁의 기사들을 살펴보면, 호수의 여인 비비안(= 호수의 수면에 나타난 손) 곁에서 자란 아서 왕의 부인 귀네비어, 그녀와 사랑에 빠진 호수의 기사 랜슬롯, 아서 왕의 조카이자 태양의 기사 가웨인, 성배를 찾아 낸 웨일즈인 퍼시발, 랜슬롯의 아들 갈라하드, 아서 왕의 엑스칼리버를 호수로 돌려보내는 거플렛, 늪의 기사 헥토르 등 100여명이 넘는 기사들이 아서 왕에게 영광을 바쳤다.

원탁의 기사들에 관한 많은 모험들 가운데서도 가장 중심이 되는 모험은 성배를 찾는 것이다. 성배는 세상의 모든 부정을 정화하는 성물이며 성배의 수호자인 어부 왕이 맡고 있다. 원탁의 기사 여럿이 성배를 찾아 나서지만 성공한 기사는 갈라하드와 퍼시발 그리고 보호트 뿐이었다. 성배를 찾아 나섬으로써 모험은 끝나지만, 아서 왕은 랜슬롯과 귀네비어의 관계를 알고 그와 전쟁을 준비한다. 하지만 아서 왕과 그의 이복누이 모르간 르페이와의 사생아이자 원탁의 기사였던 모드레드가 반역을 저질렀다는 소식을 뒤늦게 접한다. 마지막에는 아서 왕은 솔즈베리 평원에서 모드레드와 싸워 그를 죽이지만 자신도 역시 깊은 상처를 입고 만다. 아서는 기사 베디비어에게 지시하여 호수의 부인 비비안에게 엑스칼리버를 돌려주고 사망한다. 그의 유체는 호수의 요정들에게 이끌려 아발론으로 떠나 영생을 얻었다고 전해진다. 또한 아직도 죽지 않은 채 깊은 동굴 속에서 수면을 취하고 있다고 한다. 잉글랜드가 위기에 처하는 날, 아서 왕이 다시 깨어나서 자신들을 구해주리라고 믿고 있다.

〈니벨룽의 노래Nibelungenlied〉

게르만족의 대이동 시대에 전승되다 중고지 독일어로 쓰인 궁정

서사시이다. 가장 오래된 사본은 1220년경 쓰인 것으로 추정되며 저자는 불분명하지만 오스트리아 궁정에 있던 기사가 게르만 영웅전설을 집대성한 것으로 알려졌다. 그 내용은 437년 훈족이 라인 지역에서 부르군트 왕국을 멸망시켰던 역사적 사실과 훈족의 왕 아틸라가 잠자리에서 갑자기 각혈을 하고 게르만 계통의 왕비 곁에서 급사한 사실에 근거를 두었다. 여기에 전설이 가미된 이 작품은 아주 수준 높은 기사문학으로 평가되고 있다.

이야기의 줄거리는 제1부 〈지크프리트의 죽음〉과 제2부 〈크림힐트의 복수〉로 되어 있다. 전편에서는 지크프리트가 결혼에 성공하고 암살당하기까지 그의 화려한 무용담이 다뤄지면서 여기에 귀족들의 화려한 생활상이 자주 묘사되고 있다. 후편에서는 지크프리트의 죽음을 잊지 않고 재혼을 통해 막강한 권력을 획득하여 남편의 죽음에 처절한 복수를 가하는 크림힐트의 정절이 주제가 되고 있다. 말하자면 〈니벨룽의 노래〉는 등장인물들로 하여금 중세 사회를 지배한 기사도 정신에 입각한 충의와 정절을 묘사하고 있다.

제1부 : 지크프리트의 죽음

크잔텐(= 네덜란드) 왕 지크프리트는 니벨룽이란 난장이족을 정복하고 진기한 보물을 얻는다. 지크프리트는 동굴 속의 용 파프니에를 처치하면서 그의 피를 전신에 뒤집어쓰고 불사신이 되었다. 용의 피가 그의 살갗을 난공불락의 철갑으로 변질시켜 그 어떤 무기도 뚫지 못하게 만든 것이었다. 그러나 용의 피를 뒤집어 쓸 무렵 나뭇잎 하나가 그의 등에 떨어져 용의 피가 묻지 않은 유일한 부분이자 유일한 약점이 되었다.

부르군트의 왕 군터의 누이동생 크림힐트는 훗날 자기 남편이 될 기사를 여의는 꿈을 꾸었다. 크림힐트가 미인이라는 소문을 들은 지크프리트는 그녀에게 청혼하기 위해 보름스의 성으로 간다. 지크프리트는 작센의 왕 뤼데거와 덴마크의 왕 뤼데가스트를 상대로 벌인 전투에서 승리하여 군터의 신임을 얻는다. 아이슬란드의 여왕 브룬힐트에게 구혼하고 싶었던 군터는 그녀와 결혼할 수 있도록 도와준다면 자신의 여동생과의 결혼을 허락한다고 하였다. 왜냐하면 브룬힐트는 무예를 겨루어 자신을 이기는 남자가 아니면 결혼하지 않겠다고 하여 자신이 없었기 때문이었다. 지크프리트는 니벨룽의 보물을 이용하여 투명인간이 되어 몸을 숨기고 군터를 도와 브룬힐트를 이기게 함으로써 두 쌍의 부부가 탄생하였다.

그 후 지크프리트 부부는 10년 만에 다시 보름스를 방문했고, 브룬힐트와 크림힐트는 남편 자랑으로 서로 다투게 되었다. 말다툼의 과정에서 브룬힐트와 군터 왕의 결혼에 지크프리트가 관여했다는 비밀이 폭로되었고 지크프리트는 브룬힐트의 원한을 산다. 그녀는 복수하기 위해 남편의 부하인 하겐을 자기편으로 끌어들인다. 하겐 역시 평소에 지크프리트가 자기보다 강자라는 것에 질투심을 품고 있던 터라 자기 주인에 대한 의무라는 구실로 그녀의 편이 되겠다고 약속한다. 하겐은 치욕을 안겨준 지크프리트에게 앙갚음할 결심을 하고 군터 왕을 설득한다. 하겐은 훈족이 다시 공격해왔다고 거짓을 알렸고 지크프리트는 다시 그를 돕겠다고 나선다. 크림힐트는 하겐에게 남편의 신체 전부가 다 불사신이 아니니 남편을 보호해줄 것을 당부하였다. 이때 하겐은 지크프리트의 몸에서 단 한 군데에만 상처를 입힐 수 있다는 것을 크림힐트로부터 알아냈다. 그는 간계를 꾸며 지크프리트를 암살하고 그가 지녔던 니벨룽의 보물들도 차지하여 라인 강江 속에 숨겨 놓았다.

제2부 : 크림힐트의 복수

지크프리트의 장례식 때 남편을 죽인 자가 누군지 알게 된 크림힐트는 복수를 다짐하였다. 이때 훈족의 왕 에첼이 크림힐트에게 청혼하자 그녀는 복수를 위해 에첼의 청혼을 받아들인다. 그로부터 13년이라는 세월이 흐르고 크림힐트는 때가 되었다고 여기며 보름스의 친정 오빠들과 친척들을 초대한다. 권터를 비롯한 많은 부하들이 그 초대에 응하고 에첼의 궁으로 먼 여행길에 오른다. 에첼 궁에 도착하기까지 많은 사람들이 크림힐트의 분노에 대해 경고하였다. 권터 일행이 에첼 궁에 도착하자 크림힐드는 이들을 살해할 음모를 꾸미지만 하겐과 음유시인 폴커에게 발각되어 실패로 돌아간다. 다음날 크림힐트는 복수 계획을 위해 에첼 왕의 아우이자 헝가리의 군주 블뢰델을 포섭한다. 그는 천여 명의 병사들을 데리고 식사 중이던 부르군트족의 종자들을 습격하여 서로 많은 피해를 입는다. 기습소식을 들은 하겐은 에첼 왕과 크림힐트의 아들을 살해한다. 이로써 부르군트족과 훈족의 일대 살육전이 벌어진다. 부르군트족은 남은 훈족들을 모두 살해한 뒤 커다란 창고 안에 보루를 쌓고 방어전에 들어간다. 크림힐트가 창고에 불을 놓아 공격하자 결국 건터 왕과 하겐이 항복하고 포박당하여 크림힐트에게 넘겨진다. 크림힐트는 하겐에게 보물을 내놓으라고 요구하지만 하겐은 살아있는 한 보물이 있는 곳을 발설하지 않겠다고 거부한다. 이에 크림힐트는 자신의 오빠 건터 왕의 목을 벤다. 그 모습을 본 하겐은 끝내 보물이 있는 장소를 가르쳐주지 않겠다며 크림힐트를 조롱하였고 화가 난 그녀는 지크프리트의 검으로 하겐의 목을 직접 내리친다. 하지만 그녀 자신도 늙은 영웅 힐데브란트의 칼에 목숨을 잃고 만다.

〈로엔그린Lohengrin〉

성배는 기독교와 연관된 보물로 일반적으로 그리스도가 최후의 만찬에서 사용되었던 잔을 말한다. 성배는 영원한 젊음, 무한한 양식과 포도주를 제공한다는 전설이 있다. 이는 원래 프랑스에서 유래했지만 독일 중세 문학의 대표 서사시인 중 한 사람인 에센바흐의 〈파르치팔〉에서 상세히 다뤄지면서 유명해졌다. 여기서 성배기사는 궁정과 기독교의 이상을 결합시킨 기사정신을 토대로 삼고 선택되지 않은 사람이 성배에 접근을 막는 임무를 띠었다. 성배의 진정한 의미는 수행을 통해 얻을 수 있고, 일단 얻은 다음에는 경건한 마음과 정결한 태도로써 지켜 나가야 할 종교적 미덕을 상징하는 것이다.

성배기사 로엔그린은 빛의 세계, 성배의 세계에서 온 인물이다. 지상 세계와는 다른 곳에서 왔기 때문에 그 누구도 그에게 출신지와 이름을 물어서는 안 된다. 이 금지사항이 위반되면 그는 떠나온 곳으로 돌아갈 수밖에 없는 운명이다.

〈로엔그린〉의 배경은 10세기 신성로마제국. 주변국들과 싸울 병력을 모으기 위해 제국 전역을 돌고 있던 하인리히 왕이 브라반트 지역에 도착한다. 텔라문트의 영주 프리드리히는 브라반트를 차지하려는 속셈으로 죽은 브라반트 영주의 딸 엘자를 왕이 심문하는 어전재판소에 기소한다. 엘자가 실종된 그녀의 남동생 고트프리트를 숲으로 유인하여 살해했다는 누명을 씌운 것이다. 물증도 증인도 없는 상황에서 결국 결투로 옳고 그름을 가리게 되어 있으나 프리드리히의 용맹을 아는 사람들은 감히 엘자를 위해 싸울 엄두를 내지 못한다. 엘자가 깊은 절망에 사로잡혀 신께 기도를 드리고 있을 때, 그녀가 예전에 매의 발에서 풀어내 항상 몸에 지니고 있던 황금종이 울리기 시작한다. 이 종소리가 성배의 성까지 울려 퍼지고 그곳에서 파르치팔의 아들인 로엔그린이 엘자를 위한 기사로 파견되어 백조 한 마리가 끄는 배를 타고 바다를 건너온다. 경이로워하는 사람들 앞에서 그는 자신이 엘자를 위해 싸울 것이며 만약 자신이 이긴다면 엘자가 그 보답으로 자신의 이름이나 신분을 묻는 일 없이 신부가 되어 달라고 요구한다.

이미 지난밤의 꿈에서 기사의 아름다운 모습을 본 이후, 온통 그에게만 관심이 쏠려 있었던 엘자는 이제 실제로 자기 눈앞에 나타난 기사의 제안을 받아들인다. 5일 후, 그는 안트베르펜에 도착하여 화려한 영접을 받는다. 하인리히 왕은 결투날짜에 맞춰 마인츠로 찾아온다. 이 결투에서 로엔그린은 별 어려움 없이 프리드리히를 물리친다. 결투에 진 처벌로 추방형을 받은 프리드리히는 자신이 거짓말을 했음을 고백한다.

하인리히는 엘자를 구한 기사의 무용담에 탄복하며 곧 엘자의 남편이 될 그가 브라반트의 새 영주를 맡아 자신과 함께 주변국 정벌에 나갈 것을 제안한다. 그러자 기사는 영주 직위를 바라지 않으며 그저 브라반트와 엘자의 수호자이자 영도자로 만족한다며 사양한다. 하지만 하인리히는 기사에게 그가 말한 대로 칭호를 부여하고 선봉에 서서 브라반트 군대를 지휘할 것을 명령한다. 브라반트의 일부 귀족들은 정체불명의 인물이 자신들을 데리고 전쟁터에 나간다는 사실에 불안감과 의구심을 품는다. 이때 추방자 신세였던 프리드리히가 나타나 그들에게 기사의 정체가 사실은 마술사일지도 모르며 자신과 함께 그 정체를 밝히자고 선동을 한다. 귀족들은 그의 말에 동조하였다. 백조 기사와의 결혼을 위해 교회로 향하는 엘자와 그녀를 둘러싼 하객들의 행렬이 등장한다. 이때 갑자기 프리드리히의 부인 오르투드가 뛰쳐나오면서 엘자에게 다시 한 번 백조 기사의 정체를 주의하라고 외치며 소란을 피운다. 이때 가세한 프리드리히로부터 정체를 밝힐 것을 추궁당하는 백조 기사는 오로지 단 한사람 엘자 만이 자신에게 그런 질문을 할 수 있다며 그녀를 바라본다. 갈등하던 엘자는 결국 다시 한 번 백조 기사를 믿기로 한다. 엘자는 자신이 사랑하는 기사와 결혼하였다. 그녀는 결혼식에 앞서 절대로 그의 출신을 묻지 않겠다고 약속해야만 했다. 그녀가 그 질문을 하면 그는 그녀 곁을 떠나야만 했기 때문이다.

결혼식이 치러진 날 밤, 신방에든 백조 기사와 엘자는 정담을 나누며 신혼부부의 기쁨을 만끽한다. 그런데 엘자는 결국 백조 기사의 정체에 대한 궁금증과 의구심을 이기지 못하고 그에게 넌지시 정체를 밝혀줄 것을 바란다는 의향을 보인다. 이를 눈치 챈 백조 기사는 엘자에게 제발 그러지 말아달라고 애원하지만 그럴수록 엘자의 궁금함은 더욱더 심해지면서 결국 엘자는 금단의 질문을 내뱉고 만다. 백조 기사가 그 질문을 듣고 탄식하는 순간, 숨어있던 프리드리히와 그 일당들이 일제히 달려 나와 백조 기사를 공격한다. 백조 기사는 프리드리히를 단칼에 죽이고 씁쓸한 기분으로 신방을 떠나며 내일 아침 왕의 앞에서 자신의 정체에 대해 듣게 될 것이라고 말한다. 다음 날 아침, 하인리히 왕이 모아놓은 기사와 병사들 앞에서 백조 기사 자신은 브라반트 군대를 이끌고 싸울 수 없다고 말한다. 경악하는 사람들 앞에서 백조 기사는 엘자가 금단의 질문을 했기 때문에 그는 자신의 정체를 밝힐 수밖에 없고 그로 인해 이곳을 곧 떠나야 한다고 밝힌다. 이어서 백조 기사는 자신이 머나 먼 몬살바트 성에서 성배를 수호하는 위대한 왕 파르지팔의 아들 로엔그린이며, 자신은 성배의 기사로서 세상을 돌아다니며 신의 가호를 입은 위대한 힘으로 정의를 수호하기 위해 싸우는 임무를 지니고 있다고 고백한다. 그러나 자신의 정체가 밝혀지는 순간 그 위대한 힘이 사라지기 때문에 이제 몬살바트로 돌아갈 수밖에 없다고 이야기한다. 이 말을 듣고 엘자는 비통에 빠진다. 로엔그린 역시 신부와 헤어져야만 한다는 사실에 슬퍼하며 호숫가에서 다시 백조가 이끄는 배를 부른다. 로엔그린이 배를 타고 떠나가는 순간, 오르투드가 나타나서 로엔그린이 탄 배를 끄는 백조가 사실은 그녀가 마술로 둔갑시킨 브라반트의 정통 후계자 고트프리트라는 것을 폭로하며 그가 이제 더 이상 사람으로 돌아올 수 없게 되었다고 기뻐한다. 그때 로엔그린이 배 위에서 기도를 올리고 그 기도가 끝나자마자 백조가 고트프리트의 모습으로 되돌아온다. 그러나 엘자는 사랑하는 남편이 자신의 경망스런 의심 때문에 떠나야만 한다는 사실에 비통에 빠진다.

〈롤랑Roland의 노래〉

1100년경에 쓰인 최초의 프랑스 무훈 서사시이며 저자는 작품의 마지막 행에 이름이 나오는 노르망디의 시인 튀롤로 추정된다. 이 이야기는 778년 샤를마뉴 대제가 이슬람 세력과 전투하고 퇴각하던 중 피레네 산속 롱스포 고개에서 바스크Basque 인들의 기습으로 궁정 기사 롤랑을 비롯하여 12명의 기사들이 사망하였던 역사적 사실에 근거를 두고 있다. 흥미로운 점은 그 내용이 그 소재를 이루는 역사적 사건에 있는 것이 아니라 작가의 예술적 구성에 따라 후위군대가 당한 습격이 기독교 국가 전체의 운명이 걸린 중요한 전투로 변형되었다는 것이다. 따라서 이 이야기는 이슬람에 대한 기독교의 봉건적 가치를 구현하는 십자군 운동의 정신을 미화하는 영웅 서사시이다.

유럽에서는 동로마의 황제와 서로마의 교황이 서로 힘을 맞대고 대치 중이었다. 이때 프랑크 왕국의 샤를마뉴가 교황을 도우면서 교황의 권위가 강해진 시기였다. 샤를마뉴는 이교도인 작센족이 라인 강江 하류 지역을 공격한 앙갚음으로 오늘날의 니더작센 지역과 베스트팔렌 지역을 공격하고 여러 차례의 원정 끝에 작센의 귀족들이 그에게 충성을 서약하였다. 이 무렵 북이탈리아 주변의 이민족들이 공공연히 로마를 위협하자 샤를마뉴가 이들을 모두 정복하여 물리쳤다. 서로마교황은 이러한 샤를마뉴의 공덕에 보답하기 위해 서로마제국의 황제관을 그에게 하사한다. 브르타뉴 원정 때 활약했던 롤랑도 이 시기의 사람이었다.

샤를마뉴 군대는 사라센 정벌을 위하여 스페인으로 진격하였다. 대부분의 성과 요새를 차지하였지만 사라도바와 코르도바 성은 아직 얻지 못하였을 때였다. 사라고사 성주 마르시스는 프랑크족들이 쳐들어오자 안절부절 못한다. 그때 브랑칸드랑 장군이 거짓항복을 한 후 나중에 배반하자는 제안을 하였고 마르시스와 그의 가신들 모두 찬성한다. 그리하여 브랑칸드랑이 올리브 나뭇가지를 들고 샤를마뉴 진지로 찾아가 항복한다. 샤를마뉴 대제와 장군들은 항복 선언을 받아들여야 할지 고민하였다. 가장 용맹스러운 장군 롤랑은 마르시스 왕이 같은 수법으로 자신들을 배반한 적이 있다며 믿어서는 안 된다고 말한다. 그러나 롤랑의 양부養父 가늘롱은 애초부터 롤랑을 미워하고 있었기 때문에 그의 의견에 반박하고 나선다. 양부를 존경하던 롤랑은 가늘롱의 의견을 받아들여 항복 선언을 전할 사신으로 가늘롱을 추천한다. 가늘롱은 롤랑에 대한 증오심을 품고 있었기 때문에 그가 사신으로 가서 죽기를 바랐다. 브랑칸드랑과 함께 성을 향해 가던 가늘롱은 브랑칸드랑의 계략에 휘말려 롤랑에 대한 증오심을 표출한다. 성에 도착하자 브랑칸드랑은 마르시스에게 그 사실을 귀띔하였다. 그들은 함께 모여 롤랑과 그의 친구이자 용감한 장군 올리비에를 공격할 작전을 짰다. 진영으로 되돌아온 가늘롱은 시치미를 떼고 마르시스의 항복 선언이 사실이라며 샤를마뉴 대제에게 이를 받아들이고 고국으로 돌아갈 것을 재촉한다. 또한 귀국길에 공격해 올지 모르는 적들을 방어하자는 가늘롱의 의견에 따라 롤랑을 위시한 12명의 장군과 2만 명의 병사들을 롱스포 고개에 두고 떠난다.

남겨진 롤랑의 군대에 10만 명의 마르시스 군대가 덮쳐왔다. 원군을 요청하기 위해 뿔피리를 불자는 올리비에의 청을 거절한 롤랑은 용감하게 적들과 맞서 싸운다. 계속된 전투에 전사자가 속출하여 약 60여명의 병사들만이 남았다. 롤랑은 올리비에의 말을 듣지 않은 것을 뉘우치며 지원군을 요청한다. 되돌아가던 군대가 그 소리를 들었지만 가늘롱이 롤랑의 군대에는 아무 일도 없을 것이라며 샤를마뉴 대제를 설득한다. 가늘롱이 반역자라는 것을 뒤늦게 깨달은 샤를마뉴 대제는 가늘롱을 결박하고 군대를 되돌리라고 명한다. 그러나 그들이 너무 멀리 왔기 때문에 그들이 도착하기 전에 롤랑의 군대는 모두 전멸하고 만다.

샤를마뉴 대제는 크게 진노하여 마르시스의 군대를 뒤쫓았고, 밤이 되어가는 걸 걱정하며 해가 지지 않게 해달라고 빌었다. 천사가 그의 소원을 들어주어 마르시스의 남은 군대를 전멸시킬 수 있었다. 전투가 끝날 무렵 마르시스의 지원군이 다시 공격하였으나 샤를마뉴는 가볍게 승리를 거둘 수 있었다. 하지만 샤를마뉴는 승리의 기쁨보다 롤랑과 기사들을 잃은 슬픔이 더 컸기 때문에 정성들여 장례를 지내주고는 슬픔에 잠긴 채 파리로 되돌아온다. 샤를마뉴 군대가 승리를 거두고 무사히 되돌아왔다는 소식을 들은 올리비에의 동생이자 롤랑의 약혼녀였던 오드는 기뻐했다. 하지만 이내 올리비에와 롤랑의 전사소식을 듣고는 비통함을 이기지 못하고 그녀도 따라 죽는다. 배반자인 가늘롱은 사형에 처해졌고 샤를마뉴의 꿈에 가브리엘 천사가 나타나 그에게 새로운 십자군 전쟁을 명령한다.

〈트리스탄과 이졸데〉

아서 왕이나 성배 기사 이야기와 함께 중세 유럽의 서사문학 중 가장 흔히 가공된 이야기 중의 하나이다. 이 작품은 중세 유럽의 최고 연애소설로서 켈트인의 전설을 소재로 한 〈트리스탄과 이졸데〉는 강렬한 사랑과 죽음의 아름다움 때문에 유럽 전역으로 보급되어 연애소설의 전형이 되었다. 이 이야기는 원래 중세 프랑스의 음유시인들과 중세 독일의 연애가들이었던 민네쟁어들에게 구전되다가 12세기 중엽 프랑스에서 최초의 필사본이 생겨났다.

루누아의 왕자 트리스탄은 태어나기 전에 아버지를 잃는다. 이 소식을 들은 그의 어머니는 슬픔에 잠긴 채 트리스탄을 낳는다. 어머니는 그가 슬픔을 가지고 이 세상에 태어났다하여 슬픔이라는 의미를 지닌 트리스탄이란 이름을 지어준다. 고아가 된 트리스탄은 신분을 감추고 남작 고르브날에게서 맡겨졌다. 훌륭하게 자란 트리스탄은 삼촌 콘월의 왕 마르케를 만난다. 얼마 후 마르케는 아일랜드의 공주 이졸데와의 결혼을 준비한다. 이때 기사 트리스탄은 왕의 사자로서 이졸데를 콘월로 데려오라는 명을 받는다. 돌아오는 길에 초조함에 침착하지 못한 이졸데를 시녀 브랑게네가 마음을 풀어 주었다. 한편 트리스탄은 이졸데에게 냉담한 태도를 취하며 하인 크루베날에게 폭언을 하였다. 이에 브랑게네가 분개하자 그녀를 달래기 위하여 이졸데는 자신의 옛날이야기를 들려준다.

일찍이 트리스탄은 이졸데의 사촌 오빠이며 약혼자이기도 했던 모롤드와 다투다가 그를 죽였다. 그때 트리스탄도 상처를 입는다. 그는 탄트리스라는 가명으로 비밀 치료법을 알고 있던 이졸데를 찾아간다. 그의 정체를 간파한 이졸데는 그를 죽이려 하였으나 그의 눈빛에 매료되어 모든 것을 감춘 채 상처를 치료해 준 일이 있었다. 그때 그 남자가 바로 눈앞에 있는 트리스탄이고 그를 저주하고 있지만 그를 죽이지 못하는 자신을 원망하고 있다고 했다.

그들이 탄 배가 항구에 점점 가까워지자 마음이 상한 이졸데는 브랑게네에게 어머니와 헤어질 때 준비해 둔 독약을 술잔에 타라고 명령한다. 그러나 시녀는 독약 대신에 사랑의 묘약을 쏟아 넣었다. 이졸데와 말다툼을 하던 트리스탄이 죽어서 모든 고통으로부터 해방되겠다며 그 술잔을 기울이자 이졸데도 그것을 빼앗아 마신다. 두 사람은 죽기는커녕 오히려 깊은 사랑에 빠져 격렬한 포옹을 한다.

이졸데는 마르케의 왕비가 된 후에도 왕의 눈을 피해 성 안의 정원에서 가끔 트리스탄과 밀회를 즐긴다. 하녀 브랑게네는 왕의 부하 메로트가 두 사람의 관계를 알아차린 것 같다고 주의를 주지만 이졸데는 그녀의 말에 귀를 기울이지 않는다. 두 사람이 깊은 사랑에 빠져있던 어느 날, 트리스탄의 종자 크루베날이 위급함을 알리려 달려왔다. 그러나 사냥을 나갔다던 마르케 왕이 메로트의 안내로 그들 앞에 돌연 모습을 나타낸다. 그러나 이미 죽음을 각오한 트리스탄이 이졸데에게 이별의 키스를 하자 메로트가 검을 뽑아들고 그에게 휘두른다. 트리스탄이 칼날에 맞아 크루베날의 팔에 쓰러지자 이졸데도 그의 가슴 위에 몸을 던진다.

중상을 입어 빈사 상태에 빠진 트리스탄은 콘월을 떠나 브르타뉴

에서 상처를 치료하고 있었다. 트리스탄이 깊은 잠에서 깨어나자 크루베날은 이 성에 오기까지의 경과를 설명하고 이졸데를 이곳으로 불렀다는 사실도 전한다. 트리스탄은 크루베날에게 해상을 지켜보라고 하고 이졸데의 배가 이제나 올까 저제나 올까 기다린다. 크루베날도 주인이 살아있는 동안에 이졸데가 와주기를 고대하고 있었다. 이윽고 달려온 이졸데의 품에 안긴 트리스탄은 힘을 잃고 목숨이 끊어진다. 이졸데도 탄식의 노래를 하며 절망한 나머지 실신한다. 그때 또 한 척의 배가 도착하여 마르케 왕과 그의 부하가 내린다. 달려온 메로트를 추격자라고 생각한 크루베날은 그를 쳐서 쓰러뜨리고 크루베날도 상처를 입는다. 그러나 사실은 브랑게네로 부터 사랑의 묘약에 관한 이야기를 들은 왕이 트리스탄과 이졸데 두 사람을 용서하고 그들의 사랑을 인정해 주려고 온 것이다. 가까스로 의식을 되찾은 이졸데는 브랑게네의 팔에 안기면서 조용히 사랑의 죽음을 노래하며 정화된 것처럼 숨이 끊긴다. 왕은 깊은 슬픔에 잠겨 두 사람의 명복을 빈다.

03
건축과 미술

중세를 암흑시대라 규정하고 로마의 영광을 되살리기 위하여 자신들을 로마의 부흥이란 이름으로 시작된 르네상스는 실상 겉으로만 화려하고 실속이 없는 것이었다. 그리고 그들이 부활시킨 것은 정작 로마의 문화가 아니라 기독교 이전의 그리스 문화였다. 그중에서도 그리스 신화와 기독교를 바탕으로 건축과 회화에 접목시킨 것이었다.

고대 그리스 양식

그리스 건축양식은 기원전 1100년부터 로마제국에 의해 정복된 기원전 30년까지 유럽문화의 근원인 헬레니즘 문화를 배경으로 하였다. 고대 그리스에서 전개된 건축양식은 로마의 건축과 함께 고전주의 건축의 전형적인 양식이었다. 그리스 신전들은 집단적 숭배나 권력을 과시하기 위해 계획된 것이 아니라 제물을 바치거나 종교의식을 거행하는 성스러운 장소였다. 그러나 온화한 기후 때문에 그리스인들은 건물 밖에서 모든 제례의식을 거행하였다. 따라서 신전의 내부보다는 외부의 건축양식에 치중하였다. 반면에 로마인들은 외부보다는 내부의 장식에 보다 많은 관심을 기울였다. 그리스의 3대 건축양식은 도리아 양식, 이오니아 양식, 코린트 양식으로 구분된다.

도리아 또는 도리스 양식은 건축양식 중에서 가장 오래된 것으로 주로 도리아인들이 살았던 펠로폰네소스 반도에서 시작되어 그리스 본토와 이탈리아 남부, 시칠리아까지 전파되었다. 그 특징은 기둥이 굵고 주춧돌이 없으며, 주두柱頭는 얕고 둥근 사발 모양을 한 주관柱冠과 사각형의 판관板冠으로 되어 있다. 기둥에는 16-20개의 세로 홈이 새겨져 있고, 윗부분과 아랫부분이 점차 가늘어지는 엔타시스, 즉 배

흘림 기법이 도입되었다. 간소하고 무거운 양식은 우아한 이오니아 양식에 비해 그리스적 특징을 잘 나타내고 있다. 도리스 양식의 가장 오래된 건축물은 올림피아의 제우스 신전과 헤라 신전, 코린토스의 아폴론 신전, 아테네의 파르테논 신전 등이 있다.

이오니아 양식은 기원전 7세기 초부터 소아시아의 에게 해 연안에 거주하던 이오니아인들 사이에서 발달하여 아테네를 비롯하여 그리스 전역에 전파되었다. 도리스 양식이 간소하고 중후한 남성적 양식이라고 한다면, 이오니아 양식은 오리엔트 세계의 영향을 받아서 여성적인 우아함과 경쾌함이 그 특징이다. 이를테면 대접받침 장식에 전아한 소용돌이 모양을 받아들여 날씬한 기둥에는 주춧돌을 앉히고, 대들보를 부조, 즉 평면에 형상을 입체적으로 조각하여 도리스 양식과는 대조를 이룬다. 이오니아 양식은 부엉이 눈 또는 소용돌이 물결 모양의 주두가 특징이다.

코린트 양식은 기원전 4세기 도리스 양식의 건축물 내부에서 부분적으로 채택되면서 독자적인 양식이 되었다. 이 건축양식은 종려나뭇잎을 묶은 모양의 주두가 특징이다. 대표적인 건축물로는 로마의 판테온 신전이다. 판테온은 전부라는 의미를 갖는 'Pan'과 신이라는 'theon'의 합성어로 모든 신들을 모셔놓은 신전이다. 로마의 모든 신에게 봉헌하기 위하여 건축된 이 신전은 7세기부터는 기독교 사원이 되었고, 현재는 왕과 유명 인사들의 무덤으로도 이용되고 있다. 이 양식은 화려한 장식효과를 즐기던 로마인에 계승되어 다양한 문양의 콤포지트 양식으로 발전하였다.

고대 로마 양식

로마 양식은 기원전 753년부터 로마제국이 동로마와 서로마로 분리된 365년까지 이탈리아 반도뿐만 아니라 유럽, 북아프리카, 서아시아 등 로마의 식민지역까지 전파되었다. 정복지에 세워진 로마 양식의 건축물들은 군사전략을 위하여 측면과 배경이 폐쇄되고 정면이 강조되어 그 특성에 따라 같은 방향으로 건축되었다. 이 양식은 외관을 중심으로 한 그리스 양식에 로마 시민들을 위한 다양한 실용적인 요소가 첨가되었다. 자재의 특징으로는 콘크리트를 이용하여 구조나 시공기술, 규모면에서 조금 발전하였다. 로마 양식에서 가장 중요한 특징은 건축물을 공간창조의 예술로 인식했다는 점이다. 과거의 건축물을 모방한 면이 없지는 않으나 그들은 여러 가지 변형을 통해 독특한 다양성을 보여주었다. 또한 그 당시 자신들을 유럽의 최고 맹주라고 생각했던 로마인들은 그들의 정치 군사적 힘을 과시하기 위해 규모가 큰 공간 위주의 대규모 건축을 추구하였다. 그리스인들 보다는 실용적인 건축물들을 선호한 점은 콜로세움 같은 커다란 체육시설 또는 단순한 목욕탕 기능뿐만 아니라 다목적용 목욕탕과 같은 극장 건축물들에서 찾아볼 수 있다. 대표적인 건축물로는 콘스탄티누스 황제의 바실리카와 개선문, 칼리굴라 황제의 목욕탕, 하드리아누스 황제의 별장, 콜로세움 등이 있다. 콜로세움은 고대 그리스 신전건축 양식이었던 도리아 양식과 이오니아 양식 그리고 코린트 양식이 모두 어우러진 유일한 건축물이다.

중세는 암흑시대가 아니라 르네상스에 못지않은 찬란한 비잔틴 미술이 존재했고, 로마네스크와 고딕 양식이란 독자적인 미술 양식이 존재했다. 또 미술은 죽은 것이 아니라 삶 속으로 스며들어 모자이크나 건축 양식에서 재현되었다. 따라서 중세 교회건축은 초기 기독교의 바실리카 양식을 시작으로 비잔틴 양식과 로마네스크 양식을 거쳐 고딕 양식에 이르러 완성되었다.

바실리카Basilica 양식

바실리카라는 말은 고대 로마와 기독교 시대 이전 이탈리아의 시장, 관공서, 지붕이 덮인 야외극장, 강당 등 지붕이 있는 직사각형의 공공건축물을 가리키는 데 쓰였으나 점차 특정 형태를 지닌 건축물만을 일컫게 되었다. 밀라노 칙령이후 부터 9세기 사이에 나타난 바실리카 양식은 이탈리아 반도를 중심으로 유럽 전역에서 전개되었다. 이는 재료나 구조에 있어서 새로운 기술이 개발되지 못하여 로마 양식을 계승한 기둥과 보에 의한 구조, 기둥과 아치에 의한 아케

이드의 두 가지 방식이 지속적으로 사용되었다. 또한 바실리카 양식은 대부분의 건축 활동이 기독교에 집중되어 교회의 세례당에 적용되었기 때문에 교회 건축이외의 분야에서는 상대적으로 소외되어 부진한 상태였다.

중세 문화를 이해하는데 있어 가장 중요한 것은 기독교이다. 초기의 기독교는 로마제국에서 그저 미개한 종교 중의 하나로 간주되었고, 황제에게 예의를 표하지 않는다는 이유로 탄압의 대상이 되었다. 밀라노 칙령 이전에는 변변한 예배장소도 없었고 기독교 공인이후도 적지 않은 문제가 야기되었다. 교회가 국가 최고의 권력기관임을 증거하고 알릴 수 있는 장소가 필요하였다. 고대 그리스 신전의 내부는 신상을 모시는 작은 사당만 있었고 제례의식은 밖에서 거행되었기 때문에 고대 신전은 예배 장소로 적합하지 않았다. 초대 교회는 성직자가 제단 위에서 예배를 인도할 때 모여드는 교인들을 수용할 공간이 필요했다. 급속히 성장한 교세확장에 비해 교회재정이 빈약하였기 때문에 새로운 건물을 건축하기보다는 로마 시대의 공공건물이었던 바실리카를 교회로 전용하였다. 따라서 교회에서 요구되는 집회 공간, 제단, 사재석 등의 기능이 기존의 바실리카 양식에 도입되었다.

바실리카 건축물은 네이브, 아일 그리고 앱스로 구성된 직사각형의 건축물이었다. 네이브는 벽돌로 둘러싸인 사각형 형태의 긴 중앙복도를 말한다. 바실리카의 내부는 대리석과 수놓은 카펫 등으로 화려하게 장식되었다.

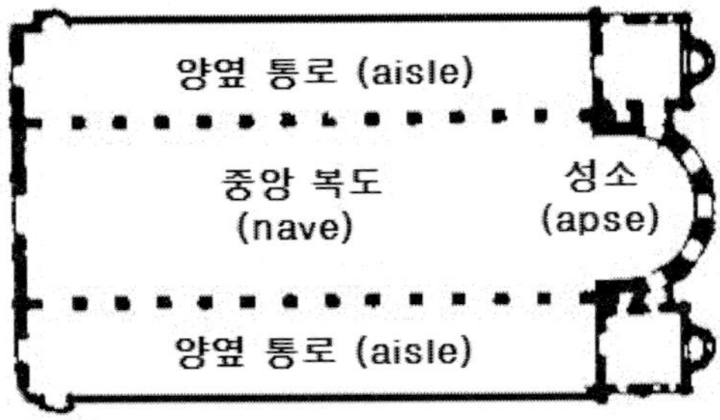

그리스 로마 미술은 인간 중심이었으나 중세의 미술은 기독교 중심이었다. 초기 기독교 미술은 그 중에서도 주로 이탈리아나 지중해 서쪽 지역의 미술을 지칭할 때 사용된다. 이 시기의 동유럽은 이른바 비잔틴 미술과 새로 유입된 게르만족의 투박한 미술이 유행하였다. 물론 동-서 유럽 미술의 경계가 명확한 것은 아니기 때문에 어느 정도의 중복은 불가피하였다.

교회건축의 기초가 된 바실리카 건축물을 어떻게 장식할 것인가가 중세 미술의 관심사였다. 중세 사람들 대다수가 글을 몰랐던 이 시기의 미술은 기독교 교리를 전달하고 교육하는 중요한 수단이었기 때문에 구성요소 하나하나가 심오한 종교적 의미를 지녔다. 중세의 미술가들은 아름다움보다는 얼마나 신의 뜻을 제대로 전달하는가의 문제에 골몰했다. 빛이야말로 신의 영광을 가장 잘 드러내는 것이라는 생각에서 이를 어떻게 표현할 것인가가 가장 중요한 문제로 부각되었다. 기독교는 사후에 영혼의 구원, 즉 내세에 중심을 두었기 때문에 실제 물체를 사실적으로 묘사하려는 경향은 점점 사라졌다. 따라서 중세의 미술은 추상적이고 기하학적인 특성을 띠었다.

이러한 배경에서 기독교 복음과 교리를 손으로 옮겨 적고 장식한 채색 필사본, 교회를 장식하는 제단화와 조각, 스테인드글라스 등이 대대적으로 제작되었다. 중세를 통틀어 교회는 학문과 예술 활동의 본거지이자 영감을 주는 장소로서 그 자체가 복잡하게 장식된 성경의 역할을 했다고 할 수 있다.

초기 기독교 미술은 우상 문제에 대해서 설왕설래하며 아주 조잡한 모습을 보여주었다. 형상의 우상화에 대한 우려는 동로마제국 황제와 당시의 우상화에 반대하여 잔인하게 처형된 기독교인들에 대한 모순에서 문제가 제기되었기 때문에 이들은 조심스럽게 접근할 수밖에 없었다. 또한 성상 사용에 대해 우상숭배라고 비판한 것도 한 원인이 되었다. 성상숭배 금지령(726)으로 야기되었던 성상에 관한 논쟁은 61년간이나 지속되었다. 성직자들은 성상에 대한 예배는 물론 그리스도나 성인들에 대한 모습을 입체적으로 제작하는 것을 금지시켰다. 초기 기독교 미술 중에서도 특히 회화의 경우 카타콤, 즉 지하묘지에서 찾아 볼 수 있다. 카타콤은 지하로 파내려간 동굴로 그 벽과 천장에 많은 벽화가 그려져 있다. 지하 동굴의 프레스코 벽화로 대표되는 카타콤 미술은 기독교 박해시대의 미술로 초기 기독교 미술을 상징적으로 보여준다. 이 벽화들은 주로 그리스도의 모습과 그의 일생을 담고 있다. 그리스도를 의미하는 양치기, 하늘의 연회, 불멸성을 상징하는 수탉, 영혼을 의미하는 비둘기 등이 종종 쓰였다. 구약성서에 나오는 요나의 이야기도 구원의 전형으로 그려지곤 하였다. 그리스도의 기적 장면들을 묘사하는 경향은 점차 일반화되었고 이 시기의 그리스도는 주로 수염이 없는 젊은이의 모습으로 나타나고 있다.

비잔틴Byzantine 양식

동로마제국의 문화는 서로마제국의 문화와는 달리 그리스 문화와 동방의 이슬람 문화와 접하면서 다른 성향을 띠었다. 서유럽 지역은 켈트족, 게르만족과 바이킹으로 불리는 북유럽인의 대이동으로 잦은 전쟁을 치러 문화적 기반이 취약하였다. 하지만 동로마제국은 1453년 오스만 튀르크에 의해 멸망할 때까지 문화의 중심지로서 역할을 하였다.

비잔틴 양식은 콘스탄티노플이 오스만 튀르크의 침입으로 함락될 때까지 동로마 지역에서 전개된 건축 양식으로 로마 건축에 동양적인 요소를 혼합하였다.

비잔틴 예술은 동서양의 건축양식이 혼합되어 궁전과 교회 건축에서 발전하였다. 따라서 교회 건축은 처음에는 이탈리아에서 발전한 바실리카 양식의 평면을 채용하였으나 점차 둥근 돔 지붕을 가진 집중형으로 바뀌면서 가장 큰 특징이 되었다. 돔은 그전에 로마 건축에서도 찾아볼 수 있었다. 그러나 비잔틴 양식에서는 원형과 평면에 국한된 모습에서 정사각형 위에 펜덴티브pendentive라는 삼각형 곡면부를 도입한 점에서 차이를 보였다.

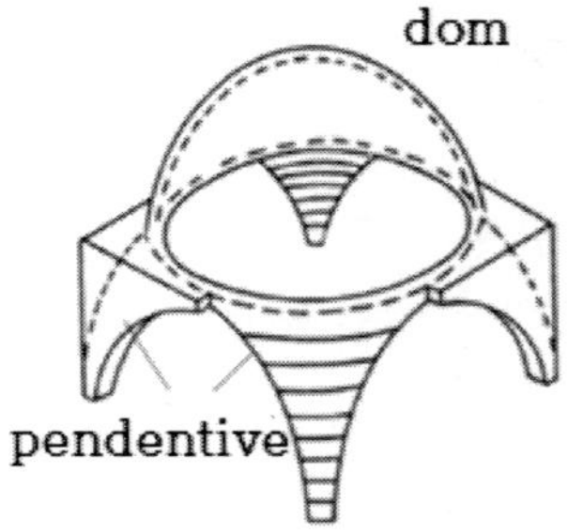

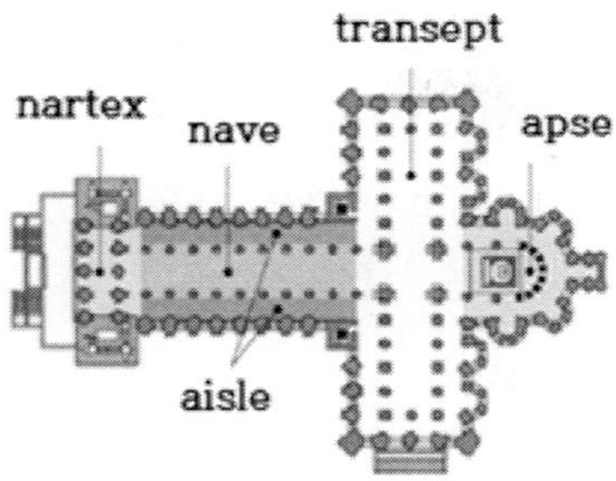

성직자들의 권위가 상승함에 따라 교회의 예배의식이 점차 복잡해지면서 새로운 공간이 필요하였다. 따라서 성소와 중앙복도사이를 가로지르는 익랑transept이 생기면서 십자가 모양의 평면도를 이루게 되었다. 대부분의 성당은 동서 방향으로 길게 놓이는데 동쪽 끝에 성소가 위치하고, 반대쪽은 출입구가 있는 현관홀nartex이 자리 잡았다. 십자형 평면은 중앙 집중적 형태로 동방 교회에서 강조하는 위계적 우주관과 일치하였다. 이러한 우주관은 건축 회화적 표현방식을 두루 융합하여 교회의 돔, 벽, 천장 등에 꾸며 놓은 프레스코나 모자이크와 같은 교회장식 체계에서도 뚜렷이 드러났다. 콘크리트나 벽돌 구조법은 로마의 기술을 물려받아 구성을 하였고 그 표면을 대리석으로 포장하는 방법을 썼다. 벽돌쌓기는 색을 달리하여 횡선을 만드는 비잔틴 양식을 창안하였다. 대표적인 건축물로는 세계 3대 건축물로 손꼽힐 만큼 뛰어난 아야소피아 성당을 들 수 있으며, 이는 비잔틴 양식의 진수를 보여주고 있다. 이 성당은 단 한 개의 기둥도 없이 지상 56m의 높이에서 직경 32m의 돔을 버틸 수 있게 만든 불가사의한 건축물이다. 베네치아의 성 마르코 대성당도 아야소피아 성당과 유사한 모습을 하고 있다.

1453년 콘스탄티노플이 함락되었을 때, 메메트 2세는 아야소피아 성당이 파괴되는 것을 막았다. 적지를 함락하면 3일간 약탈의 기회를 주는 관례에서 그는 이 성당을 제외시켰다. 메메트는 다 같은 하나님을 섬기는 성소를 파괴하지 말라는 엄명을 내리고는 이제부터 이곳은 성당이 아니라 모스크라 선언하였기 때문에 약탈로부터 방지하여 그대로 보존될 수가 있었다. 오스만제국은 모스크로 사용되던 아야소피아 성당을 박물관으로 개조하면서 벽 내부에 가려져 있는 기독교 유물들이 발견되었다. 이때 발굴된 모자이크와 그리스도 상, 천사 가브리엘의 프레스코 화畵는 그대로 보존되어 있었다.

비잔틴 미술은 이슬람과 그리스의 영향을 받아 매우 화려한 색채와 장식적인 특징을 지녔지만 기본적으로 기독교에 기초한 종교 미술이었다. 오늘날 동방 정교회라 불리는 기독교의 종파를 국교로 삼은 동로마제국은 황제가 정치와 종교의 수장을 겸했다. 매우 엄격하고 복잡한 교리의 동방 정교회는 미술에도 막강한 영향력을 주었다.

비잔틴 미술의 특징은 모자이크와 성상에서 잘 드러난다. 모자이크는 무늬나 회화를 구성하는 건축물에 접착제로 붙이는 돌, 유리, 조가비 등의 조그만 조각을 말한다. 그리스 로마 시대에는 마룻바닥이나 벽면 장식에 대리석 모자이크가 사용되었다. 이것을 회화로서 끌어올린 것이 비잔틴 미술이다. 비잔틴의 모자이크는 기법과 규모에서 매우 뛰어나서 주로 교회의 천장이나 벽, 제단의 벽을 장식하는데 사용되었다. 주제는 대부분 기독교적인 것으로 배경에 황금색을 사용하고 인물이나 건물의 표현에서는 다양한 색채를 써서 매우 화려하면서도 장엄한 느낌을 준다. 이러한 모자이크는 대부분 성경 또는 기독교에 나타난 장면들을 표현하는 것이 보통이었다. 경우에 따라서 교회 건축비용을 부담한 인물을 묘사하기도 했다. 이 경우에는 해당 인물이 바실리카의 조그마한 복제품을 바치는 모습으로 표현되었다.

모자이크는 입체감이나 미세한 뉘앙스까지 표현하기는 힘들지만 비잔틴 양식의 추상세계를 표현하는 데에는 적합하였다. 따라서 비잔틴 양식에서는 유약과 유리를 주로 하고, 조개와 금박 또는 은박을 적당히 섞어 사용하여 광선의 반사작용으로 신비로운 느낌과 함께 공간을 확대해주는 효과를 주었다. 그러나 모자이크는 값비싼 예술이었기 때문에 나중에는 프레스코 양식에게 자리를 양보해야 했다.

성상은 성서를 읽을 수 없는 이들을 위한 교리교육 수단으로서 여러 미술의 장르 가운데 가장 중요한 역할을 수행하였다. 비잔틴 미술에서 성상은 단순한 그림이 아니라 신비한 힘을 가졌다고 믿었다. 이 때문에 그리스도나 성인들을 그림이나 조각으로 묘사한 성상을 숭배하는 것이 우상숭배인가 아닌가하는 논쟁은 성상숭배 금지령이후에 로마제국 전역에 거쳐 성상파괴 폭동을 일으키기도 했다. 원칙적으로 우상숭배를 금지하는 기독교 교리는 동로마 지역에서 심각한 문제가 되었으나 점차 성상을 인정하였다.

로마네스크Romanesque 양식

로마는 천여 년 동안 유럽 역사의 중심이었다. 그러나 로마제국 시대에는 그 힘에 걸맞은 뚜렷한 예술양식이나 특징적인 로마의 문화를 찾아볼 수 없었다. 엄밀한 의미에서 콘스탄티노플에서 꽃을 피운 비잔틴 문화를 전통적 로마 문화의 범주 속으로 밀어 넣는 것은 아무래도 어색하다. 비잔틴 문화가 비록 동로마제국에서 시작되었지만 점차 오리엔트 토착문화와 그리스 문화가 융화된 독창적인 문화였기 때문이다. 사실상 서로마제국은 유럽 사회를 강력한 권력으로 지배했지만 유럽뿐만 아니라 페르시아와 헬레니즘 문화가 이미 뒤섞인 콘스탄티노플에 아무런 문화적 영향을 주지 못하였다. 이는 정말 불가사의한 일이었다. 그러나 로마 사회로 깊숙이 들어가 보면 그 같은 원인이 어디서 비롯되었는가를 짐작할 수 있다. 로마는 그리스를 정복하고 거대한 제국을 건설하였지만 문화와 문명에서는 오히려 그리스에 정복되고 말았던 것이다.

로마네스크라는 명칭은 이 건축양식이 로마 건축에서 파생하였다고 하여 프랑스어로 '로망'이라는 어휘에서 비롯되었다. 로마네스크 양식은 10-13세기 초까지 이탈리아를 중심으로 서유럽 전역에서 유행한 새로운 건축과 미술 양식을 말한다. 그러나 이 양식은 이탈리아, 스페인, 프랑스 그리고 프랑스 내에서도 지역마다 각기 다르게 나타났다. 노르만족이 잉글랜드를 정복하면서 노르망디의 로마네스크 양식이 널리 퍼진 잉글랜드에서는 노르만 양식이라고 한다. 이와 같은 지역적 특징이 있었지만 건축물의 외벽이 블라인드 아치

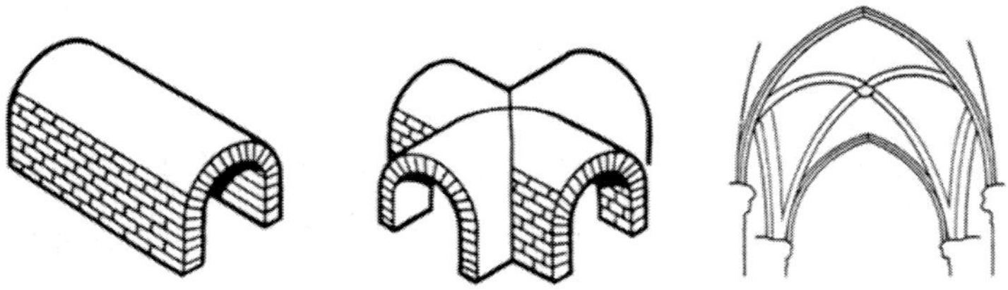

barrel vault　　groin vault　　rib vault

로 장식되었다는 점에서는 공통점을 지니고 있다. 로마네스크 건축 양식은 프랑스에서는 12세기 중엽까지, 다른 지역에서는 13세기까지 계속되다가 고딕 양식으로 이어졌다. 따라서 이 양식은 초기의 교회양식으로부터 고딕 양식에 이르기까지 과도기적인 교회 건축 양식이었다. 이 용어는 고딕과 마찬가지로 원래 건축에서 유래되었고, 11/2세기 유럽에 세워진 건물들이 두꺼운 벽과 아치가 있는 로마 건축과 닮았다는데서 나왔다.

초기 기독교 시대에 건축된 교회의 목조지붕들이 화재로 사라지자 석조지붕으로 대체되었다. 따라서 무거운 석조지붕을 지탱하기 위해 기둥과 벽은 두껍고 묵직하게 지어졌기 때문에 햇볕이 교회 안으로 제대로 들어올 수가 없다는 단점이 있었다. 그러나 로마네스크 양식의 교회는 매우 소박한 모습을 띠면서 안정감이 있고 문 주위와 내부는 조각으로 장식되었다.

로마네스크 건축도 바실리카 양식의 장축형 평면을 기본으로 하고, 재료에서는 거석보다는 운반이 용이한 단위 석재가 주로 사용되었다. 구조에서는 볼트와 아치가 조적되었다. 종전의 목조 지붕틀과 천장이 지닌 내구성과 방화에서의 취약점을 보완하기 위하여 석조로 된 그로인 볼트로 대치되었다. 그로인 볼트의 사용으로 종전의 공간적 불합리성이 극복되었을 뿐만 아니라 채광상의 문제점도 해결되었다.

로마네스크 건축물은 로마 건축물처럼 삼각형의 지붕과 아치의 창을 지닌 십자형으로 구성되었다. 로마네스크는 외관적으로 단순한 건축물이지만 종교적 위엄을 잘 표현하고 있다. 아치의 연속과 중첩에 의해 형태상의 통일과 내부의 기능적 형태가 그대로 외관에 명쾌하고 솔직하게 표현된 점이라 할 수 있다. 형식은 주로 초기 기독교 건축에서 볼 수 있는 바실리카 양식과 중앙집중식 배치에 있다. 피사의 성당, 클뤼니 수도원, 독일의 보름스 대성당과 마인츠 대성당이 대표적인 건축물이다.

서유럽 중세 미술이 기초를 이룰 수 있게 된 것은 프랑크 왕국의 샤를마뉴 덕분이었다. 그는 학문과 예술의 부흥을 꿈꿔 자신의 궁정에 서유럽과 비잔틴 지역 출신의 수많은 지식인들과 미술가들을 초청했다. 그래서 비잔틴 문화, 켈트족과 게르만족의 정신, 기독교가 어우러진 미술이 탄생할 수 있었다. 로마네스크 미술은 이탈리아의 롬바르드 지역과 프랑스에서 일어나 유럽 전역으로 퍼져서 지역마다 다양하게 발전하였다.

동로마제국에서 비잔틴 미술이 번성하고 있는 동안에 서유럽 지역은 정치 사회적으로 매우 혼란했기 때문에 문화적으로도 비잔티움에 뒤질 수밖에 없는 상황이었다. 더욱이 이슬람 세력의 확산, 잦은 전쟁과 기근 등으로 유럽 경제를 피폐하였다. 이러한 상황에서 교회의 가르침에 회의를 품고 반항하는 이들이 빈번하게 등장하였다. 이단으로 불리며 기존의 교회로부터 심한 박해를 받았던 이들이 내세웠던 것은 부의 재분배와 청빈이었다. 이단의 가르침이 민중들 사이에서 급속도로 공감을 얻자, 위기감을 느낀 교회는 무지한 민중들을 위협할만한 수단으로 종교재판을 이용해 이교도들을 심판하였다. 따라서 로마네스크 미술의 주제는 주로 최후의 심판, 요한 계시록 등 두려움과 죄의식을 자극하는 것들이었다.

로마네스크 미술의 특징은 궁정과 교회의 귀족적이며 사치스런 미술이 아닌 서민과 농촌의 수도원에서 나타난 서민성이다. 대리석이나 모자이크 등의 재료는 감히 사용할 수 없었고, 값싼 안료를 이용하여 채색하였다. 더욱이 건축물의 벽면이 두터워 프레스코 화畵가 주류를 이루었다. 그리스도 상이나 성모 상 등은 목조로 제작하였고, 조각은 대부분 부조형식으로 나타났다. 조각에서의 인물들은 실체적 비례나 조화와는 상관없는 길고 왜곡된 신체를 가진 모습으로 나타났다.

고딕Gothic 양식

고딕이란 말은 르네상스의 이탈리아인들이 중세 건축을 고트족이 가지고 온 것을 그리스 로마의 미술에 비교해서 야만적이라는 조롱에서 시작되었다. 그러나 고딕 양식을 대표하는 교회 건축을

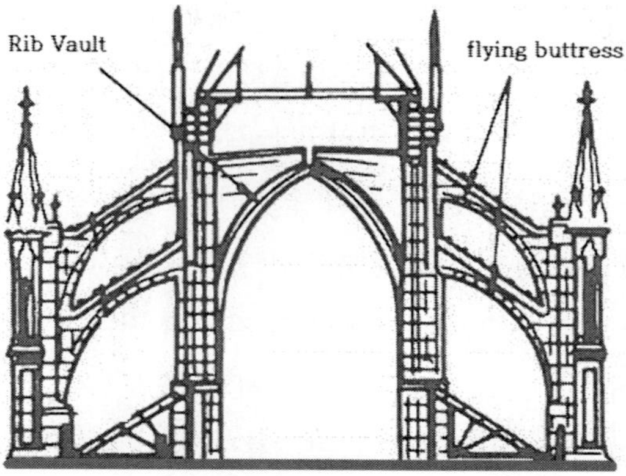

보면 이런 편견이 얼마나 그릇된 것인가를 알 수 있다. 하늘높이 솟은 거대한 첨탑을 가진 교회들은 뛰어난 건축기술을 자랑하고 있다. 천장을 높이고 창문을 크게 내기 위한 방법으로 첨탑이 창안되었다. 첨탑은 빛이 제대로 들어오지 못해 어둡고 음산했던 로마네스크 건축물의 문제점을 해결하였다. 로마네스크 양식의 그로인 볼트는 점차 끝이 뾰족한 형태로 바뀌면서 고딕 양식에서 리브 볼트로 대체되었다. 또한 둥근 아치는 12세기 후반에 이르러 둥근 아치가 끝이 뾰족한 첨두아치로 바뀌었다. 이를 지지하기 위하여 플라잉 버트레스 건축기술의 발달로 지붕이 훨씬 높아졌다. 고딕 건축의 특징은 리브 볼트, 플라잉 버트레스, 첨두아치의 3가지 구조이다.

고딕 양식은 13세기 초 프랑스에서 발생되어 르네상스 건축이 발생된 15세기까지 프랑스, 독일, 잉글랜드 등 중북부 유럽에서 전개되었다. 고딕 양식의 구조는 유럽 건축사를 통틀어 구조 역학적 문제를 가장 완벽하고 합리적으로 해결했다. 화려한 첨탑과 웅장한 내부를 통해 교회 건축의 완성이라고 느낄 수 있다. 프랑스의 생 드니, 프랑스의 노트르담 성당, 영국의 솔즈베리 성당, 독일의 쾰른 성당, 이탈리아의 밀라노 성당이 그 대표적인 건물들이다.

로마네스크의 육중한 벽이 사라진 자리에 전체적으로 넓고 높은 창이 만들어졌고 스테인드글라스를 끼워 매우 화려한 느낌의 실내 분위기를 연출했다. 스테인드글라스를 통하여 교회 내부로 밝은 빛이 쏟아져 들어와 마치 천국에 있는 것 같은 느낌을 갖게 한다. 중세 교회는 단순한 예배 장소가 아니라 모든 생활의 중심지였다. 스테인드글라스와 조각에서 묘사된 인물은 로마네스크 미술보다 훨씬 더 사실적이고 인간적인 모습을 띠고 있다. 인체를 이렇게 표현하게 된 배경에는 중세 사회가 육체를 더 이상 사악한 것으로 보지 않았다는 점이다. 따라서 미술가들도 육체를 영혼의 옷으로서 점차 자연스럽게 표현하였다.

12-14세기까지 유럽 전역에 유행한 중세 기독교의 미술이다. 고트족들은 이 미술 양식의 형성에 직접적인 관계가 없었지만 약간 모멸적인 뜻으로 이 명칭에 정착하게 되었다. 고딕 미술은 먼저 교회 건축에서 실현되었지만 여기에 어울려 형성된 조각, 회화, 공예에 대해서도 총괄적으로 이 양식의 명칭이 적용되었다. 고딕 미술에 명확한 형식을 부여한 것은 프랑스 북부였지만 점차 서유럽 전체로 확산되었다. 이 미술 양식은 새로운 도시와 함께 생긴 시민계급의 예술이었으며 기독교가 여전히 지배적이었다. 하지만 그 해석은 인간적인 감정 요소가 강하게 나타났기 때문에 파리를 비롯한 궁전이나 도시 공동체가 발주자가 되는 경우가 많았고, 미술가도 세속의 전문가들이 주류를 이루었다. 이 때문에 조각이나 회화에서는 시대를 거듭할수록 사실주의 경향으로 변모되었다.

제6장

중세 말기의 유럽

01
백년 전쟁(1337~1453)

프랑스와 잉글랜드의 전쟁은 프랑스를 전장으로 여러 차례 휴전을 되풀이하면서 116년 동안 지속되었다. 이 전쟁을 이해하려면 우선 당시 두 나라 사이의 관계를 정치 경제적 차원에서 살펴보아야 한다. 잉글랜드 왕 에드워드가 죽자, 프랑스의 노르망디를 지배하고 있던 윌리엄 공작이 그 왕위를 이어 노르만 왕조(1066~1154)가 성립되었다. 노르망디는 10세기 초 북게르만족이 프랑스에 침입하여 프랑크 왕국으로부터 봉건영토로 물려받은 곳이었다. 따라서 윌리엄은 잉글랜드의 왕이자 노르망디 공작으로 프랑스 왕의 신하였다. 노르만 왕조는 잉글랜드에서 문화적으로도 적지 않은 변화를 가져왔다. 앵글로 색슨계가 사용하던 고대 영어는 낮은 신분의 사람들이 사용하는 언어로 천하게 여겨졌고, 프랑스어와 라틴어가 상류층의 언어로 인식되었다.

노르만 왕조이후 잉글랜드가 프랑스 내부에 영토를 소유하였기 때문에 양국 사이에는 오랫동안 경제적 분쟁이 지속되고 있었다. 유럽 최대의 포도주 생산지 기옌과 모직물 제조로 명성이 자자했던 플랑드르가 그 분쟁의 지역이었다. 기엔 지역은 아키텐 공국의 영주 엘레오노르가 노르망디 가문으로 시집가면서 잉글랜드의 영토가 되었기 때문이었다. 기엔은 포도주 생산으로 인하여 무역 세금이 잉글랜드의 전체 세금과 맞먹을 정도로 경제적으로 풍족했다. 반면에 플랑드르에는 잉글랜드가 양모羊毛를 수출하고 있었다. 이 지역도 오래 전부터 잉글랜드가 경제적으로 지배하고 있었다. 따라서 기엔과 플랑드르 지역을 놓고 프랑스와 잉글랜드는 오래 전부터 대립하며 갈등을 겪고 있었기 때문에 프랑스 왕들은 경제적 요충지인 두 지역의 탈환을 바라고 있었다.

프랑스 카페 왕조의 샤를 4세가 후계자 없이 사망하자, 그의 사촌이던 발루아 왕가의 필리프 6세가 왕위에 올랐다. 이에 반발한 잉글랜드의 왕 에드워드 3세는 그의 모친이 카페 왕가 출신 샤를 4세의 누이라는 이유로 프랑스 왕위를 계승해야 한다고 주장하면서 양국은 심각하게 대립되었다. 프랑스의 왕위 계승문제가 불거지자, 잉글랜드의 에드워드가 프랑스 경제를 혼란에 빠뜨리기 위하여 플랑드르에 수출해오던 양모 공급을 중단하였다. 이에 대한 보복으로 필리프 6세는 프랑스 내의 잉글랜드 영토 기엔 지역을 몰수하겠다고 선언하였다. 결국 백년 전쟁의 근본적 원인은 프랑스 왕위계승 문제를 빌미로 이 두 지역의 탈환을 목표로 한 것이었다.

여기에 불을 지핀 사건은 스코틀랜드의 왕위계승 문제였다. 스코틀랜드 왕 로버트 1세가 죽자 잉글랜드는 그의 지역을 장악하였다. 로버트의 아들 데이비드 2세가 프랑스로 도망치자 잉글랜드는 그의 송환을 요구했다. 프랑스가 이를 거부하자 잉글랜드는 필리프 6세에게 반란을 일으켰다가 실패한 로베르 3세에게 피난처를 제공하였다. 이를 계기로 프랑스와 잉글랜드 간의 갈등은 최고조에 다다랐다.

백년 전쟁 제1기

1340년 잉글랜드 함대는 라인 강江의 하구에서 프랑스 함대를 격파한 뒤, 에드워드 3세는 그의 맏아들 흑태자 에드워드와 함께 노르망디에 상륙하여 프랑스로 진군해갔다. 프랑스군은 개전초기 크레시 전투(1346)에 스위스 용병을 고용하였다. 잉글랜드군은 농민과 사냥꾼을 중심으로 장궁을 활용하여 적이 오길 기다렸다가 사정거리 안에 들어왔을 때 일제히 사격을 감행하였다. 전력이 우세하였던 프랑스군의 기병들과 석궁 병사들은 어디서 날아오는지 모르는 화살에 혼란에 빠져 패배하였다. 이처럼 전쟁 초기에 거둔 잉글랜드의 일방적 승리는 자영농민을 주력으로 한 보병의 장궁전법이 프랑스의 봉건기사 전법에 비해 우수하였기 때문이었다. 크레시 전투에서의 승리는 프랑스군 지휘관의 무능함과 잉글랜드 병사들의 장궁을 활용한 원거리 공격으로 적 진형을 무너뜨린 대표적인 사례가 되었다. 이 전투에서 처음으로 화약을 이용한 대포가 사용되었지만 소리만 요란할 뿐 커다란 위협은 되지 못하였다.

에드워드 3세는 승리의 여세를 몰아 칼레로 진격하여 성을 포위하였다. 칼레 시민들이 완강하게 저항하였으나 결국 항복하였다. 1347년 11개월간 잉글랜드의 포위에 항전하던 칼레 시민들이 학살의 위기에 처하자 칼레 시장을 비롯한 시민 대표 6명이 도시를 구하기 위하여 나섰다. 이들은 교수형을 각오하고 스스로 목에 밧줄을 감고 에드워드 앞으로 갔다. 자신들이 대신 죽을 것이니 칼레를 파괴하지도 칼레 시민들을 죽이지도 말 것을 청했다. 그러자 자애로운 성품으로 유명했던 에드워드의 왕비 필리파가 자비를 베풀 것을 탄원하였고, 에드워드 자신도 그들의 의기에 감명 받아 칼레의 사람들뿐만 아니라 그 여섯 명도 사면하였다. 이들의 정신은 노블리스 오블리제의 대표적인 사례가 되었고, 1895년 조각가 오귀스트 로댕Rodin이 〈칼레의 시민들〉이란 조각품을 완성하면서 그들의 이야기는 세간에 알려지기 시작하였다.

1348년 양국에 흑사병이 퍼졌고 재정도 악화되어 전쟁은 일시적으로 중단되기도 하였으나 흑태자는 다시 프랑스 남부로 진격하였다. 프랑스 왕 필리프 6세가 죽고 그 뒤를 이어 장 2세가 즉위하였다. 잉글랜드의 흑태자는 푸아티 전투에서 프랑스군을 격파하고, 장Jean 2세는 포로로 잡혔다. 설상가상으로 프랑스에서는 전쟁의 참화와 잉글랜드군의 약탈로 농민의 피폐가 격심하자, 1358년 자크리의 난이 일어났다. 자크리는 농민을 업신여기는 자크 또는 자크 보놈에서 유래하였다. 프랑스 북부에서 일어난 이 농민반란은 백년 전쟁 당시 용병들의 약탈, 영주의 착취, 무거운 세금 등이 원인이 되었다. 이 반란은 귀족들에 의하여 2주 만에 바로 진압되었지만 프랑스는 심한 궁지에 빠져 전쟁을 더 지속할 여력이 없었다. 그 결과 에드워드 3세는 브레티니 화약(1360)을 통하여 장 2세로부터 석방보상금으로 300만 크라운, 기엔과 칼레의 영토를 넘겨받고 그 대가로 프랑스 왕위 계승권을 포기하였다.

백년 전쟁 제2기

프랑스에서는 장 2세 사후에 샤를 5세가 즉위하여 내정 정비와 재정 재건에 착수하였다. 그는 기옌 귀족들을 선동하여 잉글랜드의 지배에 대한 반항을 도모하였고 양국 사이가 다시 악화되어 전쟁이 재개되었다. 흑태자의 아우 존이 이끈 잉글랜드가 프랑스로 침입하였으나 패배하였다. 잉글랜드 해군 역시 카스티야 해군과 동맹을 맺은 프랑스 해군에게 잇달아 패전하였다. 프랑스는 브레티니 화약에서 잉글랜드에 빼앗겼던 영토를 대부분을 되찾고, 부르지 휴전협정(1375)을 통해 전쟁을 승리로 끝낼 수 있었다.

잉글랜드에서는 에드워드 3세 사후에 흑태자의 아들 리처드 2세가 왕위에 올랐다. 어린 나이에 왕위에 오른 그는 귀족들의 꼭두각시가 되었다. 게다가 흑사병으로 많은 사람이 죽어 노동력이 부족하자 최고 임금을 고정시키기 위한 노동조례(1351)가 제정되었고, 인두세가 다시 부활되면서 피폐해진 농민들의 삶을 더욱 악화시켰다. 결국 농민들을 중심으로 와트 타일러(1381)의 난이 일어났다. 이 반란에 가담한 농노와 빈민뿐만 아니라 부유한 장인들까지도 농노제 폐지를 요구하였다. 타일러의 난은 실패로 끝났으나 잉글랜드의 농노제 폐지에 결정적 역할을 하였다. 잉글랜드 왕에 대한 귀족의 반항으로 인하여 두 나라 사이의 전쟁은 오랫동안 중단되었다. 리처드 왕이 폐위되고 헨리 4세가 왕위에 올라 프랑스와의 전쟁을 재개하였다. 한편 프랑스는 정신착란을 일으키는 샤를 6세를 대신하여 국정의 실권을 장악하려는 귀족들이 부르고뉴파派와 아르마냐크파派로 나뉘어 내란 상태에 빠졌다.

백년 전쟁 제3기

헨리 5세는 프랑스의 내분을 이용하여 부르고뉴파派와 결탁하였다. 그는 노르망디로 진격하여 압도적으로 우세했던 프랑스군을 아쟁쿠르 전투(1415)에서 대파하고 프랑스 북부의 여러 도시를 정복하였다. 아쟁쿠르 지역은 비가 많이 내려 땅이 매우 질퍽거렸다. 비좁고 질척거리는 진창 위에 낙마한 프랑스 기사들의 무거운 갑옷은 거추장스러운 반면, 가벼운 복장의 잉글랜드 궁수들은 민첩한 활동이 가능하였다. 아쟁쿠르 전투에서도 잉글랜드의 장궁 병사들은 돌격해오는 프랑스의 기병들에게 불화살을 쏘아 움직임이 원활하지 못했던 프랑스군은 참패하였다. 크레시 전투와 아쟁쿠르 전투에서 활약한 잉글랜드의 장궁은 지난 천여 년 간 전장을 지배해 왔던 기병들의 중앙돌파 전술에 그 한계를 일깨워 주었다.

아쟁쿠르 전투에서 대승한 헨리 5세는 트루아 조약을 통하여 샤를 6세의 딸과 결혼을 하였고, 그 대가로 프랑스의 왕위 계승권을 승인하였다. 그러나 황태자 샤를 7세와 그를 지지하는 아르마냐크파派는 잉글랜드와의 정략결혼을 인정하지 않고, 중남부 프랑스에 거점을 두고 전쟁을 지속하였다. 샤를 6세와 잉글랜드의 헨리 5세가 잇달아 죽자, 나이 어린 헨리 6세가 두 나라의 왕을 자칭하고 나섰다. 그러자 프랑스에서는 샤를 7세가 프랑스의 왕위에 올랐음을 선포하였다.

잉글랜드군은 프랑스 왕의 거점인 오를레앙을 포위하였다. 수세에 몰린 프랑스를 구하고 승전으로 국면을 전환시킨 영웅은 잔 다르크J. D'arc였다. 1429년 성령의 부름을 받았다는 그녀가 군대를 이끌고 오를레앙 전투에서 승리함으로써 프랑스군의 사기를 높여 전세를 바꿔 놓았다. 그 해 샤를 7세는 정식으로 대관식을 거행하고 프랑스 국왕으로서 적법한 지위를 확립함으로써 샤를 6세가 잉글랜드와 맺은 트루아 조약은 사실상 그 의미를 상실하였다.

샤를 7세가 전쟁 영웅으로 떠오른 잔 다르크를 못마땅해 하던 중 부르고뉴파派와 연합한 잉글랜드군이 프랑스를 다시 침입하였다. 전장에 출전하였던 잔 다르크가 포로로 잡혀 그녀의 몸값이 요구되었을 때, 샤를 7세는 아무런 조치도 취하지 않았다. 샤를 7세는 이미 승기를 잡은 상태에서 무작정 진격만을 외치는 잔 다르크에게 염증을

느끼고 있었고, 그녀를 구하기 위해 무리한 행보를 할 이유가 없는 상황이었다. 잉글랜드의 손으로 넘어간 잔 다르크는 이단 혐의로 재판에 회부됐다. 당시 재판은 잔 다르크가 성녀인지 마녀인지에 관심이 없었다. 당시에는 여성이 남장을 하는 것이 종교적인 죄로 간주되었기에 재판부는 그녀가 전장에서 남장한 사실을 추궁했다. 또한 잔 다르크가 하나님의 계시를 받았다는 주장에 대해 사제를 거치지 않고는 신의 계시를 받을 수 없다고 몰아세웠다. 결국 잔 다르크는 샤를 7세로부터도 외면을 당한 채 마녀로 판정되어 군중 앞에서 화형에 처해졌다. 그 후 산발적인 전투가 계속되었으나 승리가 이미 프랑스 쪽으로 기울면서 휴전이 성립되었다. 잉글랜드는 프랑스 내에 기옌, 보르도, 칼레, 노르망디 등의 영토를 계속 보유하였다.

오랜 기간 대립해 온 부르고뉴파派와 아르마냐크파派가 화의(1407)를 맺어 프랑스는 정치적 안정을 찾았고, 1437년 잉글랜드로부터 수도 파리를 수복할 수 있었다. 그 이듬해에는 당시 벌어지고 있었던 교회 대분열과 이를 위한 공의회를 이용해 부르주 칙령이 공표됨으로써 프랑스 왕이 모든 교회의 대표자가 되어 고위 성직자 임명권도 이양되었다. 이렇게 해서 교황에 맞선 프랑스 왕의 주권투쟁이 끝나고 갈리카니즘Galicanism이라는 교회 독립주의가 확립되었다.

샤를 7세는 군대를 동원하여 잉글랜드 지배하의 여러 도시를 점령하여 노르망디의 모든 지역을 회복하였다. 패전으로 인하여 잉글랜드에서는 랭커스터 왕가의 지배에 대한 요크 왕가의 반란이 일어났다. 1445년 샤를 7세는 유럽 최초의 상비군을 조직하여 노르망디와 기엔 에 머물고 있던 잉글랜드군을 몰아내기 시작했다. 마침내 1453년 기엔 지역 내 마지막 거점이었던 카스티용이 점령당함으로써 잉글랜드는 칼레를 제외한 프랑스 내의 모든 영토를 잃었다. 카스티용 전투는 백년 전쟁의 종결을 의미하였다.

역사적 의의

1066년 노르망디의 잉글랜드 점령 이후 뒤얽혔던 프랑스 내의 복잡한 영토 문제는 결국 프랑스의 승리로 끝났고, 잉글랜드는 프랑스 내 영토를 모두 잃어버렸다. 하지만 프랑스와 잉글랜드는 영토 전쟁의 승패와 관계없이 두 나라 모두 독자적이고 통합된 근대적인 주권 국가, 즉 중앙집권체제로 발전하는 계기가 되었다는 점에서 그 의의를 찾을 수 있다. 두 나라의 중앙집권화는 양상이 달랐다.

프랑스는 유럽의 봉건제도가 시작된 발원지이자 가장 완성된 국가였다. 장기간에 걸친 백년 전쟁과 내란에 의해서 봉건귀족들의 세력이 극도로 약화되면서 국왕의 권력이 크게 신장되었다. 샤를 7세는 왕실의 재정을 정비하고 국왕의 상비군을 강화하며 귀족세력을 제압하고 중앙집권제를 추진해 나갔다. 프랑스의 삼부회도 잉글랜드 의회처럼 전쟁비용에 대해 여러 계층의 동의를 통해 징수할 의도로 설립되었으나 상비군 체제와 왕권이 강화되면서 이름만 있고 더 이상 회의는 개최되지 않았다.

잉글랜드에서는 백년 전쟁의 패배에 대한 책임과 왕위계승 문제를 둘러싸고 랭커스터 가문과 요크 가문 간에 30년 전쟁이 일어났다. 이는 백년 전쟁을 치르고 프랑스에서 돌아온 귀족들의 생존경쟁을 위한 장미 전쟁이었다. 이 전쟁으로 두 가문과 이에 합류한 귀족들이 함께 몰락하여 봉건세력이 약화되었다. 헨리 7세는 정략결혼을 통해 장미 전쟁을 수습하고 중앙집권화의 기초를 이루었다. 잉글랜드는 마그나 카르타(1215) 이후 존재한 의회제도 덕분에 귀족 영주와 국왕의 대립 구도에서 의회와 국왕의 대립구도로 바뀌면서 권력이 분산되어 19세기에 최초의 입헌군주국으로 변모하였다. 잉글랜드는 프랑스 내의 영토를 상실함으로써 그 이후 유럽 대륙에서 벌어지는 복잡한 문제들에 휩쓸리지 않고 오히려 독자적인 국가를 형성할 수 있었다. 뿐만 아니라 전쟁을 피하여 기술자들이 플랑드르에서 잉글랜드로 이주함으로써 플랑드르를 능가하는 모직물 공업이 발전하여 산업혁명의 기초가 다듬어졌다.

프랑스에서는 잔 다르크를 통하여 모국에 대한 국가의식이 형성되었다. 그 이전에는 잉글랜드와 프랑스를 구분 짓는 국민의식이 없었고 백년 전쟁을 통하여 잉들랜드인에 대한 증오와 반감이 생기면서 프랑스인이라는 국민의식이 생성되었다. 영국(United Kingdom)은 웨일즈, 아일랜드 그리고 스코틀랜드가 1707년 잉글랜드에 합병되면서 생성된 명칭이다. 백년 전쟁이후 영국, 프랑스, 플랑드르 간의 이러한 관계는 현대까지 이어진다. 예를 들어, 독일제국이 성립된 이후 영국과 프랑스는 동맹국이 되었으나 두 나라 사이에 앙금은 여전히 남아 있다. 또한 제1차 세계대전 당시 독일이 벨기에를 침공했다는 이유로 영국이 독일에 선전포고를 하는 계기가 되었다.

02
흑사병

흑사병은 폐에 병균이 침입하는 급성 전염병으로 1883년부터 명명되었다. 전염력이 워낙 강한데다 증세도 매우 심하여 24시간 이내에 사망할 확률도 매우 높았다. 일단 감염되면 구토에 시달리다 피를 토하면서 호흡곤란을 일으켜 정신을 잃는다. 증상이 진행되면 검게 변색된 부위에 괴저가 발생하고 피부가 검게 변하면서 사망하였다. 19세기까지 흑사병은 박테리아의 일종으로 이에 감염된 쥐의 혈액을 먹은 벼룩이 사람의 피를 빨면서 병을 옮기는 것으로 알려졌으나 20세기에 들어 반드시 그렇지는 않다는 주장이 제기되었다.

중세 유럽에서 발생한 흑사병이 1347-50년 사이에 유럽 인구의 약 1/3 또는 절반을 앗아간 것으로 추정되고 있다. 사제들은 신의 심판이라 했고, 의사들은 공기 오염이 흑사병의 원인이라고도 했다. 일부는 유대인 또는 마녀들이 우물에 독을 풀었다고 하고, 부자들은 가난한 자들을, 가난한 자들은 부자들을 혐의자로 보아 계급간의 증오심이 극에 달해 서로를 희생양으로 삼기도 하였다. 그러나 그 어

떤 것도 해결책은 되지 못하였고 가족과 이웃들조차 서로를 피했다. 교회에서는 신앙을 통해 심판에서 벗어나고자 하였지만 성직자들까지 죽음에 이르자 교회는 불신의 대상이 되어 그 권위가 추락하기 시작하였다. 흑사병은 이렇게 중세의 정치 경제 사회 문화 등 모든 분야에 걸쳐 새로운 변화를 야기했다.

1300년경에 이르러 경작 토지가 줄어들면서 생산성도 떨어졌다. 경제가 비틀거리면서 생활수준이 떨어졌고 빈곤에 허덕이는 지역이 나타나기 시작했다. 절망에 빠진 많은 농민들이 아예 농업을 포기하면서 마을 전체가 폐허가 되기도 하였다. 이에 따라 도시의 상업 역시 쇠퇴했다. 잉글랜드, 프랑스, 이탈리아의 대도시에는 거지와 동냥아치들이 득실거렸다. 1314년에 이르러 수백만 명이 극심한 가난 속에 살고 있었고 많은 지역에서 생활수준이 급격히 떨어졌다.

이 무렵 유럽의 기후는 온난기가 끝나고 연평균 기온이 하락하기 시작하였다. 겨울 날씨는 엄청 추워지고 여름의 기후도 좋지 않아 1315-17년 사이에 대기근이 발생하였고 특히 북유럽의 피해는 심각해졌다. 어려운 경제와 자연재해로 인하여 빈민과 시민계층은 영양 실조에 걸렸고, 좋지 못한 위생환경으로 이들의 면역체제가 많이 약해져 있었다. 이 시기에 흑사병이 이탈리아를 시작으로 3-6개월 동안 회오리바람처럼 나타났다가 사라졌기 때문에 그 피해는 전혀 예측할 수 없었다. 흑사병은 빠른 속도로 유럽전역으로 퍼져나갔다.

흑사병의 유포과정

몽골제국은 비단길을 통해 중앙아시아와 유럽을 점령하였다. 1347년 몽골족은 크림 반도의 카파(= 러시아 남부의 페오도이야)에 있는 이탈리아 제노바 상인들의 교역소를 포위하여 공격하였다. 그러나 성을 공격하던 킵차크 칸국(= 몽골의 한 부족)의 병사들이 죽어 갔다. 이들이 흑사병에 감염되었던 것이다. 몽골족 지휘관들은 투석기를 사용하여 온기가 채 가시지 않은 역병 희생자들의 시체를 성 안으로 날려 보냈다. 그 결과 성 안에 원인모를 병이 퍼지고, 제노바 상인들은 그 성을 탈출하여 고국 이탈리아로 돌아갔다.

1347년 10월 12척의 제노바 상선들이 시칠리아의 메시나 항구로 들어갔다. 이 배에는 사타구니와 겨드랑이에 계란 크기의 검은 혹을 가지고 죽었거나 죽어가는 선원들이 있었다. 이 혹에서 피와 고름이 흘러나왔다. 희생자들은 기침을 하며 많은 땀을 흘리며 고통에 시달리다 수일 내에 사망하였다. 그 신체에서 나오는 땀, 피, 호흡, 오줌,

배설물 등 모든 것에서 역겨운 냄새가 났다. 의사들은 그 역병이 진행되는 것을 막는데 속수무책이었다. 많은 사람들이 공포에 사로잡혀 병에 걸린 사람들을 내버려 둔 채 도피하였다. 가장 먼저 도피한 사람들 중에는 부유한 귀족들과 전문 직업인들뿐만 아니라 일부 성직자들도 포함되어 있었다. 또한 수도회에 속한 사람들은 감염되지 않기를 바라면서 자신들의 수도원에 은신하기도 하였다.

이러한 분위기 속에 교황은 성년축제를 공표하였다. 로마에 오는 순례자는 연옥을 통과할 필요 없이 곧바로 낙원으로 가게 될 것이라고 하였다. 이 부름에 응한 순례자들이 수십만 명이나 되었으며 그들이 여행함에 따라 역병은 급속히 확산되었다. 흑사병은 시칠리아와 베네치아의 항구를 시작으로 놀랄 만큼 빠른 속도로 이탈리아 전역에 퍼졌고 그 이듬해에는 프랑스 전역을 강타했다. 1349년 잉글랜드에 이어 북유럽을 거쳐 1350년 아이슬란드와 러시아까지 유럽 전역으로 퍼져 나갔다.

흑사병과 교회

흑사병은 유럽인들의 종교생활에도 영향을 주었다. 모두가 그런 것은 아니었지만 성직자들은 죽음에 대한 두려움으로 교인들을 버리고 도망갔다. 그로 인해 장례미사도 받지 못한 사망자가 늘어났고 사람들은 죽음을 희망이 아닌 그 자체로 받아들여야만 했다. 성직자도 역시 일반인들과 똑같이 죽어갔다. 이전의 '신과의 특별한 관계를 지닌 자'라는 성직자들에 대한 경외심은 이러한 모습으로 인해 사라지게 되었다. 성직자의 권위가 흑사병과 함께 실추되기 시작했던 것이다. 그리고 자신의 임무에 충실했던 성직자들은 흑사병에 걸릴 확률이 높았고 도망간 자들은 살아남았다. 이때 새로 임명된 성직자들은 충분한 교육을 받지 못한 자들로 채워졌다. 이러한 성직자들은 인간의 탐욕을 드러냈다. 죽은 자의 자리를 겸하기도 하고 더 좋은 서품을 받기 위해 흥정하기도 하며 더 좋은 조건을 찾아다니기도 하였다. 그 결과 교회와 주교들의 권위와 평판은 낮아질 수밖에 없었다.

흑사병의 재앙을 피하기 위한 인간의 노력은 아무런 효과가 없다는 것이 명백해졌다. 잦은 기근과 전염병의 고통에 익숙해져 있던 중세 유럽인들은 흑사병 역시 신의 뜻 혹은 신의 응징이라는 손쉬운 결론을 내렸다. 일부 교인들은 흑사병을 세상의 종말 징조로 보고 신의 분노를 가라앉히기 위해 스스로의 죄를 고백하고 자신의 몸을 채찍질하는 광적인 모습을 보였다. 바로 채찍질 고행단이었다. 이들은 하나님이 흑사병으로 심판하니 고행을 함으로써 죄를 씻어야 한다고 주장을 하였다. 고행단들은 정화를 위해 회초리로 자기 몸을 때리면서 이 도시 저 도시를 행진하였다. 이 운동은 11세기 초에 이탈리아에서 처음 시작되었지만 흑사병이 기승을 부리던 1348년부터는 주로 독일을 중심으로 번져 나갔다. 이들은 단장의 엄격한 계율 하에 공동생활을 하면서 마을과 마을 사이를 줄지어 행진하였다. 도시나 마을에 들어서면 시장이나 광장에서 공개 미사를 올린 뒤 큰 소리로 자신들의 죄를 고백하면서 스스로를 채찍질하였다. 흑사병의 고통과 공포에 질려 있던 사람들은 이들의 모습을 보면서 일종의 카타리시스를 느꼈다. 심지어 교황 클레멘스 6세는 이들을 후원하고 축복해 주었다. 그러나 이들의 행위가 점차 혁명성을 띠면서 규율을 잃어버린 도적떼나 다를 바 없었다. 수백 명에서 수천 명에 이르는 사람들이 한 장소에 머물면서 그 지역의 자원을 고갈시켰다. 이들의 순례와 행진 자체가 흑사병의 확산을 더욱더 부추기자 교황과 군주들은 이들에 대해 단호하게 대처하였다. 결국 채찍질 고행단은 1350년 그 자취를 감추었다.

신의 분노를 가라앉히기 위하여 자기 자신을 채찍질하는 것보다 죄의 상징으로 여겨지던 다른 소수 집단을 희생양으로 제거하는 것이 보다 효과적이라는 분위기도 연출되었다. 그리하여 사라센과 같은 이교도, 유대인, 나병 환자들이 흑사병의 주범이라는 혐의를 받고 박해를 받았다. 그 중에서도 가장 심한 박해는 바로 유태인들의 몫이었다. 유태인 학살은 1348/9년 스위스, 독일, 프랑스, 스페인 등지에서 최고조에 달하였다. 교황과 군주들이 유태인을 보호하기 위하여 노력을 기울였지만 별다른 효과를 거두지 못하였다. 결국 서부 유럽에서는 유태인 공동체가 완전히 뿌리 뽑혔고 살아남은 유태인들은 흑사병과 박해를 피해 폴란드와 리투아니아 등 동유럽 지역으로 대거 도피하였다.

흑사병의 영향

흑사병이 기승을 부리자 잉글랜드와 프랑스간의 백년 전쟁도 한동안 중단되었다. 이 역병은 1348년을 정점으로 차츰 세가 약해지면서 1350년 중반 그 기세가 꺾였다. 하지만 흑사병은 중세 사회에 커다란 변화를 야기하였다.

흑사병으로 노동인구의 절반이 죽었다. 인구가 대폭 감소되어 노동력이 부족하자 흑사병 이전부터 있었던 경제침체가 더욱 심화되어 사회적 불안으로 이어졌다. 영주들은 농토를 경작할 농노가 부족하여 땅을 매각하기 일쑤였고, 농민들은 조금 더 유순한 영주를 찾아 떠나갔다. 노동력 격감은 영주들에게 경제적 부담을 가중시켰다. 그런데 반대로 농산물 가격은 하락하였다. 이는 노동력이 감소하긴 했어도 노는 땅이 없었고, 농산물 생산은 줄지 않았으나 인구가 급락하여 수요가 감소했기 때문이었다. 곡물가격이 하락하면서 토지 수입에 의존하던 영주들은 이중고를 겪었다.

상업과 교역이 마비되어 숙련공들이 격감하자 생필품들이 제때 생산되지 않았다. 줄어든 인구를 감안하더라도 생필품 공급이 수요에 비해 턱없이 줄었기 때문에 가격이 급등하기 시작했다. 이것이 영주와 농민 모두에게 타격을 주자 이 어려움은 영주에서 농민으로 전가되었다. 상속세를 제정하여 손해를 막아보려 했으나 효과가 없었다. 왜냐하면 대부분 상속자가 없거나 상속세를 낼 수 없는 자들이 상당수였기 때문이다. 급기야 지주들은 각종 봉건 조세와 부과금으로 농민들을 압박하면서 농민들이 생활고에 시달렸다. 그 결과 14세기에 유럽 각지에서 농민반란이 발생하게 되었다.

유럽을 다시 복구할 식량과 원료를 충분히 생산하기 위해서는 남은 노동력이 절대적으로 필요했고 생존한 농민들의 여건이 종전보다 향상되었다. 심각한 노동력 부족은 높은 임금, 높은 생산비용, 인플레이션을 야기하였다. 봉건 영주들은 농민에 대한 처우를 개선하였고, 땅을 놀릴 수 없기에 울며 겨자 먹기로 농민들에게 높은 임금을 지불해야만 했다. 경작지는 목초지로 전환되어 가축이 늘고 육식 중심의 음식문화로 바뀌어갔다. 이러한 현상들은 자본주의의 태동을 알리는 전조였다. 농민과 농노의 감소로 인하여 노동집약적이던 장원제도가 흔들렸고, 무역을 통한 상업의 발달로 시민계급들이 늘어나면서 봉건제도가 무너지기 시작하였다.

흑사병으로 가장 큰 타격을 입은 대상은 교회였다. 교회는 당시 중세 사람들의 삶 구석구석에 영향을 미쳤고 의존도가 큰 만큼 그 기대도 컸다. 기대가 큰 만큼 실망도 컸다. 흑사병은 많은 이들을 교회로부터 등을 돌리게 했다. 중세 사람들은 신이 내린 시련 앞에 일반 교인과 다름없이 고위 성직자들이 죽어나가는 것을 보며 교회에 대한 신뢰감이 떨어지면서 교회의 권위도 약해졌다. 맹목적인 기독교에 대한 믿음이 깨져버린 것이었다.

중세의 성직자는 구원의 중재자이자 신의 지상 대리인이었다. 신의 뜻을 가장 잘 알고 있는 교회도 흑사병을 예고하거나 경고하지도 못했을 뿐만 아니라 구제는 고사하고 합리적인 대안도 제시하지 못하였다. 교회는 흑사병을 신의 심판이라고 생각했지만 당시 사람들은 자신들이 흑사병을 초래할 만큼 죄를 지었다고 생각하지 않았다. 성직자의 죽음은 당시 사람들에게 신의 진노가 일반인들과 성직자들에게까지 확산되었다는 것을 의미하게 되었고 교회도 신의 심판을 받는다는 것을 목격하였다. 목숨을 아끼지 않고 본연의 임무를 다하다 희생된 성직자들에게는 경의와 존경을 표했지만 그것을 회피한 성직자들은 신망을 얻지 못했다.

결국 흑사병으로 성직자가 없는 교회가 속출하였으며 성직자의 부재로 자격미달인 자들이 서품을 받았다. 반대로 흑사병으로부터 도피하여 살아남은 성직자들은 더 많은 녹봉을 요구했다. 부족한 성직자 수 때문에 여건이 좋은 교회를 선호하는 경향이 생겼고, 높은 사례금을 요구하였다. 이로 인한 불만이 교회개혁운동으로 이어졌다. 교황청이 프란체스코 수도회의 급진주의적 개혁을 묵살하면서 가톨릭교회의 총체적인 문제는 종교개혁으로 이어졌다. 엄밀히 말해서 흑사병이 종교개혁을 유발하지는 않았다. 하지만 흑사병은 사람들로 하여금 사후세계보다는 그들이 처한 현실세계를 보게 하였다. 이러한 정신적 변화는 교회의 변화를 바랐고 이것이 기폭제가 되어 종교개혁으로 이어졌다고 할 수 있다.

03
장미 전쟁

사회적 배경

장미 전쟁은 백년 전쟁의 패배와 잉글랜드의 왕위계승을 둘러싸고 30년(1455~1485) 동안 랭커스터 왕가와 요크 왕가 사이에 벌어졌다. 이 명칭은 랭커스터 왕가가 붉은 장미를, 요크 왕가는 흰 장미를 각각 문장으로 삼은 것에서 유래하였다. 두 가문 모두 에드워드 3세의 아들들에 의해 플랜태저넷 왕조로부터 갈라져 나왔기 때문에 엄밀히 말하면 잉글랜드 왕가의 집안싸움이었다.

랭커스터 가문의 헨리 6세는 백년 전쟁에서 프랑스 내에 있던 잉글랜드의 마지막 보루였던 보르도가 함락 당하자 왕의 권위를 잃고 말았다. 전후에 프랑스 내의 영지를 잃게 된 잉글랜드 영주들은 생존 방법을 찾기 위해 귀향하였다. 이 무렵 헨리 6세는 과거 오랫동안 정신병을 앓았던 외할아버지 샤를 6세의 병력을 이어받아 1년여 동안 정신이상 증세를 보였고, 요크 가문의 리차드는 자신의 야망을

이루기 위해 이를 이용하려 했다. 그는 잉글랜드, 웨일스의 변경과 아일랜드에 광대한 영지를 가진 케임브리지 백작으로 프랑스와의 전쟁에서도 훌륭한 경력을 쌓았다. 두 가문은 봉건 영주들을 지지 세력으로 포섭하는데 혈안이 되었고, 잉글랜드 왕가는 랭커스터 가문과 요크 가문으로 갈라져 대립하며 내란으로 이어졌다.

리처드가 웨이크필드에서 전사하자, 그의 뒤를 이은 에드워드는 랭커스터 가문을 타우턴 전투에서 격파하였다. 그는 런던을 차지하며 워릭 백작의 도움으로 헨리 6세를 쫓아내고 스스로를 에드워드 4세라 칭하고 왕위에 올랐다. 전쟁은 이렇게 끝이 난 듯 보였으나 에드워드와 워릭 간에 분쟁이 생겨 워릭이 에드워드를 내쫓고 헨리 6세를 다시 왕좌에 앉혔다. 네덜란드로 도피하였던 에드워드는 잉글랜드로 쳐들어와 바닛 전투(1471)에서 워릭을 패사시켰다. 그는 랭커스터 가문의 귀족들을 반역죄로 몰아 그들의 영지를 몰수하고 헨리 6세를 체포하여 런던탑에 투옥한 후 살해하였다.

에드워드 4세에 의해 요크 왕조가 시작되었다. 그는 뛰어난 지략과 결단력, 군주다운 강인함으로 재임 기간 중 많은 시민의 지지를 얻었다. 특히 도시와 지방의 중산층과 제휴하여 제후들의 세력을 견제하는 한편, 재정기구를 정비하여 왕실 재정을 튼튼히 하는 등 왕권의 신장에 주력하였다. 그의 사후에 에드워드 5세가 12세의 나이로 왕위에 오르자 선대왕의 동생 리처드가 섭정을 하였다. 얼마 후 리처드는 어린 왕을 런던탑에 유폐하여 살해하고, 왕위에 올라 리처드 3세라 칭하였다.

이 무렵 프랑스 브르타뉴 공작령에 망명 중이던 랭커스터 가문의 헨리 튜더가 1485년에 프랑스 왕의 도움으로 군대를 이끌고 웨일즈에 상륙하여 보즈워스 전투에서 리처드 3세에게 승리함으로써 30년에 걸친 장미 전쟁은 끝났다. 헨리 튜더는 왕위에 즉위하여 헨리 7세라 칭하고 튜더왕조(1485~1603)를 열었다.

왕위를 쟁취하기 위한 랭커스터 왕가와 요크 왕가 사이의 전투에 잉글랜드 봉건 영주 대부분이 휘말렸다. 이 전쟁은 어디까지나 왕가와 귀족 간의 전쟁이었기 때문에 일반 시민들은 참전하지 않았다. 귀족들 역시 시민들에게 해가 미치지 않도록 유념했다. 런던을 비롯한 대도시들도 중립적 입장을 지켰기 때문에 피해를 입은 것은 귀족계층 뿐이었다. 많은 귀족들이 살해되었고 그들의 재산은 몰수되었다. 따라서 귀족들의 감소는 자연스럽게 봉건 영주들의 영향력 축소로 이어졌다.

백년 전쟁과 장미 전쟁으로 인하여 사회가 혼란했기 때문에 국민들은 귀족들의 횡포와 무질서를 증오하였고 강력한 왕권을 지닌 안정된 국가를 갈망하였다. 결국 잉글랜드에서는 헨리 7세에 의한 튜더 왕조가 귀족의 간섭에서 벗어나 왕권중심의 절대왕정을 시작하여 중앙집권 국가로 발전하는 단초가 되었다.

봉건사회의 붕괴

봉건적 농촌 경제에 바탕을 둔 중세 사회는 14세기부터 야기된 기근과 흑사병, 전쟁과 농민반란, 도시의 발달 등으로 장원제도가 흔들리기 시작하였다. 특히 십자군 전쟁의 실패와 흑사병의 창궐은 정치, 경제, 사회, 문화적 차원에서 심각한 문제를 야기시켰고, 이를 계기로 중세 봉건사회가 몰락하기 시작하였다. 중세의 봉건사회가 붕괴하게 된 원인은 다음과 같다.

첫째, 십자군의 실패는 왕권을 중심으로 한 중앙집권적 통일국가의 형성을 촉진하였다. 이를 계기로 봉토를 매개로 한 주종관계가 붕괴되었다. 십자군에 참가하였던 많은 영주와 기사들은 자신의 재산으로 그 경비를 충당하였지만 십자군 원정이 실패함으로써 그에 상응하는 대가를 얻지 못하였다. 이를 계기로 많은 교황과 영주들의 세력이 급격히 줄어들었다. 약화된 봉건영주와 신임을 잃은 성직자들의 공백을 채운 것은 바로 각국의 국왕들이었다. 국왕들은 약화된 영주와 성직자들을 누르고 점차 많은 권력을 차지할 수 있었다. 이는 지금까지 불입권을 지녔던 영주들의 지방분권적 봉건사회 구조를 무너뜨리는 계기가 되었다. 국왕은 성직자의 재산몰수, 세금징수, 국민 전체에 대한 간접세 등으로 중앙집권에 필요한 재정을 마련할 수 있었다. 백년 전쟁과 같은 대내외적 혼란 속에서 등장한 대규모 보병대와 보다 우수해진 전문 용병들도 국왕의 군사력을 더욱 강화시켰다. 또한 국왕은 강력한 세력으로 성장한 도시와 연합해 전문직 종사자들을 관료로 삼아 중앙집권화의 기틀을 마련하였다. 이를 토대로 도시의 시민계급들이 봉건 영주들을 견제할 수 있었다. 장궁, 장창, 총포, 대포와 같은 신무기의 등장도 봉건제도의 근간을 이루었던 기사계급의 몰락을 재촉하였다.

둘째, 교회의 분열과 약화를 그 원인으로 들 수 있다. 막대한 권력을 독점하였던 교회는 세속화와 더불어 몰락의 길을 걸었다. 교회의 몰락은 중세 사회의 붕괴와 직결되었다. 교회는 기독교인이었던 유럽인들에게 정신적 지주였다. 그러나 성직자들의 세속화, 프랑스 국왕에 의한 아비뇽 유수, 교회의 세속화에 대한 종교인들의 개혁운동, 십자군 전쟁의 실패와 그로 인한 교황과 교회의 권위 실추, 흑사병으로 인한 성직자들의 자질 논란, 성직매매 등과 같은 심각한 종교적 문제들은 중세 사람들에게 교회를 지속적인 정신적 지주로 삼아야하는가에 대한 의문을 갖게 하였다.

셋째, 동방에서 유입된 그리스 로마의 고전과 이슬람 세계의 과학, 의학 같은 신지식에 대한 연구는 유럽인들에게 적지 않은 충격이었다. 동방에서 유입된 학문들은 중세의 세계관과 일치하지 않았다는 것을 일깨워줬고 각지의 학자들은 중세 사회의 지식에 심각한 의문을 제기하였다. 특히 아리스토텔레스의 과학적 연구방식은 그동안 중세의 주된 사상이었던 신학에 심각한 영향을 끼쳤다. 그들은 가톨릭 자체를 부정하지는 않았으나 그들이 추구한 고대 그리스 로마 문화의 복원은 가톨릭의 교리와 상충되는 부분이 많아서 중세 사회를 사상적으로 완전히 변화시키는 계기가 되었다. 이러한 교회의 내외적 문제로 인하여 중세 사람들은 정신적으로 의지할 수 있는 교회에 대하여 새로운 패러다임을 제시해 줄 수 있는 개혁을 갈망하였다. 이로써 13세기까지 절정에 달하였던 교황권이 쇠퇴하고 가톨릭 교리에 도전하는 이단도 등장하였다. 종교개혁으로 인하여 신교가 등장하면서 로마가톨릭교회는 쇠락하였다.

넷째, 도시의 발달은 주종제도와 장원제도의 붕괴를 촉진시키는 계기가 되었다. 10세기 말부터 이민족의 침입이 사라지면서 유럽 사회는 안정을 되찾았다. 내적으로는 농업의 생산력 증대가 도시를 발달시키는 요인이 되었고, 외적으로는 십자군 원정을 통하여 원거리 무역이 번창하였다. 꾸준히 개량된 중세의 농업방식은 나무가 아닌 철제 농기구와 말을 이용한 경작을 통해 잉여 농산물을 증대시켰다. 잉여 생산물은 상품이 되어 시장에 나오고 상인들이 시장 주변에 모여 살기 시작했다. 도시가 점점 확대되면서 새로운 도시의 생성을 야기하였다. 중세 초기의 도시들은 보편적으로 주교의 지배를 받았으나 도시가 성장하고 도시 내의 상공업자들이 부와 권력을 축적하면서 점차 도시는 자치권을 갖게 되었다. 길드를 중심으로 무력투쟁 끝에 자유를 획득하기도 했고 거래를 통해 영주로부터 자치권을 사기도 했다. 농촌에서 장원 안의 농노들이 영주의 간섭 아래 있을 때, 도시의 시민들은 자유를 누리고 있었다. 귀족들이 지배하던 주요 도시의 시민들이 동방과의 무역으로 크게 성장하면서 그들을 밀어내고 스스로가 도시를 지배하는 현상이 야기된 것이었다. 모든 도시가 봉건적 계약에서 자유로울 수는 없었지만 도시의 성장은 영주의 권한을 약화시켰다. 또한 성장하는 도시에서 생겨나는 신분상승의 기회는 주변의 농민들을 도시로 모여들게 하였다. 중세의 농노는 이주가 금지되었지만 농민들은 이주에 제한을 받지 않았다. 하지만 농노들도 도시로 도망가서 1년간 잡히지 않으면 시민권을 얻을 수 있었기 때문에 농노에 대한 영주의 구속력이 크게 약화되었다고 볼 수 있다.

다섯째, 흑사병으로 농민의 일손이 부족해졌고 농산물의 생산량도 급속히 줄어들면서 봉토를 중심으로 한 영주들의 경제적 기반이 송두리째 흔들리면서 봉건사회가 붕괴되는 결정적인 요인이 되었다. 극심한 노동력의 부족으로 농민들의 임금이 상승되었고, 농민들이 보다 나은 생활여건을 찾음으로써 농민들은 봉토로부터 점차 해방되었다. 특히 수입이 급속하게 줄어든 영주들은 농민들에게 부역을 요구하기보다는 점차 현물 또는 화폐로 지대를 요구하였다. 이를 계기로 농노의 부역이 사라지면서 영주의 직영지는 임대지로 바뀌었다. 농민들이 점차 농노신분에서 해방되면서 봉건사회의 한 축이었던 장원제도가 붕괴되었다. 도시에서도 부유한 상인과 금융인들이 도시귀족으로 신분이 상승함으로써 도시의 하층민 또는 노동자들과 잦은 충돌이 일어났다. 더욱이 흑사병이 창궐하면서 도시에서만 생산되었던 공산품들이 극심하게 부족해졌고 도시민들의 임금과 수입이 급상승하였다. 이러한 도시민들의 급격한 성장은 영주의 붕괴로 이어지면서 장원제도에 의한 농촌 경제구조가 흔들리게 되었다. 장원제도의 몰락은 유럽인들의 식생활 문화도 바꾸어 놓았다. 농작지가 목축지로 바뀌면서 농작물 중심의 식탁이 우유, 치즈, 육류 등 유가공 식품들로 바뀌었다.

04
동로마제국의 멸망

325년 콘스탄티누스 1세는 고대 그리스 식민지였던 비잔티움에 제2의 로마제국을 건설하여 콘스탄티노플이라고 개칭하였고, 이는 비잔틴제국이라고도 불렸다. 당시에는 이 용어가 사용되지 않았고 그리스어로 로마제국을 의미하는 'Imperium Romanorum'이라 불렸다. 비잔틴제국이라는 명칭은 독일인 역사학자 볼프Wolf가 자신의 역사서(1557)에서 비잔티움이라는 용어를 사용하면서 시작되었고, 많은 학자들을 통하여 일반화되었다.

비잔틴제국은 서로마제국이 멸망한 뒤에도 로마의 새로운 중심 영역으로 천여 년 동안 존속하였다. 서로마제국의 황위가 게르만족에게 넘어간 이후에도 동로마인들은 자신들의 영역을 신의 은총과 영원한 로마의 위대한 유산을 물려받은 땅으로 여겼고, 기독교 국가라는 자부심을 지니며 스스로를 로마인이라 불렀다. 이들에게 서로마는 멸망한 것이 아니라 게르만족들에 빼앗긴 것일 뿐이며 언젠가는 회복해야 할 영토였다. 따라서 동로마인들에게 제국의 수도는 로마가 아니라 콘스탄티노플이었고, 로마제국의 정통성은 자신들에게 있다고 여겼기 때문에 비잔틴제국은 동로마제국이라고도 불렸다. 콘스탄티노플은 1453년 5월 29일 오스만 튀르크의 술탄 메메트 Mehmed 2세에 의해 멸망한 후, 그 명칭도 튀르크식으로 이스탄불이 되었다. 튀르크의 왕조가 망하고 터키공화국이 일어나 1923년 수도를 앙카라로 옮기면서 이 도시는 쇠퇴하였다.

동로마제국은 고대 그리스와 로마의 고전적 전통, 기독교와 이슬람 문화의 교차점이라는 지정학적 특성을 지녔다. 따라서 동로마제국은 고대 로마제국의 이념과 제도뿐만 아니라 종교적으로도 기독교를 국교로 삼았다. 하지만 문화는 헬레니즘을 토대로 하고 언어와 문화 생활면에서도 그리스 전통에 따라 중앙집권적 국가로 성장한 문화권이었기 때문에 라틴어 대신에 그리스어가 공식적 지위를 얻었다.

동로마제국의 문화

동로마제국의 문화는 막 시작된 서유럽에 정치 문화적 교섭을 통하여 지속적으로 영향을 끼쳤다. 제국은 신학뿐만 아니라 모든 학문과 문화의 중심지였으며 동유럽에 기독교를 포교함으로써 문화적 기초를 마련하였다. 제국의 인문주의적 교육과 고전 해석에 대한 지식은 이탈리아 르네상스에 기여했다. 동로마 문화의 가장 큰 공적의 하나는 고대 그리스 고전의 보존이었다. 학자들은 그리스 작품을 연구하는 한편, 필사하고 주석을 붙이는데 주력하였다. 그들은 고전에 관련된 사전과 문법서를 만들고 거대한 백과사전을 편찬하였으며 다양한 분야를 연구하였다.

동로마의 그리스 정교는 왕권신수설, 즉 황제 교황주의에 근거하여 황제가 교황보다 우월한 지위를 가졌다. 제국은 기독교를 바탕으로 동방의 색채를 지닌 강력한 전제군주국가로 성장하였고 문화에도 종교적 특징이 강하게 반영되어 신비주의적 경향이 두드러졌다. 그리스 정교는 동유럽으로 널리 확산되면서 동로마제국의 종교 정치적 이념은 러시아의 이반 3세에게까지 전승되었다.

동로마제국의 사회구조는 서유럽의 그것과는 분명한 차이를 보였으며 이는 유럽 역사가들의 흥미를 자극하였다. 12세기까지 동로마제국은 정치와 경제뿐만 아니라 문화적 측면에서도 가장 막강한 세력이었지만, 이후부터는 지나치게 광범위한 정복지의 영역이 오히려 새로운 문제를 불러일으켰다. 여러 종족간의 갈등, 종교적 분열, 변방의 잦은 침입, 끊임없는 정복전쟁 등은 제국의 재정과 인력에 심각한 부담이 되었다. 결국 행정 구조가 정복지에서 통제력을 더 이상 확보하지 못하면서 제국은 마침내 붕괴 위기를 맞았다. 동로마제국이 이처럼 호전적인 주변세력의 침략 속에서도 견딜 수 있었던 것은 무엇보다도 그들의 군사력 덕분이었다. 동로마제국의 육군과 해군은 다른 주변 국가들을 압도할 수준은 아니었지만 적어도 자신의 영토를 지킬 수 있는 수준은 되었다. 이들의 군대는 편제가 잘 짜여 있었고 훈련이나 무기 면에서도 부족함이 없었다. 따라서 제국이 멸망하는 그날에도 불과 7500여명의 병사들이 10여만의 오스만 튀르크에 맞설 수 있었다.

동로마제국은 거듭되는 외세침략에 대비하여 군관구제도와 둔전병제도를 실시하였다. 군관구제도란 여러 지역의 군사령관들이 군정과 민정을 담당하는 것이고, 둔전병제도란 변경 지역이나 군사 요충지에 주둔한 군대의 경비를 마련하기 위해 농민에게 토지를 지급하고 이에 따라 군복무를 부과하는 것이다. 이 제도는 외세의 침입에 효과적이고 재빠른 대응을 위해 마련한 것으로 군단장이 분할된 지역을 지휘할 수 있도록 군사권과 행정권을 모두 가진 것이었다. 전시에 군단장은 황제가 임명한 원정군 사령관이었지만 군관구가 점차 지방호족에 의해 강화됨에 따라 황제권한으로부터 독립되었다.

10세기 후반 군관구제도가 쇠퇴하고 서로마 말기에 있었던 라티푼디움 형식의 대토지 소유자가 등장하면서 사회는 향락적인 분위기로 돌아섰다. 지방호족들은 둔전으로 지급받은 병사들의 토지를 잠식하였고 땅을 잃은 병사들은 용병으로 대체되기 시작하였다. 거대한 토지와 사병을 거느린 지역의 군관구 행정관이나 대토지 소유의 호족들은 황제에게 대응할 수 있는 세력이 되었다. 이때부터 중앙의 관료계급과 호족들 간에 내분과 투쟁이 시작되었다. 결국 중앙 지배층들은 지방 제후들에게 밀리기 시작하였고 지역의 대토지 소유자였던 호족 출신 콤네우스 1세가 황제가 되면서 제국은 약해진 채로 십자군 전쟁을 맞았다. 동로마제국은 십자군을 이끈 서유럽과 동방의 튀르크라는 양쪽 세력 어느 하나도 견제하지 못한 채 오스만 튀르크에게 멸망하여 역사의 뒤안길로 사라졌다.

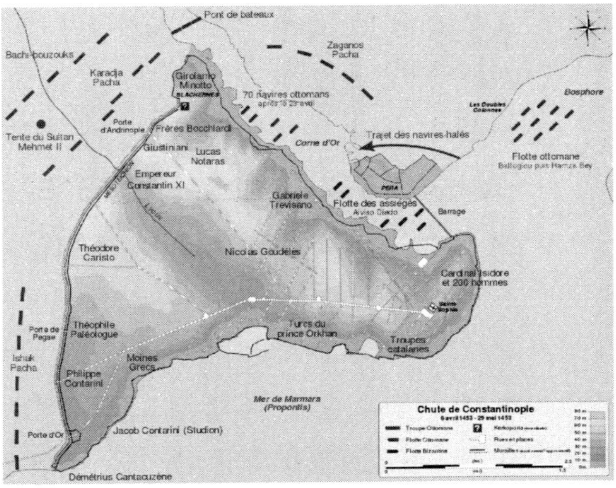

콘스탄티노플 공방전

동로마제국의 수도는 제4차 십자군(1204)에 의하여 단 한 차례만 함락되었을 정도로 난공불락의 요새였다. 흑해가 지중해로 빠져 나오는 보스포루스 해협에 위치한 콘스탄티노플은 내륙으로는 4세기 중반 테오도시우스 황제가 지어놓은 두터운 3중의 성벽으로 둘러싸여 있었으며 외벽에는 높은 성탑과 함께 10개의 거대한 문이 있었다. 나머지 3면도 해안을 따라 성벽으로 둘러싸여 있었다. 수차례의 외세에도 콘스탄티노플이 함락되지 않았던 이유는 두터운 3중 성벽뿐만 아니라 제노바와의 협약으로 흑해의 무역기지에서 지속적인 해상보급품을 받고 있었기 때문이었다.

튀르크의 메메트 2세는 콘스탄티노플을 함락시켜 자신의 위상을 드높이려 하였다. 그는 헝가리 출신의 대포 기술자 우르바노스의 공성포를 확보하였다. 이 포는 250kg의 포탄을 장전하는 시간이 많이 걸려 하루에 고작 7번 밖에 발사할 수 없었지만 성벽에 치명적인 무기였다. 다급해진 콘스탄티누스 11세는 서로마의 교황 니콜라스 5세에게 도움을 요청하였다. 그 대가로 교황은 비잔틴 황제가 바티칸에 복종할 것을 요구하였지만 그에게는 선택의 여지가 없었다. 이에 고무된 교황은 서유럽 국가들에게 동로마제국에 군사적 도움을 종용하였으나 교회의 간섭을 매우 귀찮게 여기던 국왕과 영주들은 시큰둥하였다. 더욱이 프랑스와 잉글랜드는 백년 전쟁 중이었고, 신성로마제국 또한 내분으로 혼란스러운 상태였다. 게다가 메메트 2세와 같은 동방세력이었던 헝가리와 러시아 그리고 우크라이나가 보스포루스 해협으로 나가는 길목을 막고 있었던 터라, 결국 콘스탄티노플은 다른 유럽 국가들의 지원 없이 혼자 싸워야하는 상태였다. 동로마에게 보다 실질적인 도움을 제공한 사람은 제노바 출신의 용병대장 지우스티니아니였다. 황제는 방어 전투의 전문가였던 그에게 전권을 주었다. 아울러 4차 십자군(1204)이 해안 성벽을 뚫고 콘스탄티노플에 난입하였던 전례를 반복하지 않기 위하여 황금 곶Golden Horn 입구에 거대한 쇠사슬을 걸어 튀르크 함선이 진입하지 못하게 막았다.

메메트는 7만의 정규군과 2만의 비정규 병력을 거느리고 1453년 4월 6일 콘스탄티노플 앞에 도착하였다. 메메트는 대포로 성벽에 집중 포격하였다. 이 공격으로 성벽에 약간의 틈이 생겼지만 많은 병사들이 일시에 진입하기에는 너무 좁았다. 이어서 제노바에서 온 수송함

대가 다르다넬스 해협을 순시하던 튀르크 함선들의 수비를 뚫고 황금 곶에 진입하면서 수비가 강화되었다. 메메트는 황금 곶을 가로막고 있던 거대한 사슬을 피하여 약 2km에 이르는 육로에 목재도로를 만든 후 그 위로 함선들을 올려 황금 곶 뒤쪽으로 이동하였다.

황금 곶에 들어온 튀르크 함선들은 직접적인 위협이 되지는 않았지만 콘스탄티노플의 해상보급로를 차단할 수 있었다. 성벽공격에 실패한 메메트는 군사들에게 성벽 밑으로 땅굴을 파서 입성할 것을 명령하였다. 이는 공성전에서 흔히 쓰이는 방법이었다. 무려 14개의 갱도를 팠지만 번번이 발각되어 하나도 성공시키지 못하였다.

튀르크군은 방법을 바꾸어 거대한 누차樓車를 밀어 외벽 밖의 해자에 접근한 다음, 병사들을 누차에 올려 성벽으로 이동시켜 공격하게 하였다. 콘스탄티누스 황제는 성벽 밖으로 나가 누차를 공격할 결사대를 모아 습격에 나섰다. 성을 지키기에도 급급한 수비군이 성 밖으로 나오리라고 예상치 못했던 튀르크군은 뜻밖의 공격에 당황하였다. 밤낮으로 무너진 성벽과 탑을 수리하며 거의 두 달간 쉴 새 없는 공격을 받은 동로마 수비군뿐만 아니라 공격하는 튀르크군도 계속되는 실패로 지쳐가고 있었다. 마침내 메메트는 마지막 공격을 해보고 실패하면 물러나기로 결심하였다. 마지막 공격 지점은 외부 성벽 중 가장 약한 곳으로 성공 가능성이 가장 큰 리쿠스 강江이 흘러드는 지점이었다. 튀르크의 마지막 공격은 5월 29일 새벽 2시에 시작되었다. 1,2,3차로 이어지는 공격은 수비군들이 휴식을 취할 수 없게 하였지만 수비병들은 몽롱한 상태에서도 투혼을 불살랐다.

튀르크의 마지막 공격도 무위로 돌아갈 무렵, 블라케르나에 근처의 돌문이 열려 있었다. 돌문은 수비병들이 성 밖으로 기습하기 위해 출입하는 문인데, 튀르크 병사들이 이 문을 통하여 성안으로 진입할 수 있었다. 일부 병사들이 근처의 탑을 점거하고 군기를 세웠다. 튀르크 군기가 휘날리자 성벽이 뚫렸다는 소문이 수비병력 사이에 걷잡을 수 없이 퍼졌고 수비군의 사기가 급격히 떨어졌다. 마침내 튀르크 본대가 성벽을 돌파하여 난입함으로써 동로마는 역사 속으로 사라졌다.

콘스탄티노플의 함락은 중세를 마감하고 근대가 시작되는 하나의 상징적인 사건으로 간주된다. 튀르크 군을 쉽게 물리칠 것으로 예상하고 콘스탄티노플의 지원을 거부하였던 서유럽 국가들은 큰 충격을 받았다. 마침내 동로마 역사에 종지부를 찍는데 성공한 튀르크는 자신들의 영향력이 유럽에서 집중될 것이라고 생각하였다. 튀르크가 오스트리아 빈 전투(1529)에 실패하기 전까지 이러한 우려는 현실로 나타났다. 그러나 서유럽이 비록 정치적으로는 분열되어 있었지만 군사적으로는 이슬람 세력에 대적할만한 힘이 있었다. 튀르크가 빈을 다시 한 번 포위하며 공격하였지만 1683년 폴란드와 독일의 연합군에게 패배함으로써 유럽에서 물러나게 되었다.

콘스탄티노플이 오스만 튀르크족의 손에 넘어가자, 적지 않은 동로마제국의 학자들이 그리스의 문헌들을 가지고 이탈리아로 대거 이주하였다. 동방의 학문과 예술이 서유럽으로 유입되어 이탈리아에 새로운 에너지를 전달하였다. 이는 유럽의 오랜 종교 질서가 붕괴하는데 일조하면서 유럽인들은 서서히 교회의 영향으로부터 벗어나기 시작하였다. 반면에 독일, 프랑스, 잉글랜드에서는 로마가톨릭의 쇄신을 요구하는 종교개혁이 일어났고, 이를 계기로 생성된 프로테스탄티즘은 르네상스와 함께 근대 유럽세계 형성에 중요한 의미를 갖게 되었다.

05
르네상스Renaissance

십자군 전쟁을 전후로 몽골과 이슬람의 위협으로 위기의식을 느낀 유럽인들은 고대 로마제국의 부귀와 영광을 더욱 그리워하였다. 이 시기의 사람들은 사실상 로마 문화의 부흥을 기원한 것이 아니라 세계를 지배하였던 로마의 강력한 국가를 염원하여 로마의 부흥이란 의미로 르네상스라 칭하였다. 그러나 당시의 피렌체, 밀라노, 베네치아 왕국을 보면 실제로는 로마제국으로의 재현이 아니라 그리스 도시국가 영광의 재현이었다. 왜냐하면 르네상스의 도시국가들은 고대 그리스 도시국가의 형태를 띠었기 때문에 로마의 그것과는 거리가 멀었다.

14-16세기 중엽까지 이탈리아에서 문학과 미술을 중심으로 새로운 문화가 나타났다. 이는 고대 그리스와 로마 문화의 재인식과 재수용을 의미하는 일종의 시대적 정신운동으로 유럽의 문학과 예술 전반에서 고전 문예부흥으로 이어졌고, 이에 앞장 선 사람들을 인문주의자라고 하였다. 인문주의라는 용어는 로마 시대의 정치가, 웅변가, 문학가, 철학자였던 키케로의 후마니타스Humanitas에서 유래되었

다. 이는 로마가톨릭교회의 권위와 기독교의 세계관으로부터 인간을 해방시키고 그리스 로마의 고전 문화에 대한 연구를 통하여 인간의 존엄성 회복과 문화적 교양을 발전시키려는 인본주의 사상이었다. 중세의 고전들은 기독교 교리를 벗어나지 않는 범위에서 연구되었지만, 르네상스의 인문주의는 종교의 속박을 벗고 새로운 세계관을 펼칠 수 있는 것으로 환영받았다. 역사적 측면에서 유럽은 르네상스의 시작과 더불어 기나긴 중세 시대의 막을 내렸으며 동시에 르네상스를 거쳐서 근대로 접어들었다.

이탈리아에서의 인문주의

인문주의는 지적 흐름과 독립적 자치기능을 지니고 있었던 이탈리아 중북부 도시들과 깊은 관계가 있다. 이탈리아의 도시국가들은 해상무역을 통하여 비잔틴제국뿐만 아니라 이슬람과의 교류를 통하여 서방 과 동방의 가교 역할을 해왔다. 11세기 이후 상업의 발달과 십자군 운동으로 인하여 도시들이 점차 자치 도시국가로 발전하면서 13세기 이전에 이미 봉건제도가 쇠퇴하였다. 13세기 말 경제성장기에는 사회계층의 변화로 독특한 시민문화가 형성되었다. 모직물 공업, 금융업, 원거리 무역을 통해 막대한 부를 쌓은 상인들을 중심으로 형성된 시민계층이 이탈리아 르네상스의 사회적 기반이 되었던 것이다. 이탈리아에서 가장 먼저 르네상스가 시작된 근본적인 이유도 여기에 있다.

알프스 북부의 귀족들과는 달리 이탈리아의 귀족들은 통상적으로 시골의 성보다는 도시 중심지에 거주했기 때문에 도시의 공적인 문제에 깊숙이 관여하였다. 이탈리아 귀족들도 금융이나 상업에 종사했고, 부유한 상인 가문들은 앞 다투어 귀족들의 예법을 모방하였기 때문에 귀족들과 상류 상인계층의 구분이 모호해졌다. 거상으로 성공하기 위해서는 읽고 셈하는 능력뿐만 아니라 공적으로 논쟁을 벌일 줄 아는 지식과 기법까지 요구되었다.

이탈리아 도시국가들의 번영과 더불어 고대 그리스 학문과 예술에 대한 안목과 이를 바탕으로 새롭게 창조하려는 의욕이 문학에서 시작되었다. 단테, 페트라르카, 보카치오에 의한 문학 작품들의 내용은 중세적이며 기독교적이었으나 교회 공용어였던 라틴어가 아닌 토스카나어로 쓰였다. 하지만 이 시기의 인문주의는 흑사병과 정치적 격변으로 더 이상 꽃피지 못했다. 미술은 14세기 피렌체를 중심으로 중세의 엄격한 봉건주의에서 벗어나 새로운 인문주의가 그 배경이 되었다. 미술에서 인간은 모든 사물의 중심이자 척도라고 하는 사상이 기본 토대였고, 지오토를 시작으로 한 회화는 15세기에 이르러 화려한 꽃을 피우기 시작하였다. 초기의 주요 모티브는 기독교와 그리스 로마 신화였다. 점차 초상화와 풍경화로 확대되면서 명암에 의한 입체감과 원근법을 통하여 공간이 사실적으로 표현되었다. 그림의 양식은 템페라와 프레스코로 구분되었다. 템페라 양식은 달걀노른자, 벌꿀, 무화과즙 등을 아교에 섞어서 나무판자 위에 그리는 방법으로 수성과 유성으로 구분되었다. 이 양식은 너무 빨리 마르기 때문에 색을 서로 섞어서 칠할 수는 없지만, 원래 색상에 가장 가깝게 마르기 때문에 작품의 최종적인 색상을 잘 예측할 수 있다. 반면에 프레스코 양식은 덜 마른 회반죽 위에 수용성 물감으로 채색하는 벽화형태로서 벽이 마르면 수용성 물감이 벽에 스며들면서 색채가 견고하게 붙는 기법이었다.

중세 말기에 이탈리아에서는 부가 편중되면서 도시에 대한 자부심이 커지고 문화에 대한 투자가 이례적으로 커졌다. 15세기 이후에 대부분의 도시국가들은 군주의 귀족가문들에 의해 세습되면서 지배되었고, 문화에 대한 후원은 점차 이들이 독점하였다. 특히 피렌체의 메디치 가문과 밀라노의 스포르차 가문이 재정적 부분에서 학자와 예술가들을 적극적으로 후원하였다. 하지만 피렌체 예술은 사보나롤라의 종교개혁으로, 스포르차 가문은 프랑스와의 전쟁 패배로 추방당하면서 토스카나 지역에서의 인문주의는 다시 쇠퇴하였다.

이 무렵 성 베드로 성당의 증축(1515)으로 많은 예술가가 모여 들면서 16세기에는 로마가 르네상스의 중심지가 되었다. 교황 니콜라스 5세는 최초로 기독교의 권위회복과 로마제국의 재건사업을 위하여 문예부흥에 박차를 가하였다. 이를 위하여 그리스 고전들이 라틴어로 번역되었다. 교황은 바티칸 도서관 건립뿐만 아니라 아비뇽 유수 이후 교황의 임시 거처였던 산타 마리아 마조레 대성당도 재건축하였다. 마조레는 '위대함'과 '중요한' 이라는 두 가지 의미를 지니며 성모 마리아에게 봉헌된 성당 가운데 가장 거대하였다.

메디치 가문을 무력으로 제압하려했던 교황 식스투스 4세도 예술과 문학을 장려하기 위하여 학교의 설립과 복원을 추진하였다. 시스티나 성당은 신임 교황을 선출하는 콘클라베가 열리는 장소로 유명하다. 성모 마리아 승천을 기념하여 봉헌된 이 성당은 식스투스 4세에 의해 복원(1481)되었기 때문에 명칭도 그의 이름에서 유래하였다. 이때 성당 내부의 좌우 벽면은 보티첼리의 〈모세의 일생〉, 〈그리스도의 생애〉, 〈악마의 시험〉를 비롯한 12점의 프레스코 벽화로 장식되었다. 좌측은 모세의 생애가, 우측은 그리스도의 생애가 그려져 있다.

교황 율리우스 2세는 보르자가 교황들이 폐허로 만든 교황령을 회복하는 과제를 최우선으로 보았다. 그는 교황보다는 교황령 군주로서 위대해지고자 했으며 이름도 카이사르에서 딴 율리우스Julius라 불렸다. 하지만 그는 고대 로마의 영광을 재현하고자 하는 열망이 가득하여 르네상스 예술을 가장 크게 후원한 교황으로서 당대의 강력한 군주들 가운데 한 사람이었다. 그는 건축가 브라만테에게는 베드로 성당의 재건축을, 미켈란젤로에게 시스티나 성당의 천장화와 벽화를, 라파엘로에게는 바티칸 궁전의 벽화와 천장화를 주문하여 르네상스 최고의 걸작들을 남겼다.

이탈리아 르네상스의 쇠퇴

130년간 지속되던 이탈리아의 르네상스는 정치, 경제 그리고 종교적 갈등으로 점차 쇠퇴하기에 이른다. 1494년 프랑스 왕 샤를 8세는 3만의 군대를 이끌고 알프스를 넘어 이탈리아 원정길에 나섰다. 이때 피렌체의 메디치 가문이 피신하면서 도시는 쉽게 함락되었고 이어 나폴리까지 정복당하자, 스페인은 자신들이 소유한 시칠리아가 함락될 것이 두려워 프랑스와 동맹을 맺었다. 이후 루이 12세의 두 번째 침공으로 이탈리아는 지속적으로 전쟁에 시달렸다. 가장 끔찍한 재앙은 1527년 스페인과 신성로마제국의 연합군 침공이었고, 이로 인하여 로마는 회복이 불가능할 정도로 파괴되었다.

이탈리아는 15세기까지 동방과의 무역을 사실상 독점하고 있었다. 이는 이탈리아에서 르네상스가 자라는데 중요한 경제적 밑거름이 되었다. 그러나 이 무렵 신항로가 발견되면서 무역로가 지중해에서 대서양으로 서서히 옮겨감에 따라 이탈리아는 세계 교역의 중심지로서의 우월한 지위를 천천히, 그러나 확실히 빼앗기게 되었다.

이탈리아에서 르네상스가 쇠퇴하게 된 마지막 원인은 종교개혁이었다. 유럽의 교회는 종교개혁을 통하여 로마가톨릭과 개신교로 분열되었다. 16세기에 로마가톨릭교회는 개신교의 확산을 막으려는 반종교개혁운동의 일환으로 예술과 문화 활동에 대한 일체의 행위를 통제하였다. 로마에 종교재판소가 설립(1542)되면서 교회가 문화생활까지 간섭하였다. 16세기 중반 이후까지 문화와 예술 활동이 전무하지는 않았지만 교회에 위해가 될 만한 그 어떤 행위도 용납되지 않았다. 1600년 우주의 무한성을 주장하다 이단으로 몰려 화형당한 조르다노 브루노Bruno와 지동설로 종교재판을 받은 갈릴레오 갈릴레이Galilei의 경우에서처럼 과학의 연구도 자유롭지 못하였다. 미술은 매너리즘에 빠져들기 시작하였다. 매너리즘이란 과거의 양식 규범을 모방하지만 다양하고 의도적인 조작을 통하여 독창적인 개성을 추구하는 형식이다. 결과적으로 르네상스에서 나타났던 자유로운 정신은 더 이상 찾아 볼 수 없게 된 것이다. 게다가 그동안 교회의 재정은 각종 세금과 헌금을 통하여 이루어졌는데, 교회의 분열은 자금의 고갈로 이어져 이탈리아 재정을 어렵게 하였다. 그 결과 이탈리아는 유럽의 종교와 문화에서 그 중심적 위치를 상실하였다.

북유럽에서의 인문주의

이탈리아에서 시작된 르네상스는 알프스를 넘어 유럽 전역으로 퍼져나갔지만, 이베리아 반도와 스칸디나비아 반도의 나라들은 이 영향을 거의 받지 않았다. 북유럽의 르네상스는 이탈리아의 그것과는 달랐다. 이탈리아의 인문주의가 심미적이고 세속적이었다면, 북유럽의 인문주의는 사회비판적이고 종교지향적인 경향을 띠었다. 북유럽에서는 이탈리아보다 봉건제도가 강하게 남아있어서 교회의 세력이 여전히 강력하였고 시민계급의 세력도 이에 맞설 만큼 강하지 못하였기 때문이었다. 그래서 이탈리아의 르네상스가 외적인 감정의 해방을 추구한 문화운동의 성격을 지닌 인문주의였다면, 북유럽의 르네상스는 내면적 양심의 해방운동으로서 종교와 사회에 대한 진지한 비판을 통한 기독교적 인문주의로 발전하였다. 그 결과 이탈리아 인문주의자들은 주로 라틴어 고전을 새롭게 발견하여 이를 부활하고 모방하는데 열중하였다. 반면에 북유럽의 인문주의자들은 그리스 고전의 탐구와 모방의 단계를 넘어서 교회의 체제와 교리에 대한 비판 과정으로 이어졌다.

북유럽의 르네상스가 빠르게 진전될 수 있었던 배경에는 인쇄술의 발달과 종교개혁을 빼놓을 수 없다. 인쇄술의 발달은 책을 더 값싸고 풍부하게 해줌으로써 인문주의의 확산을 촉진시키는 계기가 된 것이다. 인문주의자들은 기독교 복음을 신앙의 중심으로 회복하는 것이 무엇보다 중요하다고 믿었기 때문에 종교개혁을 통한 기독교인다운 생활이야말로 인문주의 자체를 가르치는 예비교육이라고 여겼다. 하지만 그들은 기독교가 성직자를 통한 의식 행위라는 것을 개탄했다.

단테A. Dante

중세의 기독교적 정신을 종합하여 인간이 지향할 목표를 제시하였던 르네상스 문학의 선구자였다. 훌륭한 가문과 명석한 두뇌, 지도자로서 뛰어난 자질을 지녔음에도 정치적 사건에 휘말려 피렌체에서 추방당한 단테는 유배생활을 하던 라벤나에서 죽기 직전까지 13년간 자신의 모든 역량을 다해 〈신곡La divina commedia〉을 완성한 것으로 추정된다.

〈신곡〉은 고전 중의 고전으로 호메로스와 베르길리우스의 장편서사시 전통을 계승하였고, 단테 자신의 인간적 고뇌, 슬픔, 사랑, 희망 등이 작품 전반에 녹아 있다. 이 작품은 중세에 쓰였음에도 불구하고 상류층 언어였던 라틴어가 아닌 토스카나 사투리로 쓰여 이탈리아어의 활성화에 적지 않은 영향을 끼친 것으로 평가되고 있다. 토스카나 방언으로 쓰였다는 것에는 누구나 이해할 수 있고 또한 모든 사람들의 마음에 쉽게 받아들여질 수 있도록 하기 위한 그의 의도가 담겨져 있다.

〈신곡〉은 중세 문학에서 가장 위대한 작품이자 이탈리아 문학의

최고 서사시로 평가되고 있다. 이는 영혼의 정화를 통해 천국으로 승천할 수 있다는 내용으로 기독교와 고전문학을 조화롭게 엮어서 사후세계에 대한 중세의 세계관을 보여주고 있다. 이 작품은 기독교 신앙에 바탕을 둔 죄와 벌, 영혼의 정화와 구원에 이르는 고뇌뿐만 아니라 천문학적 세계관까지 광범위하게 노래하고 있다.

〈신곡〉은 지옥, 연옥, 천국 세 편으로 구성되었다. 각 편은 33곡으로 이루어져 있으며, 앞부분에 이 시를 소개하는 서곡을 포함하여 모두 100개의 곡으로 구성되었다. 3이란 숫자는 삼위일체를 의미한다. 그 내용은 중세 기독교적 세계관을 여행 판타지 속에서 사실적으로 묘사하고 있다. 단테는 이야기 속에서 그리스 신화의 영웅들과 괴물들뿐만 아니라 역사적 실존 인물들과 조우하거나 만나서 이야기를 나누기도 한다. 작품의 결말이 해피엔딩이기 때문에 희극commedia이란 제목을 붙였다고 단테 자신이 말한 바와 같이, 삶의 가장 어두운 밤에서 시작하여 가장 환한 빛으로 끝나는 일련의 사건들이다.

지옥과 연옥은 그의 스승 베르길리우스가, 천국은 그의 영원한 사랑 베아트리체가 안내함으로써 사후 세계가 상세하게 묘사되었다. 특히 베르길리우스가 그의 조언자로서 여행에 동반했다는 것은 〈신곡〉의 지옥과 연옥편이 그의 작품 〈아이네이스〉에 그 바탕을 두었음을 의미한다. 또한 단테는 자신이 짝사랑했던 베아트리체를 돈 많은 금융업자와 결혼시켰던 그녀의 아버지 포르티날리를 증오하여 그를 9개 지역으로 이루어진 지옥의 밑바닥으로 추방시킴으로써 그에게 복수하였다.

연옥은 영적 구원을 받을 만한 영혼들이 천국으로 가기 전에 수양을 하는 곳으로 자신의 죄를 깊이 통찰함으로써 정화될 수 있는 기회를 얻는다. 단테와 베르길리우스는 여러 지역을 지난 뒤 지상의 낙원 천국에 도착한다. 이곳에서는 후광에 둘러싸인 베아트리체가 그를 천국으로 인도한다.

페트라르카F. Petrarca

경제적 어려움으로 성직자의 삶을 살았고 아비뇽의 교황청에서 근무하면서 방대한 장서를 탐독하였다. 풍부한 교양과 학식을 바탕으로 교황과 귀족들의 신임을 얻은 그는 특별대우를 받아 라틴어 작품을 저술하는데 대부분의 시간을 보냈다. 그는 한니발을 격파한 스키피오를 찬미하는 장시 〈아프리카〉로 로마의 계관시인이 되었다.

라틴어 작품 중에서도 금욕생활을 찬양한 〈고독한 생활에 관하여〉와 〈종교자의 무위에 관하여〉, 성 아우구스티누스와의 대화형식을 통하여 마음의 괴로움을 풀기위해 〈나의 비밀〉을 집필하였다.

14세기는 토마스 아퀴나스의 스콜라 철학이 사회 전반을 지배하던 시기였다. 페트라르카는 무익한 논의와 끝없는 변증법적 쟁론을 가진 스콜라 철학을 비난하며 고전을 통해 기독교인들이 지녀야 할 생활태도를 모색하였다. 그는 고대 로마제국 시대에 인간이 얻을 수 있는 최고의 것을 성취하였고, 그 이후 점차 부패하여 중세의 암흑시대까지 이르렀다고 보았다. 따라서 그는 역사를 종교적 사건의 연속이 아니라 사회문화적 진보로 간주하였고, 이를 위하여 고대 그리스 로마의 유산을 재발견하여 재생시켜야 한다고 주장했다. 또한 고전문헌을 모아 라틴어로 시와 책을 집필하면서 '나는 누구이고 인간은 어떻게 살아야 하며 어떻게 죽어야 하는가?'에 대해 사색하면서 인문주의적 자기성찰을 시작하였다. 따라서 아우구스티누스의 기독교 철학을 통하여 시작되었던 중세는 이제 페트라르카의 인문주의 사상으로 그 끝을 맺는다.

페트라르카는 아비뇽에서 만난 라우라라는 여인을 사랑하였기 때문에 그의 서정시는 주로 그녀에 대한 찬미와 애도였다. 그는 그녀를 향한 사랑을 표현하기 위해 소네트sonnet라는 장르를 창작함으로써 문학사에 한 획을 그었다. 소네트는 일정한 압운押韻 체계를 지닌 14행으로 된 서정시로서 프로방스 음유시인들의 연애시에 영향을 받은 시칠리아 궁정에서 시작되었다. 이는 시칠리아에서 토스카나 지역으로 전파되어 이곳에서 페트라르카의 시를 통해서 가장 세련되게 표현되었다. 페트라르카의 시는 초반부에서 거절당한 사랑으로 인한 비탄과 정열, 아름다움의 덧없음을 노래했지만, 후반부에는 지상의 욕망을 천상의 것으로 승화시킴으로써 '페트라르칸 러브'라는 용어가 생성되었다. 그의 시가 유명해질수록 라우라에 대한 관심이 높아지면서 그녀가 실존의 여성이 아니라 작가의 우의적인 상징으로 창작되었을 뿐이라는 견해도 제기되었다.

페트라르카는 라틴어로 많은 시를 썼지만, 그의 소네트는 당시 속어로 멸시 받던 이탈리아어로 쓰였다. 당시의 라틴어는 교회의 언어이자 중세시대의 공통어였기 때문에 그는 단테와 더불어 근대 이탈리아어를 대중화시킨 장본인으로 중세의 문화체계를 깨뜨렸다는 평을 받고 있다. 그는 최초의 인문주의자이자 르네상스의 아버지로 불렸고, 1374년 애독하던 베르길리우스의 시집을 베개 삼아 세상을 떠났다.

보카치오G. Boccaccio

문학 활동을 펼치던 중 밀라노에서 페트라르카와 만나 삶을 반성하고 신을 의식하면서 인문주의자로서 활동하였다. 그는 단테의 위대함에 강렬한 인상을 받아 그를 평생토록 존경하였다. 피렌체에 머물면서 〈데카메론Decameron〉을 집필했고, 영주의 초청으로 성 스테파노 교회에서 〈신곡〉을 대중에게 강의했다. 페트라르카의 죽음에 충격을 받은 그는 강의를 중단하고 은거 생활을 하다 생을 마감했다.

〈데카메론〉은 〈신곡神曲〉과 견주어 〈인곡人曲〉이라 불릴 만큼 뛰어난 작품으로 유럽 산문소설의 모범이 되었다. 단테가 높은 이상을 내걸고 중세 사회에 경고를 하였다면, 보카치오는 현실을 냉정하게 받아들이면서도 웃음과 풍자를 가미함으로써 근대소설의 선구자가 되었다. 인간의 심리를 묘사한 이 작품은 이탈리아어로 쓰인 최초의 산문으로 노벨라novella라는 문학 장르이다. 여기에 사용된 이탈리아어는 이른바 보카치오 산문이라는 것으로서 오래도록 산문의 교본이 되었다. 이는 당시의 초기 인문주의주의자들로부터 냉담한 평가를 받았지만, 서민들 사이에 급속히 전파되어 거리의 변사들이 그 이야기를 늘어놓을 정도가 되었다. 인쇄술도 없었고 종이도 귀한 시대에 설화 형식으로 구전된 것이다.

〈데카메론〉은 '10일간의 이야기'란 뜻이다. 이는 피렌체의 세 청년과 일곱 숙녀가 흑사병을 피하여 피렌체 교외 별장에 머물면서 10일간 이야기한 100가지의 내용을 수록하였다. 100이라는 수는 완전함을 의미하는데, 이는 단테의 〈신곡〉에서도 나타나고 있다. 이 작품은 죽어가는 중세 사회 속에 생명력 있는 섬이라고 할 수 있다. 유럽 전역에 흑사병이 창궐하는 동안 속세를 떠나 정화된 곳에서 젊은이들의 활기차고 감각적인 이야기들을 통하여 신세계가 생겨난 것이다. 그 내용은 주로 인간의 욕망과 모순 그리고 희로애락을 다루었으며 봉건 사회의 부조리를 조롱했던 휴머니즘의 산물이었다.

14세기에는 교황과 성직자들의 권위가 크게 추락하였다. 이에 따라 금욕주의에 대한 관심이 현저히 떨어지며 사회는 기독교의 억압에서 자유롭게 변화하면서 현세적 욕망의 분출도 자유로워졌다. 이러한 분위기 속에서 〈데카메론〉은 교회의 부패와 위선 그리고 인간의 육체적 욕망을 그려냈다. 따라서 이 작품에서는 사랑의 신 에로스가 세계를 지배한다. 남자와 여자는 사랑하기 위해 만들어졌고, 사랑에 대한 관심은 신분의 경계와 도덕의 법칙을 넘어 감각적이며 육체적으로 경험해야만 한다는 것이다. 이러한 내용은 종교재판에서 비도덕성 때문에 금서목록에 올랐지만 대부분의 성직자들이 이 금서를 읽고 즐겼다.

보카치오가 나폴리에서 겪었던 화려하고 방종한 향락적 생활은 작품에서 에피소드의 소재가 되었다. 그는 근무하던 바르디 은행이 파산하자 피렌체로 돌아왔다. 하지만 상인도 문학자도 되지 못하였다는 초조함으로 시간을 보내던 중, 1348년 페스트로 많은 피렌체

시민들이 죽어갔다. 작품의 서문에서도 불행한 사람들의 고뇌를 덜어 주기 위하여 이 책을 썼다고 기술되어 있다. 등장인물은 왕후와 귀족에서 악한과 가난뱅이에 이르기까지 모든 계층이 망라됐다. 이들은 한 사람이 한 개씩, 하루에 열 개의 이야기를 서로에게 들려주고, 헤어지기 전에 다음 날의 이야기 주제를 고를 사람들을 정하는 스토리로 구성되었다. 신을 경외하는 마음으로 금요일과 토요일에는 이야기를 하지 않았다.

에라스무스D. Erasmus

15세기 말부터 북유럽의 기독교 인문주의자들은 가톨릭교회의 부패와 무능이 한계에 도달했음을 인식하였다. 논리와 사색을 중시하던 스콜라 학파와는 달리, 설득과 실천을 강조하는 인문주의 전통

에서 볼 때, 교회의 문제는 이미 신앙으로 타협할 수 없는 지경에 이르렀기 때문이었다. 히브리어와 그리스어에 능통했던 신학자들은 잘못된 성경 번역과 기만적 교회 설교에 몸서리를 쳤고, 고대 그리스와 로마 철학에 해박했던 학자들은 기독교 이상과 비참한 현실의 괴리로부터 도피할 새로운 피난처를 꿈꾸었다. 그러나 이들의 노력은 교회가 초래한 정치 사회적 문제를 해결하기에는 턱없이 부족했다. 다만 기독교 인문주의자들은 국경을 초월한 친분을 가졌고 이는 근대 계몽주의자들을 열광하게 만들기에 충분했다. 그들은 이상과 현실의 괴리를 극복하기 위하여 서로의 학문적 관심과 신앙적 고민을 서신으로 교류하면서 하나의 지적 공동체를 구성하였다.

네덜란드의 사제이자 인문학자 에라스무스는 가톨릭교회를 비판하는 동시에 교회가 그리스도의 복음으로 회귀할 것을 역설하였다. 그는 신약성서의 주석에서 복음을 가르치는 주교들의 생활이 종교적 이념과 동떨어져있음을 지적하였다. 교황과 고위 성직자들이 성자들을 위한다는 미명아래 영지에 대한 세금과 공물 등으로 재산을 모아 하나의 왕국을 이루고 있다는 것이다. 복음 자체를 파괴하고 제 마음대로 계율을 만들며 자신들이 세운 규칙에 따라 공무를 판단하는 사람들에게도 신랄한 비난을 퍼부었다. 하지만 에라스무스는 결코 폭력이나 파괴에 의한 것이 아니라 다만 정화와 재건에 필요한 온건한 방법을 제시하였다. 부패한 교회를 고치는데 회초리가 필요하지만 권위를 파괴하지 않고 종교를 순화시킬 수 있는 방법을 택한 것이다.

〈우신예찬(1511)〉은 에라스무스가 이탈리아에서 대륙을 거쳐 잉글랜드로 가는 길에 구상하여 런던의 토마스 모어 자택에서 집필한 작품이다. 그는 모리아의 입을 빌려 당시의 어리석은 세상을 풍자하였다. 태어날 때 울음 대신 웃음을 터뜨렸을 정도로 실없이 웃었다는 우신 모리아를 통해 가식적 관념에서 인간을 해방시키는 어리석음과 웃음의 필연성을 역설하였다. 모리아의 어리석어 보이는 웃음 뒤에 가려진 날카로운 의식을 통해 진지함을 가장하는 관념과 권위, 오만과 독단, 부조리와 부패를 희극화한 것이다. 우신, 즉 '어리석은 신'에 대한 예찬은 교회에 대한 인문주의적 풍자였고, 이는 소박한 신앙심의 부활과 동시에 자연스럽고 자유로운 인간성의 회복을 의미한다.

〈우신예찬〉은 출간되자마자 커다란 호응을 얻어 유럽 각국의 언어로 번역되었다. 작품의 전반부는 우신을 통한 인간 생활과 인간의 본성을 파고들었다. 후반부는 당시 중세 말기의 교회와 성직자, 군주와 귀족, 일반 민중의 신앙내용 등에 대하여 예리한 비판을 가하였다. 에라스무스의 우신은 농담을 하듯 가볍게 시대의 어리석음과 사람들의 결점을 비웃으며 사람들의 불만을 대변하였다. 따라서 교황 레오 10세 조차도 이 책을 읽으면서 불쾌해하지 않았기 때문에 직접적인 종교적 박해는 피할 수 있었다.

종교개혁의 근거를 마련해 준 이 작품은 네덜란드에만 국한된 것이 아니라 바다 건너 잉글랜드의 토마스 모어에게도 깊은 감동을 주었다. 두 사람 모두 혁명이 아니라 기독교에 의한 정신적 개혁을 통하여 교회의 개혁을 원하였을 뿐이었다.

토머스 모어Th. More

잉글랜드의 법률가, 저술가, 사상가, 정치가이자 로마가톨릭교회의 성인이다. 토마스 모어는 대법관을 포함하여 여러 관직을 역임하였으며 평생 스콜라주의에 입각한 인문주의자로서 덕망이 높았다. 그는 혁명에 의한 종교개혁을 부정하였고 가톨릭교회를 통한 평화와 사회의 정의를 주장하였다. 따라서 그는 루터의 책들이 잉글랜드에 들어오는 것을 철저하게 막으면서 개신교에 반대하였다.

모어는 헨리 8세와 왕실의 특권을 주제로 한 문제에서는 왕의 새로운 정책에 협력하였다. 그러나 그는 헨리와 스페인의 공주 캐서린의 혼인무효 요청서에 서명하는 것을 거부하였고, 앤 불린의 왕비 대관식에도 참석하지 않았다. 하지만 왕에게 앤 왕비의 신분을 인정하고 왕의 행복을 바란다는 글을 보냄으로써 반역죄에서 벗어

날 수 있었다. 얼마 후 모어는 헨리 8세가 주장한 잉글랜드 교회의 수장령을 받아들일 것을 거부하여 반역죄로 런던탑에 갇혔다. 15개월 동안 옥중 생활을 하던 중에 수장령에 서명할 것을 요청하던 토마스 크롬웰Cromwell에게 침묵으로 반대의사를 표명하다 결국 참수형을 받고 단두대의 이슬로 사라졌다. 그는 자신이 국왕의 충실한 종이 될 수는 있으나 먼저 하나님의 종이 되어야 한다고 선언했던 위대한 신앙인이었다. 에라스무스는 죽음의 위협 앞에서도 끝까지 신앙적 양심을 지켰던 그를 눈보다도 더 순결한 영혼을 가진 사람이라고 애도하였다.

라틴어로 쓰인 〈유토피아utopia〉는 이상적인 정치체제를 지닌 상상의 섬나라로서 그리스어의 ou(= '없다')와 topos(= '장소')를 조합한 말로 '그 어디에도 없는 장소'라는 뜻을 지니고 있다. 그의 의도는 이를 현실 사회와 대치시켜서 현실을 비판하려는 것으로서 유토피아는 현실에는 결코 존재하지 않는 이상적인 사회였다. 상상력은 인간에게만 부여된 유일한 신의 은총이었다. 따라서 상상력에 의한 현실비판이야말로 유토피아의 진실성을 의미한다는 것이다. 유토피아는 중세 사회질서에서 근대 사회질서로 옮겨가는 재편성의 시기에 생성된 사회 모순에 대한 단적인 반성에서 생긴 것이다.

〈유토피아〉는 잉글랜드의 산업혁명 초기를 시대적 배경으로 쓰였

다. 이 당시의 사회는 실업자가 속출하는 등 사회적 혼란이 일고 있었다. 군주들은 자신의 재산이나 영토를 늘리는 데에만 전념하였고, 민중은 인클로저에 땅을 빼앗기고 심한 노동을 강요당하고 있었다. 국가나 법률도 가난한 사람들을 착취하기 위한 부자들의 도구에 지나지 않았다. 따라서 작품의 1부에서는 당시 잉글랜드의 사회 정치를 비판하는 내용으로 공상적인 이상향을 그려 현실을 이에 접근시키려는 사회 개혁적 성격을 띠었다. 2부에서는 완전한 사회를 위한 교훈적인 내용과 함께 조심스러운 풍자를 담고 있다.

〈유토피아〉는 과거 지인의 소개로 만났던 포르투갈 출신의 뱃사람 라파엘이 들려주는 유토피아에 대한 이야기를 대화형식으로 기술되었다. 여기서 라파엘은 아메리고 베스푸치의 친구로서 항해에 나섰지만, 그와 헤어지고 혼자서 항해를 계속하다가 유토피아라는 상상의 섬을 발견하였다고 한다. 이 늙은 선원의 입을 통하여 유토피아의 제도와 풍속 등이 서술되었는데, 이는 당시의 잉글랜드 사회에 커다란 반향을 일으켰다. 라파엘의 넓고 깊은 지식은 잉글랜드의 정치, 법률, 그리고 질서에 큰 영향을 끼쳤다. 이 작품은 정치가와 지식인들에게 부패한 기독교 사회의 개혁과 변화를 호소하고, 참된 공공성과 정의란 무엇인가를 묻는 기독교적 인문주의 성격을 지녔다. 그 뒤 유토피아는 이상향의 대명사가 되었다.

치마부에Cimabue

본명은 베치비에니 디 페포Pepo인데, 그의 거칠고 오만한 성격 때문에 '황소 머리'라는 뜻의 치마부에라는 별명이 더 잘 알려져 있다. 피렌체에서 출생한 그는 주로 피렌체와 아씨시에서 활동하였고 피사에서 사망하였다. 중세 비잔틴 화풍에서 르네상스 미술로 전환되는 시기에 회화의 거장으로 평가받고 있으며 지오토의 스승이라고도 한다. 단테가 지옥편에서 '그림에서는 치마부에가 패자의 자리를 유지한다고 생각하는데, 지금에 와서는 지오토의 명성만이 높고 그의 이름은 희미하게 되었네'라고 표현한 것과 조르지요 바사리Vasari의 〈미술가 열전(1550)〉에서 치마부에를 서두에 가장 먼저 언급했다는 사실에서 그의 명성을 가늠할 수 있다. 그는 인물의 입체적 표현과 섬세한 감정 묘사에서 독창성을 보임으로써 회화의 혁신을 예고하였다.

마에스터Maester는 황제 또는 최고 권위자를 존경하여 부르는 명칭이었지만, 회화에서는 천사나 성인들에 둘러싸여 성좌에 앉아있는 성모나 그리스도의 형상을 칭한다. 마에스터 벽화는 몬타페르티 전투(1260)에서 피렌체에 승리한 시에나가 승전을 기념하여 도시를 성모 마리아에게 바치기로 결정하면서 정치적 결속이나 화해를 기념하는 제단화로 시작하였다. 따라서 화가라면 누구나 한 번은 이를 그릴 정도였다. 치마부에의 〈마에스터〉도 다른 그림들과 마찬가지로 목판에 그려져 있지만, 이는 천상 세계의 찬란한 빛을 상징하기 위해 금박으로 덮여 있다. 왕좌에 앉아있는 성모자 주변에는 8명의 천사들이 호위하고 있다. 성모의 얼굴은 주변 인물보다 크게 그려졌고 성모자를 중심으로 서있는 천사들은 좌우 대칭을 이루고 있다. 이들은 엄숙한 표정으로 정면을 응시하고 있어서 다른 비잔틴 양식과 크게 다르지 않아 보인다. 하지만 천사들의 모습은 마치 8장의 카드를 포개 놓은 것처럼 보이는데, 이는 점층법을 이용하여 2차원의 평면화폭에 원근감을 나타냄으로써 공간감과 입체감을 나타내고 있다. 이 작품은 루브르 박물관에 소장되어 있다.

〈성모자와 성 프란체스코〉는 아씨시 프란체스코 대성당의 제단을 장식한 프레스토 벽화로서 종전의 비잔틴 양식을 따른 중세의 마지막 작품이다. 여기서도 특이하게 4명의 천사들이 성모자의 옥좌를 호위하고 있지만 그 왼쪽에 성 프란체스코를 등장시켰다. 성모자를 둘러싸고 있는 천사들은 서로 대칭을 이루고 있으나 성모의 얼굴은 이들과 비슷한 크기로 그려졌다. 이들의 모습도 엄숙함보다는 친근감 있게 묘사되었으며 종전의 형식적인 틀에서 벗어나 얼굴, 표정, 손짓 등을 통해 인간의 감정이 삽입되었다. 성모자의 신성한 격식이 모자간의 인간적인 유대로 옮겨가는 변화를 살펴볼 수 있다. 또한

자세히 보면 옥좌가 뒤로 물러나 있는 듯 보이는데, 이 또한 공간감 표현으로 2차원의 그림을 3차원으로 격상시킨 것이다. 〈마에스터〉에서와는 달리, 성모가 앉아 있는 옥좌가 좌측으로 향하고 있는데, 이는 제단 앞에 놓인 성 프란체스코의 유해가 안치된 곳을 바라보고 있다. 그가 안고 있는 것은 복음서이며, 그의 삶이 그리스도를 얼마나 열심히 따르려 했던가를 잘 보여주고 있다.

지오토Giotto di Bondone

피렌체 근교 베스피냐노 출신으로 비잔틴 전통에서 탈피한 르네상스 미술의 선구자로 여겨지고 있다. 그는 신 중심의 정형화된 예술에서 벗어나 고대 그리스 로마 시대의 자유로운 예술로 돌아가 인

간적 가치를 회복하려 하였다. 하지만 그의 생애에 대한 기록이 거의 없기 때문에 그의 작품에 대한 진위 여부에는 논란의 여지가 있다. 그의 진가는 파도바의 스크로베니 예배당(= 아레나 예배당)의 프레스코 양식과 템페라 양식에서 나타나고 있다. 스크로베니는 단테의 〈신곡〉에 언급될 정도로 악독한 고리대금업자였고, 이 예배당은 그의 아들이 아버지의 죄를 용서받기 위해 헌납한 개인 예배당이었다. 종전의 벽화들은 배경으로 대부분 황금빛이 장식되어 있지만, 지오토는 천장과 벽들을 한 번도 시도된 적 없었던 자연의 하늘빛인 파란색을 배경으로 한 프레스코 벽화로 장식하였다. 이때까지 아직 완벽하지 못했던 단축법과 투시도법 그리고 색의 명암을 통한 원근법까지 구사하고 있어 인물들이 더욱 사실적인 공간에 배치되어 있다.

지오토는 중세 기독교 예술과 비잔틴 예술을 그대로 답습하였다. 하지만 그림의 인물들이 정면을 응시하는 경향에서 벗어나 등장인물이 측면을 바라본다던가 아니면 뒷모습을 보이게 하였다. 구도에서는 먼 사물은 작게, 가까운 사물은 크게 그리는 단축법을 통하여 공간감과 입체감을 표현하는 르네상스 양식을 추구하였다. 또한 풍경과 건물들을 뒤에 넣음으로써 회화에서 배경이란 요소가 최초로 도입되었다. 이러한 기법은 이전까지 단순히 역사적 사실 기록을 위한 도구였던 회화를 보는 사람들에게 작가의 감정과 의도를 전달하는 매체로 바꾸어 놓았다는 평가를 받는다. 작품의 주제도 상상의 세계나 신화의 세계가 아닌 실제로 눈에 보이는 대상을 원근법에 따라 인간의 관점에서 생동감 있는 회화로 남겼는데, 이는 스크로베니 예배당의 프레스코 벽화 〈애도〉에서 잘 나타나고 있다. 담벼락이 사선으로 놓인 구도, 산과 나무들로 이루어진 배경, 전면에 등을 보이고 있는 인물들, 각기 다른 인물들의 생생한 표정, 얼굴을 찡그리며 고통스러워하는 천사의 모습을 통해 희생과 구원을 주제로 한 기독교의 숭고한 드라마에서 헌신적인 열정으로 그리스도의 죽음을 애도하는 인간의 모습이 나타나고 있다.

알베르티L.B. Alberti

피렌체 출신으로 철학자이자 건축가였으며 회화나 조각에 있어서는 창작뿐만 아니라 이론 구축에도 기여하였다. 파도바와 볼로냐의 대학에서 공부한 후 메디치 가문에 출입하면서 많은 예술가들과 사귀었다. 미술 작품이란 사람의 즐거움을 위하여 만들어져야 한다는 그의 생각은 기독교적 세계관을 전달하는 수단에 불과하였던 중세 가치관과는 근본적으로 달랐다. 따라서 그는 미술 작품에 대한 접근방식을 철저하게 인문주의 사상에 바탕을 두었고, 이는 르네상스 미술의 이론적 토대를 마련하는데 결정적인 역할을 하였다.

중세까지만 해도 화가들의 사회적 지위는 그리 높지 않았다. 르네상스에 와서 화가와 조각가들은 자신들의 작품을 위해서는 정신적 노동이 선행되기 때문에 육체적인 노동을 하던 다른 영역의 장인들과 차별화를 시도하였다. 이들은 그 근거로 회화에서의 원근법은 기하학이 전제되어야 한다고 주장하였다. 당시 교양인들이 기본적으로 배워야 교과목 중의 하나가 기하학이었는데, 이는 그림과 조각에서는 반드시 익혀야할 항목이라는 것이었다. 알베르티는 〈원근법(1436)〉의 제1권에서 회화의 과학적 또는 수학적 기초에 관하여 기술하고 있는데, 이는 화가들의 사회적 지위 상승을 위한 전략이었다는 견해도 있었다. 원

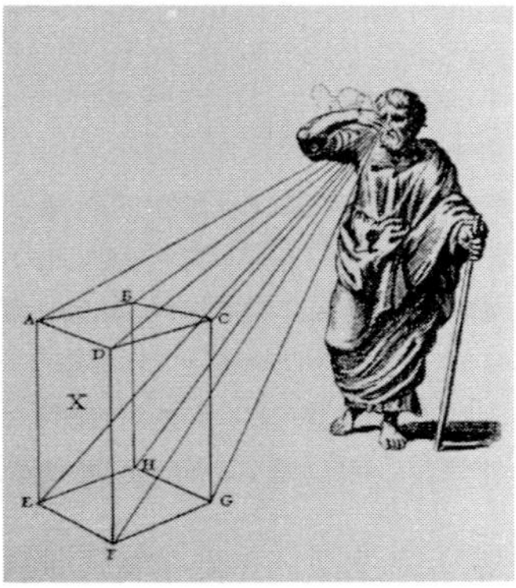

근법은 브루넬레스키가 창안하여 마사초에 의해 그림에 적용되었지만, 이에 대한 이론적 저서는 남기지 않았다. 알베르티의 〈회화론〉은 르네상스 화가들의 그림 구성, 채색 방법, 장면 연출에 대한 이론을 처음으로 정리한 것으로 젊은 화가 지망생들에게 보내는 편지형식으로 집필되었다. 또한 작품에도 성서의 주제는 하나도 나타내지 않고 고전으로의 회귀라는 르네상스 정신에 충실하였다.

〈회화론〉 앞부분에서는 점과 선, 각도 등 기하학의 기초 개념을 정리하였는데, 이는 비례에 의한 원근법적 구성의 기본개념을 밝힌 최초의 저작이었다. 우리가 사물을 바라보면 눈에서 빛이 뻗어나가 사물의 모든 부분에 닿는다. 사물에 도달한 빛이 점이되고, 점들이 다시 빛을 따라 우리 눈에 들어와서 그 사물의 크고 작음이 인식되어 그림의 형상으로 나타난다는 것이다. 이때 여러 사물을 바라보면 무수한 점들이 그림에서 나타나는데, 이 점들을 연결하면 입체감을 갖는 그림으로 완성된다는 시각 피라미드 이론이었다. 하지만 근거리의 사물은 뚜렷하게 보이는데 원거리의 대상은 흐릿해 보인다. 이는 색의 농도를 통하여 구분되어 근거리의 사물은 뚜렷하게 원거리의 대상은 흐릿하게 표현되는데, 이를 공기 원근법이라고 한다.

〈건축론(1450)〉은 건축가로서의 경험과 미학적인 원리를 바탕으로 기술되었다. 그의 이론은 고전의 미적 추구를 출발점으로 고대 건축예술의 감각을 종합하여 연구되었다. 그의 설계는 근대 건축양식의 전형을 보여줌으로써 바로크 건축에 커다란 영향을 주었다. 대표적인 건축물은 피렌체의 산타마리아 노벨라 성당이 꼽힌다. 이 성당에는 지오토의 〈십자가 상〉, 부르넬레스키의 〈십자가 상〉, 마사치오의 〈성 삼위일체〉, 기를란다요의 제단화가 있어서 초기 르네상스 미술의 보고로 여겨진다.

기베르티L. Ghiberti

피렌체의 프레스코 화가이자 최고의 조각가로 르네상스 미술에 대한 견해와 방법들을 설명한 자서전 〈코멘타리(1447)〉를 남겼다. 기베르티는 피렌체 세례당의 청동문 제작으로 명성을 떨쳤다. 이 세례당은 요한의 유해가 안치되어 있어서 성 요한 세례당 또는 산 지오반니 세례당이라고도 한다. 이 성당의 남문은 피사노가 요한의 생애를 조각하였고, 그 후 작업은 흑사병으로 중단되었다.

1401년 세례당 북문의 오래된 나무문을 청동으로 교체하기 위한 경합이 개최되었다. 이때 기베르티와 브루넬레스키가 최종 후보 2인으로 뽑혔다. 이 두 작가는 구약성서의 창세기에 나오는 이야기 중에서 이삭의 희생, 즉 아브라함이 이삭을 하나님의 명령에 따라 제물로 바치려는 그 순간 천사가 나타나는 그 장면을 높이 53.3cm, 길이 43.2cm의 틀 안에 청동으로 제작하는 경합을 벌였다. 기베르티가 우아한 구성미를 강조했다면, 브루넬레스키는 극적인 연출을 강조했다. 두 작품의 스타일이나 분위기가 너무나 달라서 예술적 우열을 논하기는 어려웠다. 두 사람에게 합동제작이 권유되었지만, 작풍이 너무 달라 공동제작이 불가능하다며 브루넬레스키가 사퇴하였다고 한다. 다른 설에 의하면, 브루넬레스키가 기베르티에 비해 약 1.5배 많은 청동을 사용했기 때문에 제작비용에 부담이 많다는 이유에서 기베르티가 선정되었다는 견해도 있었다. 두 작가의 청동작품은 피렌체의 바르젤로 미술관에 남아 있다.

경합에서 이긴 기베르티는 50여 년 동안 세례당 세 개의 문중에서 두 개의 문을 만들었다. 두 번째로 진행된 북문은 그리스도의 전기를 주제로 21년에 걸쳐 28면의 청동문으로 구성되었다.

마지막으로 동쪽의 정문은 27년간의 각고 끝에 구약성서를 주제로 정교한 양각을 세상에 내놓았다. 구약 성서의 여러 이야기를 보여주는 이 청동문은 성서 가운데 천국이 존재함을 나타내고 있다. 이 문은 가로 두 줄, 세로 다섯 줄 모두 10면으로 나눠지고, 각각 열 가지 주제 속에 동일한 인물이 한 장면에 중첩되어 등장하는 구도를 취하였다. 기베르티는 이처럼 시간과 공간을 초월한 이야기와 인물들을 한 화면에 묘사하는 동시적 기법을 사용하였다. 그 내용은 아담의 창조, 카인의 살인, 노아의 이야기, 아브라함과 이삭의 희생, 야곱과 에사우, 요셉 이야기, 모세의 십계명, 이스라엘의 예리코 함락, 다윗과 골리앗, 솔로몬 왕 이야기로 구성되어 있다. 이탈리아 초기 르네상스의 대표작 중 하나로 꼽히는 이 황금빛 문은 그 숭고한 아름다움에 감명을 받은 미켈란젤로가 이 문이야말로 천국으로 들어가는 문이라고 감탄하여 더 많은 유명세를 얻었다. 1966년 아르노 강江이 범람하여 작품의 일부가 부식되어 원본은 세례당 내부로 옮겨졌다. 이후 30여 년에 걸친 복원작업으로 2점의 복제품이 제작되어 1점은 원래의 자리에 설치하고, 다른 한 점은 두오모 오페라 박물관에 전시되어있다.

브루넬레스키F. Brunelleschi

피렌체에서 태어나 금은 세공기술과 조각술을 익혔으며 르네상스의 건축의 선구자로 꼽힌다. 브루넬레스키의 주요 작품들은 모두 피렌체에 있다. 그는 특히 멀리 떨어져있는 사물이 작게 보이는 것을 수학적으로 계산하여 그 이론을 체계화시켜 알베르티의 원근법을 구체화하였다. 산타마리아 델 피오레 대성당의 지붕설계가 이 원근법을 이용하여 거대한 공간을 구성한 것으로 유명하다.

13세기 말 산타 레파라타 대성당이 붕괴될 위험에 처하자 피렌체 정부는 피사와 시에나의 그것을 뛰어넘는 새로운 두오모(= 대성당)를 건축하기로 결정하였다. 아르놀포 디 캄비오Cambio의 설계로 시작되었고, 종탑은 지오토에 의해 건축되었다. 피렌체 대성당의 돔 건축을 위한 공모전이 있었을 때, 기베르티를 비롯한 다른 많은 건축가들을 물리치고 그의 설계안이 채택되었다. 이때 그는 전통적으로 사용하던 뼈대 틀을 쓰지 않고 석재보로 된 틀 사이에 벽돌을 쌓아 돔을 올리는 고대 로마인들의 건축법을 보여주었다. 특히 대성당에 높이 치솟은 돔과 실내로 빛을 들어오게 하는 구조물인 랜턴을 그 돔 위에 설치하기 위하여 발명한 기계들, 건축설계의 계획안들은 과학기술의 정교함 그 자체였다. 돔을 볼트로 씌우는 방법을 고안하여 공사에 필요한 기계를 제작하고 지붕 꼭대기의 랜턴과 측면의 반원형 주교좌석을 설계한 것이다. 이 성당의 돔은 목재 지지구조 없이 지어진 최초의 팔각형 지붕으로 오늘날에도 세계에서 가장 큰 석재 건축물이다. 두오모가 마침내 완공되었을 때, '꽃의 성모 마리아'라는 뜻을 지닌 산타 마리아 델 피오레 대성당은 세계에서 가장 큰 기독교 교회였다. 지금은 로마의 베드로 성당, 영국의 세인트 폴 성당 다음으로 세 번째로 큰 성당이다.

마사치오Masaccio

피렌체 근교에서 태어난 화가로서 스물일곱의 젊은 나이에 요절하였다. 본명은 토마소 구이디Guidi인데, '돌덩어리'란 뜻을 지닌 마사치오라는 별명으로 불린다. 이는 그가 세간의 이목에 관심을 두지 않고 옷을 아무렇게나 남루하게 입고 다녀서 그런 별명을 얻었다고 한다.

지오토의 유산을 물려받은 그는 건축가 브루넬레스키의 원근법 원리와 조각가 도나텔로Donatello의 인체 입체감을 회화에 접목시켰다. 두 사람의 권유로 로마로 간 그는 고대 그리스와 로마 작품을 배웠고, 이 시기를 기점으로 화려한 장식의 고딕 양식에서 벗어나 좀 더 자연스럽고 사실적인 묘사에 치중하였다. 화가로서의 위대함은 그가 자연을 그대로 표현하는데 성공했다는 것이다. 자연의 모방은 회화의 본질로서 르네상스 미술의 특징이 있었기 때문이다.

초기 르네상스 회화의 기초를 확립한 마사치오는 빛과 그림자를 사용하여 사물의 원근과 입체감을 표현하였다. 당시 작품에는 동화책을 연상시키는 화려한 복장의 귀족이나 성인들이 주로 등장하였다. 이러한 화풍은 산골 마을에서 소박하게 살아온 그에게는 낯설게 느껴졌다. 가난에 시달리며 하루하루를 사는데 급급했던 그로서는 현실 문제를 화폭에 담는 것이 더 가슴에 와 닿았을 것이다. 마사치오는 미천한 사람들을 성화에 등장시킨 최초의 화가로서 동냥하는 거지, 헐벗은 가난뱅이, 앉은뱅이들이 그림의 단골손님들이었다.

산타마리아 노벨라 성당에 있는 프레스코 양식의 〈성 삼위일체〉는 15세기 전반에 그려진 피렌체의 가장 대표적인 작품이다. 이는 렌치 가家의 묘를 장식을 위해 그린 프레스코 벽화로서 하단의 좌우 가장자리에 그림을 의뢰한 부부가 나타나 있다. 벽화 하단의 재단에는 사람의 해골이 그려져 있고, 그 재단 위에는 '당시도 나와 같이 될 것이다'라는 비문이 적혀 있다. 이는 모든 사람은 죽을 수밖에 없고 이들을 위해 그리스도가 왔

다는 것을 의미한다. 이는 3차원의 입체감을 주기위해 십자가를 중심으로 하나님과 마리아와 요한을 수학적으로 계산된 삼각구도에 따른 선 원근법을 적용한 최초의 걸작이다. 소실점은 그림을 보는 사람의 눈높이에 위치하며, 양쪽의 두 인물이 보는 이를 그림 속에 몰입케 한다. 높이가 다른 채플과 제단으로 이등분된 이 그림의 구조를 보면, 위쪽의 채플이 공간 안으로 들어가는 것 같은 공간감과 입체감을 주고 있다. 십자가에 못 박힌 그리스도의 팔과 그를 부축하기 위해 두 팔 벌린 하나님의 모습은 마치 실제로 매달린 것 같은 착각을 일으키게 할 만큼 자연스런 사실감이 느껴진다. 이는 마사치오의 단축법이 얼마나 정확했는지를 단적으로 보여주고 있다. 그 외의 작품으로는 〈낙원에서 추방되는 아담과 이브〉, 〈세례자 성 베드로〉 등이 있다.

보티첼리S. Botticelli

본명은 알레산드로 디 마리아노 필리페피Fillipepi였지만, '작은 술통'이라는 뜻을 가진 보티첼리로 더 잘 알려져 있다. 피렌체의 주요 교회들과 로마 시스티나 성당의 종교화를 그렸다. 보티첼리에 관한 믿을만한 전기적 자료는 많지 않다. 그는 피렌체 회화의 위대한 혁신자였던 마사치오의 웅장한 양식에 친밀감을 첨가하여 화폭에 담았다. 명암 처리법에서 그의 영향을 크게 받았지만, 마사치오와 달리 세부묘사에서는 보다 부드러운 감정을 나타냈다. 보티첼리는 로렌초에게 고용된 후 메디치 가문과 그 추종자들의 이미지를 각인시킨 초상화를 많이 그렸고, 교황 식스투스 4세의 초청으로 로마에 가서 교황들의 초상화 와 시스티나 예배당의 벽면에 3점의 대형 프레스코 화畵를 그리기도 하였다. 그의 후기 작품은 고딕 양식을 재수용하면서 감정적으로 강한 표현을 드러내는 특징을 지녔다.

대표적인 작품으로는 〈봄La Primavera〉과 〈비너스의 탄생〉이 있으며, 두 작품 모두 피렌체의 우피치 미술관에 소장되어 있다. 조르조 바사리의 설계로 건축된 이 미술관은 코시모 데 메디치가 시청사였던 시뇨리아 궁전을 사저로 만들어 베키오 궁전으로 바꾼 뒤 행정과 사법 업무를 담당했던 건물이었다. 우피치uffizi이란 명칭도 '집무실'이란 뜻이다. 르네상스 회화를 가장 많이 소장하고 있는 우피치 미술관은 1737년 메디치 가문이 공익을 위해 국가에 기증함으로써 일반인들에게 공개되었다.

〈봄〉은 마상대회에서 우승한 줄리아노 데 메디치와 그의 연인 시모네타 베스푸치의 사랑을 축복하여 문학적으로 승화시킨 안젤로 폴리치아노의 〈라 지오스트라〉라는 시를 보티첼리가 그림으로 형상화한 것으로 카스텔로 별장을 장식하고 있다. 보티첼리는 신화의 이야기를 그대로 묘사한 것이 아니라 나름대로 창작하여 자신이 의도를 나타냈다. 그림 중앙에는 꽃이 만발한 숲속에 미의 여신 아프로디테와, 눈을 가리고 화살을 겨누고 있는 사랑의 신 에로스가 그려져 있다. 좌측 상업의 신 헤르메스는 금융업을 했던 메디치 가문을 상징하며, 그는 어두운 구름을 휘저어 겨울을 걷어내어 봄을 재촉하고 있다. 그 옆에는 헤르메스와 삼미신 카리테스(= 에우프로쉬네, 아글라이아, 탈리아)가 좌우 모습과 뒷모습으로 그려져 있는데, 이는 여성의 아름다움을 다각도로 표현한 것이다. 오른쪽에는 서풍 제퓌로스가 꽃을 물고 있는 자신의 연인이자 꽃의 요정 클로리스를 잡으려하자 그녀는 꽃으로 장식한 플로라로 변신되고 있다. 배경에는 메디치 가문을 상징하는 오렌지 나무와 올리브 나무가 있고, 바닥에는 170여 종의 500송이 꽃들이 밟히지 않아 마치 신들이 꽃 위에 떠 있는 느낌을 주고 있다. 이 작품은 우피치 미술관에 소장되어 있다.

〈비너스의 탄생〉은 메디치 가문의 로렌초가 자신의 결혼을 기념하기 위해 주문한 그림으로 당시 철학자들이 설명한 인간의 영혼을 신플라톤적 해석을 통하여 시각화하였다. 15세기 신플라톤주의자들은 아프로디체의 본성을 인간의 육체적인 사랑을 불러일으키는 지상의

여신과 형이상학적 사랑을 고취시키는 천상의 여신으로 구분하였다.

미의 여신인 비너스는 푸른 바다 거품에서 태어나 조개를 타고 퀴프로스 섬에 도착하고 있다. 이 작품의 제목이 〈비너스의 탄생〉이지만 작품의 내용은 탄생의 순간보다는 퀴테라 섬에 도착하는 순간을 묘사하고 있다. 보티첼리는 비너스의 모습을 사실보다는 느낌에 따라 그림으로써 아름다움을 묘사하고 있다. 축 처진 비너스의 왼쪽어깨와 팔, 잠에서 막 깨어난 듯한 몽롱한 얼굴 표정은 순결하고 정숙한 여인의 향기를 느끼게 한다. 클로리스를 안고 있는 서풍 제퓌로스가 비너스를 향해 바람을 일으켜 그녀를 해안으로 이끌고 있고, 오른쪽에는 계절의 여신 호라이가 외투를 들고 그녀를 맞이하고 있다. 이 작품은 서풍이 불어 봄이 오고 비너스가 토스카나 해안에 도착함으로써 피렌체의 메디치 가문에 여명이 밝아온다는 것을 의인화하여 시각적으로 표현한 것이다.

레오나르도 다 빈치Leonardo da Vinci

어머니가 농사꾼의 딸이기에 아버지와 신분차이로 결혼을 하지 못하여 피렌체 근교의 빈치에서 서자로 태어났다. 피렌체에서 부친의 친구 베로키오Veroccio에게서 도제수업을 받았다. 이곳에서 인체 해부학을 비롯하여 자연현상의 예리한 관찰과 정확한 묘사를 습득하여 당시 사실주의의 교양과 기교를 갖추었다.

레오나르도는 르네상스 화가들의 사실기법을 집대성하여 명암에 의한 입체감을 표현하는데 성공하였다. 점차 15세기의 요소를 극복하고 주관과 객관의 조화를 이루는 고전적 예술의 단계에 도달하였다. 레오나르도의 그림은 누가 보더라도 최고의 수준이었다. 하지만 그에게는 결점이 있었다. 주문받은 일감을 끝까지 완성시키지 않는 일이 잦았다. 1478년 처음으로 그림을 단독으로 맡았을 때도 밑그림만 겨우 그리고 그만 두었다. 이런 습관은 평생을 따라 다녔고, 그가 그린 것이 분명한 완성작의 수는 스무 점을 넘지 않는다.

피렌체를 공포로 몰아갔던 사보나롤라의 종교개혁 광풍이 진압되고, 신임 피렌체 시장이 도시의 명성을 되찾고자 자국 출신의 거장들을 다시 불러 모았다. 이때 레오나르도와 미켈란젤로가 만나게 되었다. 레오나르도는 하나에 열중하는 것이 아니라 다방면으로 관심을 두고 작품을 만들었으며 사람들과 어울리는 걸 좋아해서 신망이 두터웠다. 반면에 미켈란젤로는 자존심이 강하고 한 분야에 집중하는 편이었고, 충실한 믿음과 헌신을 보여주지 않는 사람들을 기피하여 사람들과 어울리는 걸 좋아하지 않았다. 피렌체 시장은 애국심을 고취시키기 위하여 두 사람에게 '전투'라는 소재를 가지고 시청사 대회의실 양쪽 벽을 장식할 프레스코 화畵를 주문하였다. 이때 레오나르도는 피렌체가 밀라노를 상대로 대승하였던 〈앙기아리 전투〉를, 미켈란젤로는 피사를 상대하였던 〈카시나 전투〉를 그렸다. 그러나 레오나르도의 작품은 그가 발명한 새로운 종류의 니스가 흘러내리면서 물감도 함께 벗겨지는 바람에 훼손되었고, 미켈란젤로는 교황 율리우스 2세로부터 작품 의뢰를 받아 로마로 떠났기 때문에 두 그림 모두 완성되지 못하였다.

레오나르도는 르네상스를 대표하는 가장 위대한 예술가일 뿐만 아니라 생존했던 가장 경이로운 천재 중 한 명이었다. 회화에서 르네상스의 가장 훌륭한 업적이었던 원근법과 자연에서의 과학적 접근, 인체의 해부학적 구조, 이에 따른 수학적 비율 등이 그에 의해 완벽히 완성되었다. 특히 윤곽선 없이 명암으로만 그려진 〈모나리자〉를 비롯하여 〈최후의 만찬〉, 〈모나리자〉, 〈성 안나와 성 모자〉, 〈세례자 요한〉, 〈동굴의 성모〉, 〈동방박사의 예배〉 등으로 그의 명성이 자자했다.

〈최후의 만찬〉은 밀라노 산타 마리아 델레 그라치에 성당의 식당 벽화로 그려진 것으로 완성된 작품 중의 하나이지만 훼손이 심하다. 당시에는 벽을 약간 뜯어낸 뒤 축축한 회반죽을 얇게 발라 마르기 전에 빠르게 그리는 프레스코 양식이 일반적이었지만, 레오나르도는 매우 이례적으로 가능한 한 매끄럽게 만든 벽에 계란 액을 입히고 그 위에 유화를 그리는 템페라 기법을 활용했다. 그는 훨씬 섬세하고 다양한 색채를 구사하기 위하여 프레스코보다 템페라 양식의 유화를 선택한 것이다.

〈최후의 만찬〉에는 그리스도를 가운데 두고 제자들이 6명씩 양쪽에 앉고, 다시 3명씩 모여서 4그룹으로 나뉘어져 있다. 그림의 소실점은 그리스도의 얼굴이고 그리스도와 인물들은 삼각형 구도를 이루고 있다. 뒷면에도 3개의 창문이 그려져 있는데, 3이라는 숫자는 기독교의 삼위일체를 상징한다. 하지만 그리스도와 12제자들은 성인인데도 후광이 없는데, 이는 르네상스 양식에 따른 것이다. 최후의 만찬은 유월절의 만찬으로 해가 진 다음에 먹는데 창 밖 풍경은 대낮으로 훤하게 보인다. 그리고 최후의 만찬에서는 일반적으로 양고기, 빵, 포도주가 나타나는데, 여기서는 성배와 포도주 병이 보이지 않으며 음식도 생선으로 대체되었다.

이 작품은 요한복음 13장의 내용을 시각화한 것이다. 그리스도가 '너희들 중에 나를 팔아넘길 자가 하나 있느니라'라고 말하고 난 직후의 상황이다. 이 말을 들은 제자들의 반응은 제각각이었다. 그림의 가장 왼쪽에는 바르톨로메오, 왼손을 뻗어 베드로를 진정시키는 작은 야고보, 두 손을 들어 자신의 무고함을 알리는 안드레아가 있다. 그 옆에는 성질 급한 베드로가 오른손에는 칼을 들고 왼손으로는 요한의 어깨에 손을 얹으며 그가 누구냐고 묻고 있고, 손에 돈주머니를 들고 있는 가롯 유다가 앉아 있다. 그리스도 왼쪽에는 요한의 형 큰 야고보, 그리스도의 부활을 믿지 못하고 손가락을 넣어 성흔을 확인하였던 토마스가 손가락을 치켜들고 있고, 두 손을 가슴에 대고 자신의 무고함을 알리는 필립보가 있다. 오른쪽에는 마태, 유다, 시몬이 지금 무슨 일이 있는 것이냐며 머리를 맞대고 심각한 토론을 하고 있다. 이 작품은 인물들의 대칭구조와 수학적 계산에 의한 원근법을 통하여 제자들의 성격에 따라 서로 다른 표정과 몸짓들을 생동감 있게 잘 표현하고 있다.

레오나르도는 인체해부를 통하여 인체묘사와 의학발전에 영향을 끼쳤을 뿐만 아니라 과학에도 뛰어난 재능을 보였던 말 그대로 르네상스의 대표적인 인물이었다. 그의 연구결과는 19세기 말에 들어서 주목을 받으면서 과학적 천재성이 입증되었다. 1519년 프랑수아François 1세의 초빙으로 프랑스 보아 주에 가서 건축과 운하 공사에 참여하다가 생을 마감했다.

미켈란젤로Michelangelo Buonarroti

13세에 기를란다요Ghirlandajo에게 입문하여 스승도 그의 재능을 질투할 정도로 천재성을 보였다. 메디치 가문의 로렌초에게 인정받아 그의 아들들과 함께 생활하면서 인문학자들과 접촉하며 고전문학, 구약과 신약을 탐독하였고 조각을 위한 인체해부에도 전념하였다. 미켈란젤로는 그림보다는 조각에 그 비중을 더 두었다. 그는 자신의 철학과 종교, 사상과 고뇌를 조각 작품으로 나타내고자 했다. 메디치 가문은 조각가 도나텔로의 다비드 동상을 시청사 앞 광장에 세웠다. 어린 모습을 한 이 동상은 다시 미켈란젤로에 의해 성인 다비드로 바뀌었다. 피렌체와 같이 작은 도시국가는 골리앗을 작은 돌로 물리친 다비드와 같은 영웅을 필요로 하였고, 또한 그와 같은 위용을 시민들에게 알리기 위하여 제작되었다.

종교개혁자 사보나롤라가 피렌체를 장악하여 사회가 혼란하자 미켈란젤로는 로마로 갔다. 당시 로마에 체류 중이던 프랑스 추기경

장 드 빌레르가 그에게 작품을 의뢰하였다. 커다란 대리석을 깎아 만든 〈피에타〉은 그의 장례미사 기념비로 제작되었지만 베드로 성당 입구 오른쪽에 있는 경당으로 옮겨졌다. 이 작품은 피렌체의 다비드 상, 성 베드로 대성당에 보관 중인 모세 상과 더불어 그의 3대 작품으로 꼽힌다.

십자가에서 내려진 그리스도를 안고 있는 성모의 모습은 여러 작가들에게 그려졌지만 조각으로는 처음 제작되었다. 미켈란젤로는 성모의 어깨띠에 유일하기 자신의 이름을 새겨 넣었다. 작품에서 그리스도를 안고 있는 성모의 얼굴이 너무 젊고 그리스도보다 크게 제작되었다. 성모의 모습이 젊고 아름답게 표현된 것은 그녀가 하나님의 부르심을 받았기 때문에 천사의 얼굴을 띤 것이라고 하였다. 하지만 그리스도는 세상에 오셔서 십자가에 못 박히는 고통을 받았기 때문에 그의 처절한 모습을 통하여 보는 이들로 하여금 양심의 성찰을 일으키게 하려는 것이었다고 한다. 이 작품은 고전적인 아름다움을 강조한 르네상스 당시의 이상과 자연주의의 균형을 이룸으로써 예술학적으로 커다란 의미를 지니고 있다.

시스티나 성당의 천장에 거대한 균열이 생기면서 오래된 장식들

이 훼손되기 시작하였다. 교황에게 의뢰를 받은 미켈란젤로는 천지창조부터 노아의 방주까지 총 9개의 그림으로 구성된 〈천지창조〉라는 천장화를 4년에 걸쳐 완성하였다. 이 천장화는 원래 교황 율리우스 2세가 브라만테에게 지시하였지만 엄청난 고통을 감수해야하는 작업이란 것을 안 그가 미켈란젤로에게 넘겼다. 4년 6개월 동안 누운 자세로 그려야했고 게다가 변덕스러운 교황과의 다툼도 빈번하여 그에게는 아주 힘든 작업이었다. 중앙에는 창세기가, 네 모서리에는 구약의 9가지 구원 이야기들이, 외부 테두리에는 그리스도의 조상과 예언자들이 묘사되어 있다.

여러 장면들 가운데서도 '아담의 창조'는 하나님과 아담의 손가락이 닿을락 말락한 장면으로 잘 알려져 있다. 그러나 이 아담의 손가락은 미켈란젤로가 그린 원본이 아니라 그의 제자 카르네발리가 다시 그린 것이다. 미켈란젤로의 천장화가 완성된 후 성당의 천장에 균열이 생기면서 아담의 손가락 일부가 파손되었기 때문이다. 여기서 몽롱한 표정에 힘없이 손가락을 내뻗은 아담에게 하나님은 강인한 눈빛에 역동적인 손가락을 통해 생명과 지능을 전해주고 있다. 그 위에는 아담이 잠든 사이에 갈비뼈를 떼어내 만들었다는 '이브의 창조'가 그려져 있다. 두 사람이 천국에서 추방되는 장면 '원죄'에서는 뱀의 유혹으로 금단의 열매를 따먹고 있는 모습과 천사에게 쫓겨나는 모습이 동시에 묘사되어 있다. 구약성서의 인물 343명이 그려진 이 천장화에는 그 왼쪽에 천국으로 오르는 영혼이, 오른쪽에는 지옥으로 떨어지는 영혼이 그려져 있다. 이러한 동적구도의 표현은 르네상스 고전양식의 해체와 격정적인 바로크 양식으로의 추이를 보여주고 있다.

교황 클레멘스 7세가 그동안 동맹관계에 있던 신성로마제국으로부터 등을 돌리고 프랑스와 손을 잡자 이에 격분한 황제 카를 5세가 로마로 진격(1527)하여 약탈을 자행하였다. 겨우 목숨을 구한 교황은 이러한 외세의 침공과 종교개혁으로 난국이 된 로마교회의 지상권을 되찾고자 하였다. 그는 미켈란젤로에게 기독교의 준엄한 심판을 알릴 수 있는 그림을 요청하였지만 그 전에 사망하였다. 신임 교황으로 오른 바오로 3세의 주문으로 〈최후의 심판〉이 완성되었다. 이 작품은 단테의 〈신곡〉에서 나타나는 천상세계에서 지하세계까지를 형상화한 것이다.

미켈란젤로는 그림을 그리기 위한 벽 부분의 상단에 벽돌을 쌓아 앞으로 기울어지게 벽면을 만들었다. 그 이유는 원근법을 이용하지 않고도 인물들을 바르게 보이기 위할 뿐만 아니라 먼지가 쌓이지 않

게 하기 위함이었다. 그림의 윗부분에는 수난의 상징 십자가를 메고 날아오는 천사들의 천상세계, 중앙에는 여러 사도들과 순교자들에게 둘러싸인 그리스도가, 그 아래 심판의 시간을 알리고자 나팔을 부는 일곱 천사들, 좌측에는 죽은 자들이 부활하여 승천하는 모습을, 우측에는 지옥으로 추락하여 고통 받는 무리들이 그려져 있다.

중앙의 젊은 그리스도는 온화한 표정이 아니라 심판자로서 단호하고 냉정한 표정에 건장한 모습으로 표현되었다. 그의 우측에는 성모가 앉아서 부드럽고 인자한 눈빛으로 내려다보고 있다. 성모자를 둘러싸고 있는 12사도들은 천사에 가까운 성자들의 세계에 있다. 그리스도 왼쪽에서 양손에 2개의 열쇠를 들고 있는 베드로는 당시의 교황 바오로 3세의 모습으로 자신이 어떠한 심판을 받을지 몰라 두려워하는 표정을 짓고 있다. 그리스도의 왼쪽 발 앞에서 천 조각을 들고 서있는 인물은 몸 가죽이 벗겨지는 형벌로 순교했다는 12사도 중의 하나였던 바르톨로메오다. 그의 몸 가죽에 미켈란젤로는 자신의 얼굴을 그려넣었다. 이는 자신의 죄악에 대한 두려움으로 사후에 천국도 지옥도 아닌 중간세계에 머물게 된다는 것을 암시하고 있다. 나팔을 불고 있는 천사들 사이에 두 사람이 책자를 들고 있다. 작고 얇은 책은 천국으로 가는 사람들의 명부이고, 크고 두꺼운 책은 지옥으로 가는 사람들의 명부이다. 그 좌측 하단에서는 죽은 자들이 다시 살아나 천상으로 올라가고, 우측 하단은 심판을 받은 죽은 자들이 지옥으로 떨어지고 있다. 우측 하단 구석에는 당나귀 귀를 가진 미노스가 뱀에 감싸여 고통을 받고 있는데, 이 얼굴은 당시 교황청의 추기경이었던 비아죠 다 체세나Cesena이다. 그는 당시 작품 속의 인물들이 모두 나체라며 미켈란젤로의 심기를 불편하게 한 장본인으로서 지옥의 가장 밑바닥에서 몸에 감긴 뱀이 성기를 물어 고통받는 모습으로 남겨졌다.

작품 속의 391명 인물들이 처음에는 모두 나체였기 때문에 트리엔트 공의회의 칙령(1564)에 따라 생식기 부분은 덧그림이 그려졌다. 결국 미켈란젤로의 제자 다 볼테라Volterra가 책임을 맡아 스승의 의도를 크게 손상하지 않는 차원에서 최소한의 가리개만 덧그리는 수준으로 변형시켰다. 당시는 르네상스 시대였기 때문에 인간중심의 표현으로 나타내어 발가벗은 모습이 자연스러울 수도 있었다. 그러나 르네상스의 사상보다는 교회가 가지고 있는 통속적인 개념, 즉 교회내부에는 비속한 모습을 보일 수 없다는 사고가 더 지배적이어서 이 작품에 덧그림이 그려지게 된 것이다.

라파엘로Raffaello Sanzio

우르비노 궁정화가의 아들로 태어나 르네상스 미술의 전성기를 이끌었던 비운의 천재 화가로 레오나르도 다빈치, 미켈란젤로와 함께 3대 거장을 꼽힌다. 두 사람과 달리 라파엘로는 회화에만 전념하였다. 그는 피렌체에 4년간 머물면서 미켈란젤로의 작품에서는 인체 해부학에 대한 지식을 배웠고, 레오나르도로부터는 간결한 피라미드 구조와 효과적인 빛의 사용, 친밀감, 부드러운 색조 변화로 형태에 입체감을 주는 스푸마토 기법 등을 익혔다. 이를 통해 라파엘로는 호소력 짙은 고요하고 평온한 작품을 창안해낼 수 있었다. 독창성을 강조하는 미술계에서 두 거장에 비해 다소 밀리는 평가를 받기도 하였지만, 그의 작품들은 고전의 규범으로 평가될 정도로 완성도나 작품성이 뛰어났다.

브라만테의 추천으로 교황 율리우스 2세의 부름을 받은 라파엘로는 바티칸 궁전 내에 적지 않은 프레스코 화畵를 그렸다. 특히 '라파엘로의 방'이라고 불리는 공간은 그의 작업장으로 '콘스탄티누스의 방', '엘리오도로의 방', '서명의 방', '화재의 방'으로 구성되어 있다.

'콘스탄티누스의 방'은 기독교도들이 이교도들을 물리치고 승리하는 모습과 관련된 작품들로 〈밀비안 다리의 전투〉와 〈십자가 형상〉

이 장식되어 있다. '엘리오도로의 방'은 벽화의 인물 이름에서 비롯되었다. 〈성전에서 추방되는 엘리오도로〉는 교황청을 점령했던 루이 12세의 프랑스 세력을 몰아내고자 일으킨 전쟁에서 패하고 로마로 돌아온 율리우스 2세의 상처받은 자존심을 위로하기 위한 작품이라고 한다. 하지만 그는 이 그림이 완성되기 전에 사망하였다. 〈감옥에서 구출되는 성 베드로〉는 교회가 신으로부터 축복을 받아왔다는 사실을 형상화하였고, 특히 빛에 의한 명암처리가 돋보이며 베드로의 얼굴이 율리우스 2세의 모습이라고 한다. '서명의 방'은 과거 교황의 서재였다가 용도가 바뀌어 교황 집무실로서 한때는 교회 재판소로 사용되기도 하였다. 이 방의 〈성삼위일체〉, 〈파르낫소스〉, 〈아테네 학당〉은 르네상스의 정신적 유산을 기독교의 종교적 이념과 결합하는 방식으로 그려졌다. '화재의 방'은 신앙의 힘으로 화재를 진압했던 교황 레오 4세의 일화를 그렸다는 〈보르고의 화재〉를 비롯한 네 점의 역사화로 장식되어 있다.

교황청의 건축과 회화, 장식 등 미술 분야에 관한 감독을 맡고 있던 라파엘로는 37번째 생일날 갑자기 사망하였다. 그에게 추기경 직위를 내리려했던 교황 레오 10세는 국장을 치러 그의 죽음을 애도하였고, 그는 로마의 판테온 신전에 묻혀있다.

〈아테네 학당〉은 거대하게 펼쳐진 융합학문의 유토피아를 그렸다. 이 그림에는 그가 작업을 시작한 시기까지 역사에 기록된 사상가, 수학자, 정치가 등 54명의 인물들이 총망라되어 있다. 철학, 과학, 종교의 인물들을 망라하여 인문주의 정신을 충실하게 표현하였고, 이

슬람 신학자 아베로에스, 조로아스터와 같은 이교도 창시자까지 등장한다. 인문주의의 부활이라는 모토에 맞게 접하지 못하였던 학자들을 등장시켜 인문학의 세계로 안내하고 있다. 이 그림은 전체적인 안정감, 인체의 우수한 조형미, 건축의 원근감과 균형, 신화적인 요소와 종교적인 요소를 반영한 주제 등이 전성기 르네상스의 특징을 구현하고 있는 위대한 걸작이다.

〈아테네 학당〉의 중앙에는 진리의 본질을 두고 논쟁을 벌이는 이상주의자 플라톤과 경험주의자 아리스토텔레스가 있다. 플라톤은 〈티마이오스〉라는 대화편을 옆구리에 낀 채 손가락으로 하늘을 가리키고 있고, 아리스토텔레스는 〈윤리학〉을 들고 대지를 가리키고 있다. 플라톤의 오른편에는 약간 옆으로 선 채 제자들 앞에서 열심히 강의하는 머리가 벗겨진 소크라테스를 비롯하여 알렉산더 대왕, 크세노크라테스, 크세노폰, 에피쿠로스, 고르기아스, 알키비아데스, 아이스키네스가 있다.

맨 좌측에 상체를 벗고 있는 디아고라스와 크리티아스, 왼쪽 맨

앞쪽에서 쪼그려 앉아 공식을 쓰고 있는 피타고라스를 비롯하여 아낙사고라스, 아낙사만드로스, 아베로에스, 파르메니데스, 데모크리토스, 제논, 보이티우스, 에피쿠로스, 아랍계 철학자 루시드 그리고 알렉산드리아 출신의 여성 수학자 히파티아가 있다. 맨 앞에 책상에 턱을 괴고 앉아 사색에 잠긴 헤라클레이토스와 그 뒤쪽에 계단에 비스듬히 누워있는 일광욕을 즐기고 있는 앙상한 노인 디오게네스의 모습이 보인다.

아리스토텔레스의 왼쪽에는 그의 제자 테오프라스토스와 아리스티포스가 있다. 오른쪽 앞에는 컴퍼스로 계산하는 기하학의 아버지 에우클레이데스를 비롯하여 프톨레마이오스, 프로토게네스, 차라투스트라, 소도마 그리고 갈색 모자를 쓴 앳된 얼굴의 라파엘로 자신의 모습이 그려져 있다.

라파엘로는 서명의 방에 이어 두 번째로 교황의 접견실이었던 '엘리오도로의 방'을 장식하였다. 방의 성격에 맞게 방문자에게 교황이 전하고 싶은 메시지가 그림의 주제로 선택되었다. 〈감옥에서 구출되는 성 베드로〉라는 이 작품은 헤롯 왕이 감옥에 가둔 베드로를 천사가 구출하였다는 사도행전 12장의 이야기를 시각화하였다. 이 벽화는 세 가지 이야기를 한 화폭에 담았다. 중앙에는 감옥에서 잠든 베드로를 깨우는 천사, 오른쪽은 천사와 함께 감옥을 나가는 베드로, 왼쪽에는 베드로가 사라진 것을 발견한 간수들이 허둥지둥 하는 모습이다. 창문으로 잘려나간 화면을 계단과 감옥으로 자연스럽게 이용한 구성, 중앙 화면을 감옥 창살로 가로막은 발상, 인물의 배치와

군더더기 없는 디테일이 탁월하지만 가장 두드러진 것은 빛의 묘사였다. 달 빛, 밝아오는 새벽 빛, 간수들의 횃불 등에서 모든 빛을 압도하는 천사의 몸에서 나온 빛이다. 이는 곧 교회의 빛이고 로마가톨릭의 궁극적인 승리를 암시하고 있다.

얀 반 에이크Jan van Eyck

플랑드르 화파의 선구자로 그의 형 휴베르트 반 에이크와 함께 유화를 개발하여 르네상스 미술에 큰 영향을 주었다. 유화가 알려지면서 그림은 보다 사실적으로 묘사되었으며, 당시에 개발된 원근법과 명암법은 템페라 양식보다 천천히 그리고 더 정확하게 그릴 수가 있게 되었다. 특히 눈으로 인지하는 자연 사물, 즉 3차원 공간을 캔버스라는 2차원 공간에서 녹여낼 수 있는 기틀을 마련함으로써 종전의 회화 기법을 완전히 바꾸었다. 북유럽 미술에서는 평범한 일상생활이나 자연을 충실히 표현하려는 자연주의적 사실주의가 특색이며 이탈리아의 그림보다 색채가 어둡고 치밀한 묘사가 뛰어났다.

〈아르놀피니의 결혼〉은 유화 물감을 쓴 그림 중에서 가장 오래된 작품으로 매우 독특한 초상화이다. 일반적으로 초상화는 상반신만 나타났는데, 이 그림에서는 두 사람 모두 전신이 나타나고 있다. 작품 속에서 암시하는 여러 정황과 특정 사물들을 통하여 이 두 사람의 관계와 그 의미를 파악할 수 있다. 우선 여인의 복장과 손을 잡고 선서하는 모습은 결혼서약에서 나타났던 전형적인 모습이다. 그림에서는 두 사람의 모습만 보이지만 뒤에 걸린 둥그런 거울에는 네 사람이 그려져 있다. 그림에서 나타나지 않은 두 사람은 결혼식에서의 증인으로 여겨지며, 거울 위에는 1434년 얀 반 에이크 자신이 이 자리에 있었노라고 분명하게 적혀있다.

남자가 대충 벗어 놓은 신발과 소파 밑에 놓인 여인의 붉은 신발은 두 사람이 맨발이라는 것을 의미한다. 이는 당시 신성한 결혼서약을 하는 자리에서는 신이 창조한 땅에 맨발로 서야 한다는 사실을 보여 주고 있다. 정열과 열정을 상징하는 창가의 오렌지와 침대는 이탈리아에서 부의 상징으로 부부관계를 암시한다. 당시 프랑스에서는 응접실에 침대를 두어 산모가 손님을 맞이할 때 앉는 용도로 사용되었다. 거울 테두리에도 성경에서 이야기하는 부부의 12가지 모습을 그리고 있다. 이러한 모든 정황은 두 사람의 결혼식이었음을 암시하고 있다. 그러나 초상화에 등장한 두 남녀의 맞잡은 손을 관찰할 필요가 있다. 결혼식이라면 그들은 서로 오른손을 맞잡았어야 하지만 남자는 왼손으로 여자의 오른손을 잡고 있다. 당시 남녀 간에 신분적 차이가 큰 경우에는 작품에서처럼 왼손 결혼을 하였는데 이는 첩을 들이는 것과 비슷한 개념으로 완전하지 않은 결혼을 의미하였다. 이 작품은 런던 내셔널 갤러리에 소장되어 있다.

06 종교개혁

마틴 루터M. Luther

16세기 초에 일어난 종교개혁은 가톨릭교회의 신부였던 루터에 의하여 시작되었다. 독일의 아이스레벤에서 태어난 그는 원래 법학도였으나 친구의 갑작스런 죽음으로 인하여 신앙적 고민을 하다가 아우구스투스 수도원에 들어갔다. 신부의 서품을 받은 그는 1510년 모범신부로 꼽혀 5개월 동안 로마를 방문하면서 세속화된 로마가톨릭교회의 부패와 타락상을 보았다.

얼마 후 독일 전역에서도 베드로 성당 증축에 필요한 경비를 마련하고자 면죄부 판매가 이루어졌다. 도미니쿠스 교단의 탁발수도사였던 요하네스 테첼Tetzel이 '면죄부를 사면 살아있는 사람은 죄를 용서받고, 연옥에 있는 사람은 은화가 헌금함 속에 떨어지는 소리가 나는 순간 바로 천국으로 올라간다'며 면죄부 판매에 열을 올렸다. 1517년 10월 31일 루터는 면죄부를 반박하는 95개조의 라틴어 논제를 비텐베르크 교회 문에 붙이면서 이에 대한 공개토론을 요구하였

다. 하지만 이에 대한 아무런 토론도 비평도 없었다. 반박문은 공개된 지 2주 만에 독일 전역에 알려졌고 당시 등장한 금속활자 인쇄술에 힘입어 4주 만에 유럽 전역으로 순식간에 퍼져 나갔다. 교황청을 향한 루터의 반박문은 로마가톨릭의 근간을 흔들었다. 그는 교회와의 단절을 의도하지 않았지만 교황과 충돌하였다. 1521년 루터는 보름스 제국의회에서 심문을 받고 결국 파문당했다. 이로써 교회의 내적 개혁운동으로 시작된 종교개혁은 기독교의 분열을 초래하는 계기가 되었다.

종교개혁은 그 이전에도 이미 선례가 있었다. 성 프란체스코, 페터 발도, 얀 후스, 존 위클리프 같은 중세 교회의 개혁자들은 1517년 이전 수세기에 걸쳐 세속화된 교회의 악습을 폭로했다. 인문주의자 에라스무스도 교회에 만연된 미신과 도덕적 악습을 공격하였고 그리스도를 모방하라고 촉구하였다. 종전의 개혁자들이 교회생활의 타락을 비난했다면, 루터는 신학적 근원인 구원과 은혜에 관한 교회의 교리를 공격하였다.

루터는 반박문에서 교황은 구원과 연옥에 대한 권한이 없고, 성인의 공덕에 관한 교리는 복음에 근거하지 않는다고 주장하면서 면죄부를 공격했다. 이는 로마가톨릭교회와 교황의 권위에 전면적으로 도전이었다. 루터의 핵심적 관심사는 교회의 신학적 개혁이었다. 교회가 구원의 길을 독점할 수 없게 됨으로써 교황의 권위가 흔들리고 기독교 중심이었던 중세 사회 전반에 영향을 주었다.

루터의 종교개혁은 오직 믿음으로 의롭게 살고, 오직 하나님의 은혜로 삶을 영위하고, 오직 성경에 순종하라는 3대 진리로 귀결되었다. 종교개혁을 통하여 다양한 형태의 개신교가 탄생하는 계기가 되었고, 이들 교회는 로마가톨릭에 저항했기 때문에 프로테스탄티즘Protestantism이란 명칭을 얻게 되었다. 로마가톨릭과 개신교의 분열은 교회의 힘을 약화시켰고, 이는 반대로 세속 군주의 힘을 강화시키면서 절대군주제를 촉구하는 계기로 작용하였다. 결국 루터의 반박문은 종교 내적인 개혁에서 출발했으나 그의 의도와 무관하게 사회 전체를 격동에 빠뜨렸다.

칼뱅J. Calvin — 츠빙글리H. Zwingli

종교개혁이라는 파도는 프랑스의 종교개혁자 칼뱅의 개혁운동을 분기점으로 독일을 넘어 유럽 전체로 확산되었다. 루터의 종교개혁은 주로 독일과 덴마크, 스웨덴, 그리고 노르웨이에 한정되었고, 칼뱅의 종교개혁은 그 외의 유럽과 아메리카까지 확산되었다. 로마 교황청은 다양한 방식으로 대응하였다. 종교재판에서 개혁운동을 이단으로 규정하여 개신교를 탄압하였다. 다른 한편으로 가톨릭 내부의 개혁을 위한 공의회를 열어 위기를 벗어나려는 시도가 나타났다.

개신교를 반격하는 차원에서 가톨릭 내부의 문제를 개선하여 교회의 권위를 되찾겠다는 이른바 반反종교개혁이 일어났다. 더 나아가 예수회를 조직하여 전반적인 교세 확장에 나섰다. 스페인과 이탈리아의 로마가톨릭은 이제 예수회에 의한 반종교개혁 운동을 통하여 여러 지역에서 확산되었다. 하지만 독일과 프랑스를 비롯한 주변국들에서는 구교와 신교의 대립이 심화되어 가톨릭과 개신교가 분리되었다.

루터가 공개적인 방식으로 종교개혁의 불을 지폈다고 한다면, 칼뱅은 교리와 제도를 유럽 각지로 확대하여 종교개혁을 정착시켰다. 변호사였던 칼뱅은 프로테스탄트로 개종한 뒤 프랑스를 떠났다. 스위스 바젤에서 출판된 그의 〈기독교 강요〉는 새로운 개혁운동을 포괄적, 조직적 그리고 신학적으로 다룬 최초의 저서였다. 그는 제네바에서 종교개혁을 단행하여 기독교의 신권정치를 주장하였다. 또한 프로테스탄트의 교리를 체계화하고 예정설에 따른 금욕의 윤리와 같은 엄한 규율을 만들었다. 예정설이란 개개인의 구원은 인간의 행위나 노력에 의하여 이루어지는 것이 아니고, 하나님의 의지에 따라 미리 정해진다는 교리였다. 또한 구원을 받으려는 사람은 하나님의 영광을 빛내도록 적극적으로 활동해야하는 실천주의를 강조하였다.

츠빙글리는 스위스의 종교개혁자로 루터와 같이 성서를 최고의 권위로 받아들이면서도 그보다 더 엄격하고 포괄적으로 교리와 의식을 성서에 적용하였다. 스위스의 종군사제로 복무하였던 그는 용병제도를 반대하였고, 르네상스에 깊이 공감하여 에라스무스와 서신도 교환하였다. 츠빙글리도 하나님께 봉사할 목적으로 교회와 국가를 연합하여 취리히에서 신정정치를 실행하였다. 그는 믿음으로 의롭게 된다는 의인론에서는 루터의 견해에 동의했지만, 성찬식에서 빵과 포도주가 그리스도의 몸과 피로 변한다는 화체설化體說은 거부하였다.

츠빙글리 추종자들 중에서 그보다 더 급진적 집단이 출현했다. 급진적 개혁자들은 성서의 가르침에 어긋나는 것을 받아들이려 하지 않았기 때문에 유아세례를 놓고 츠빙글리와 결별하였다. 유아세례를 받은 성인은 또다시 세례를 받아야 한다고 하여 재세례파라는 별칭이 붙었다. 그들의 급진적인 개혁성향으로 말미암아 종교개혁의 큰 흐름 속에 개혁자 중의 개혁자로 인식되었다.

스위스의 재세례파는 성서에 나타난 그리스도를 따르고자 했기 때문에 칼로 맹세하거나 무기 소지를 거부하였다. 또한 교회와 국가의 엄격한 분리를 주장했으며 훈련받은 중생의 삶으로 세계와 구별되는 신도들의 교회를 주장했다. 이는 종교적 차원뿐만 아니라 사회적 차원에서도 문제를 야기하였다. 따라서 로마가톨릭은 물론 여타 개신교에서도 그들을 법질서와 기독교를 해치는 반사회적 위험집단으로 지목하여 지도자는 물론 일반 신도들에게까지 박해를 가하기 시작하였다. 뜻을 굽히지 않는 신도들은 추방하거나 노예로 팔아 넘겼으며, 화형이나 수장 심지어는 생매장 또는 전신 절단 등 온갖 잔인한 방법으로 처형되었다. 일부 도시에서는 재세례파 신도들을 체포한 인원에 따라 보수가 지급되었고, 심지어는 이교도 사냥꾼들이 고용되어 그들을 추적하기도 하였다.

잉글랜드의 종교개혁

잉글랜드에서는 종교적 원인이 아니라 정치적 배경에서 종교개혁이 일어났다. 헨리 8세는 형이 죽자 왕위에 올라 형수로 시집을 왔던 아라곤의 캐서린 공주와 결혼하였다. 헨리는 캐서린과의 사이에 후계자가 없자, 그녀와 이혼하고 앤 불린과 결혼하려 하였으나 교황 클레멘스 7세가 이를 거부했다. 이에 격분한 헨리는 교황의 권위를 부정하고 수장령(1534)을 발표하여 스스로 정당하고 적법한 교회의 수장임을 주장하였다. 이에 교황 클레멘스 7세는 황제와 잉글랜드 대주교를 파문하고 동시에 대주교의 혼인무효 판결은 무효이며 앤 불린과의 결혼은 법적 구속력이 없다고 선언하였다. 그리고 교황 대사를 잉글랜드에서 철수시킴으로써 로마 교황청과 잉글랜드의 관계가 단절되었다. 헨리는 성격적 결함과 같은 많은 문제를 안고 있었지만, 종교개혁을 통하여 군주정치를 실현한 것은 그의 커다란 업적으로 남았다.

스코틀랜드에서는 제노바에서 칼뱅의 영향을 크게 받았던 존 녹스Knox가 스코틀랜드와 잉글랜드의 영구적인 연합을 가능하게 한 장로교를 설립하였다. 그는 스코틀랜드 교회의 엄격한 도덕적 기조를 마련했으며 교회의 민주적 운영방식을 도입하였다.

07
신항로 개척

12/3세기에 유럽의 인구는 폭발적으로 증가하였다. 빠르게 진행된 도시화는 지역 간의 교역을 증가시켜 상업이 발전하는 요인이 되었다. 새롭게 형성된 수요를 충족시키고 이로부터 상업적 이윤을 얻기 위하여 이탈리아 상인들은 아랍 중개상의 손을 거쳐 동방으로부터 비단, 종이, 도자기, 양탄자와 같은 공산품과 향신료, 향료, 향수, 설탕, 보석 등 값비싼 물품들도 구매했다.

중세까지만 해도 지구는 평평하고 끝이 있다고 여겨졌다. 15세기 말 피렌체의 수학자이자 천문학자였던 토스카넬리Toscanelli가 지구의 구형설을 주장하였다. 그 후 동방으로 향하려는 시도는 새로운 항로개척으로 이어졌고, 이는 종교 문화적 차원에서 시작되었다.

종교적 차원

12-17세기까지 유럽에서는 사제 왕 요한Johannes, 즉 프레스터 존Prester John이라는 전설이 만연하였다. 이에 따르면, 동방 혹은 아프리카 어느 곳인가에 프레스터 존이 세운 이상적인 왕국이 있다는 것이다. 사제 왕 요한은 세 명의 동방 박사 중 한 명의 후손으로 덕을 갖춘 군주였다. 1453년 동로마 제국이 오스만 튀르크에게 멸망되어 이슬람 왕국이 들어서자, 유럽인들은 그들에게 기독교의 심판을 내려야 한다는 종교적 열정을 갖게 되었다. 가톨릭 세계가 사제 왕 요한과 힘을 합하여 오스만 제국을 협공한다면 이단세력을 분쇄할 수 있으리라는 믿음으로 이어진 것이었다.

당시 유럽인들은 인도의 왕 또는 몽골 부족의 족장을 프레스터 존이라고 추정하였다. 더욱이 마르코 폴로Polo가 〈동방견문록〉에서 케레이트 족 지도자 토그릴 완 칸을 사제 왕 요한이라고 하였다. 그 이유는 몽골의 부족 중 케레이트와 나이만이 콘스탄티노플의 대주교로서 네스토리우스파波의 시조였기 때문이다. 그는 431년 에페소스 공의회에서 키릴루스와 주교 멤논의 음모로 네스토리우스 교리가 이단으로 정죄되어 주교직에서 파면되었다. 따라서 그는 서유럽에서 의도적으로 철저하게 무시되었다. 로마에서 이단으로 몰린 네스토리우스를 지지하던 교인들은 네스토리우스파波를 형성하여 각지에서 활동을 전개했다. 이들은 기독교의 박해를 피해 이집트와 페르시아를 거쳐 몽골로 넘어갔다. 이 교파는 서양에서 온 종교라고 해서 중국에서는 경교景教라 불렸다. 로마 제국에서는 네스토리우스주의가 철저한 탄압을 받고 사라졌지만 그 밖의 지역에서는 명맥을 유지하였다. 그 중의 하나가 페르시아 교회였다.

동방에서 사제 왕 요한을 찾을 수 없게 되자, 15/6세기에 사제 왕의 존재를 확인하려는 움직임이 기독교 국가였던 에티오피아를 중심으로 다시 일어났다. 이제 신항로 개척은 에티오피아의 사제 왕 요한과 접촉하기 위한 것이었다. 아프리카의 희망봉을 발견한 바르톨로뮤 디아스Dias가 그 대표적인 실례가 되었다. 하지만 에티오피아가 오스만 제국과의 전쟁에서 무참히 패하자, 사제 왕 요한에 대한 환상은 완전히 사라지고 말았다. 이런 연유에서 에티오피아는 오늘날도 프레스터 존의 나라로 불린다.

문화적 차원

중세 유럽인들에게 후추, 육두구肉荳蔲, 정향丁香과 같은 향신료들은 육류를 저장할 수 있는 살균의 효과뿐만 아니라 상한 음식의 맛과 냄새를 감출 수 있기 때문에 최고의 필수품으로 각광을 받았다. 이때까지만 해도 동양과의 무역은 비단길을 통하여 이루어졌다. 따라서 향신료들은 인도와 동남아 상인들의 손에서 아랍 상인들에게, 그리고 다시 베네치아 상인들을 거쳐 서유럽까지 오다보니 가격은 원산지 보다 수백 배에서 수천 배까지 올라 왕실이나 지체 높은 귀족들만 맛볼 수 있었다. 게다가 비잔틴 제국이 오스만 튀르크에 넘어가면서 인도와 동남아 지역에서 들여오던 향신료는 돈을 주고도 구할 수 없을 정도의 품귀 현상이 빚어졌다. 이제 유럽인들에게 지중해를 거치지 않고 안정된 가격으로 다량의 향신료를 구입해야 할 중요한 현실적 과제가 주어진 것이다. 유럽에서 직접 동방으로 갈 수 있는 길은 바다를 통하는 방법밖에는 없었기 때문에 신항로 개척이 중대한 관심사가 되었다.

여기에 마르코 폴로의 〈동방견문록〉은 동방에 대한 호기심과 열망을 자극하였다. 베네치아를 떠나 동방을 다녀온 그는 제노바와의 전쟁에 참전하였다가 포로가 되어 감옥에 갇혔었다. 〈동방견문록〉은 글을 알지 못했던 마르코 폴로가 들려주는 20여 년간의 동방 경험담을 같이 수감되었던 잉글랜드 작가 루스티첼로가 정리한 책이다. 이는 당시 중세 사람들에게 새로운 세계에 대한 꿈과 환상을 품게 하였다. 특히, 향신료 원산지에 대한 상세한 묘사는 유럽인들로 하여금 그 지역을 찾아 나서서 아랍 상인들의 향신료 교역 독점권을 무너뜨리도록 자극하였다. 어쩌면 마르코 폴로가 기록한 새로운 지리적 정보 덕분에 대항해 시대가 올 수 있었던 것인지도 모른다.

무역의 패권은 향신료의 주도권을 누가 장악하느냐에 달렸다. 유럽에서 인도의 후추는 불로장생의 약품으로 여겨질 정도로 없어서는 안 될 귀중품이었다. 하늘이 내렸다는 육두구는 몰루카(= 인도네시아의 말라카) 제도가 원산지로서 원래 위장약과 강장제로 사용되었지만, 초기에 잉글랜드에서는 향신료가 아니라 흑사병의 특효약으로 알려졌다. 이 지역에서 발견된 정향도 불로장생에 효과가 있다고 여겨졌다. 이러한 향신료 가격이 같은 무게의 금값보다도 비쌌기 때문에 이들 원산지를 향한 인도양으로의 항해는 필수 불가결하였다.

향신료를 찾아 나선 포르투갈은 1510년 인도 서부의 고아를 점령하여 동방 진출에 발판을 마련하였다. 하지만 향신료를 독점하기 위해서는 인도 너머 몰루카 제도까지 진출해야 한다는 사실을 깨달았다. 포르투갈 군대를 따라 말레이 반도에서 몰루카 제도까지 동행하였던 선교사들은 다시 필리핀을 우회해 일본까지 갔다. 향신료를 독점한 포르투갈은 동남아시아 각지를 다니면서 교역하면서 자카르타뿐만 아니라 점차 내륙에 까지 눈을 돌렸다.

대항해 시대

신항로 개척은 종교 문화적 동기 때문에 유럽인들이 동방세계로 가는 길을 찾으면서 시작되었다는 것은 인도 항로의 발견자였던 바스코 다 가마가 '우리는 기독교인과 향신료를 찾으러 왔다'는 언급에서도 알 수 있다. 아랍 상인들은 오스만 튀르크가 지중해의 무역로를 차단하기 전까지 베네치아의 상인들을 통해 유럽으로 물품을 전달하였다. 당시까지만 해도 유럽 남서부 끝에 위치한 포르투갈과 스페인은 지중해 무역에서 아무런 이익을 얻지 못하였다. 두 나라는 일찍이 통일 국가를 형성하였기 때문에 항해 사업을 추진할 능력이 있었다. 반면에 잉글랜드는 북해 무역을, 프랑스는 지중해 무역을 통하여 어느 정도 이익을 얻고 있었으므로 신항로 개척에는 소극적이었다. 하지만 독일의 한자Hansa 도시들은 항해 사업을 행할 재력도 없었고 그럴 필요도 느끼지 못하였다.

포르투갈의 엔리케 왕자는 항해 사업을 적극적으로 후원하여 첫 항해에서 약간의 금과 1천 명이 넘는 흑인 노예들을 잡아 왔다. 1488년 바르톨레메우 디아스Dias가 아프리카의 남쪽 끝에 도달하였는데, 이 보고를 들은 포르투갈 왕은 기쁨에 넘쳐 아프리카 남단을 희망봉이라고 이름 지었다.

바스코 다 가마Gama는 1497년 168명을 태운 4척의 배로 리스본을 출항하여 희망봉을 돌아 그 다음해 인도의 캘리컷(= 코지코트)에 도착했다. 2척의 배를 잃고 겨우 55명만이 생존해서 귀향한 길고도 험한 항해였지만, 그들의 배에 실린 1년 소비량의 향신료 가치는 투자에 대한 충분한 보상을 하고도 넘쳤다. 유럽에서 희망봉을 거쳐 인도양으로 가는 길이 처음으로 개척되었고, 신항로 개척으로 포르투갈은 해상국으로서의 주도권을 쥐었다.

이탈리아 제노바 출신 크리스토퍼 콜럼버스Colombus는 대서양 건너편 신대륙에 관심을 기울였다. 그는 미지의 세계에 대한 순수한 탐구심을 가진 것이 아니라 인도에서 향신료를 구하기 위한 금과 보물이 찾기 위함이었다. 따라서 그의 계획은 〈동방견문록〉에 나타난 황금의 섬이라는 지팡구Japan와 고대 중국을 가리키는 카타이를 발견하는 것이었다. 토스카넬리와의 서신교환으로 지구의 구형설에 대한 확신을 가졌던 그는 대서양의 서쪽으로 항해하면 지구를 돌아 인도와 중국에 이를 수 있다는 믿음을 가졌다. 마르코 폴로가 육지로 2년에 걸려서 간 동방을 그는 배를 타고 바다로 갈 생각을 한 것이었다. 콜럼버스는 1492년 에스파냐의 여왕 이사벨라의 원조를 받아 5척의 배에 270명을 승선시켜 스페인 카디스를 출항하여 석 달 뒤 오늘날의 바하마 제도에 도착하였다. 그는 죽을 때까지 그곳이 인도라고 믿었다. 첫 항해에서는 그가 가져온 금은보화로 관심을 모았지만 이 지역의 금 산출량은 보잘 것 없었다. 따라서 그 다음 항해에서 이들은 향신료 대신 원주민들을 노예로 보냈다가 본국에서 문책을 당하기도 하였다.

아메리고 베스푸치Vespucci는 피렌체 태생으로 메디치 가문의 사무원으로 스페인에 파견되었다가 거기에서 콜럼버스가 1,2차 항해를 준비하던 회사에 취직하였다. 유럽 서쪽에는 넓은 바다가 있으며 이 부근의 지역이 아시아의 일부가 아니라 전혀 새로운 대륙이란 것이 밝혀졌다. 이 신대륙은 그의 이름에서 '아메리카'라고 불렸고, 최초의 발견자였던 콜럼버스의 이름은 남아메리카에 있는 콜롬비아에 그 이름이 남아 있다.

마젤란Magellan은 1505-12년에는 포르투갈, 1519-21년에는 스페인의 지원을 받아 항해하였다. 그는 리우데자네이루를 지나 남하하여 잔잔한 대양에 이르자 이를 '태평양'이라 이름을 짓고, 지나온 해협은 '마젤란 해협'이라 불렀다. 리스본으로 돌아온 마젤란은 왕에게 지위승진을 의미하는 연금인상을 요청했지만 거절당하자, 포르투갈 국적을 버리고 마가야네스Magalhaes라는 스페인 이름을 얻었다. 그는 필리핀에서 살해당했지만, 1522년 18명의 부하들이 1척의 배로 무사히 귀향함으로써 처음으로 세계일주가 달성되었다. 그들은 몰루카 제도에서 32톤의 향신료를 싣고 돌아왔다. 이 향신료는 항해에 투자된 모든 자금을 회수하고도 막대한 이익을 남겼으니 당시 향신료의 가격을 짐작하고도 남는다.

포르투갈과 스페인이 신항로 개척을 통하여 향신료를 동방에서 유럽에 직접 들여온 사건은 지중해 무역상들에게는 사형선고나 다름이 없었다. 이는 유럽의 상권이 지중해에서 이베리아 반도로 넘어오는 것을 의미하였다. 이제 몰루카 제도를 차지하기 위하여 포르투갈, 스페인, 잉글랜드, 네덜란드, 덴마크, 프랑스 등이 자국에서 동양의 무역권을 부여받아 동인도회사를 설립하였다. 회사들 간에 경쟁이 치열해지면서 향신료 가격이 폭락하자 군사적 수단에 의지하여 식민지 개척에 혈안을 올리기 시작하였다. 대서양을 통해 인도양으로 가는 신항로 개척은 중세에서 근대로 넘어가는 결정적인 사건 중의 하나가 되었다.